Luther
mal ganz anders

Manfred Wolf

Luther
mal ganz anders

EVANGELISCHE VERLAGSANSTALT
Leipzig

Der Autor dankt
Helga Gaden
für die zehnjährige engagierte Mitarbeit
an zehn gemeinsamen Büchern.

Bibliografische Information der Deutschen Nationalbibliothek

Die Deutsche Nationalbibliothek verzeichnet diese Publikation in der
Deutschen Nationalbibliografie; detaillierte bibliografische Daten sind
im Internet über <http://dnb.d-nb.de> abrufbar.

© 2009 by Evangelische Verlagsanstalt GmbH · Leipzig
Printed in Germany · H 7327
Alle Rechte vorbehalten
Umschlag: Georg Design, Münster
Innengestaltung und Typographie: Ulrike Vetter, Leipzig
Druck und Binden: Fuldaer Verlagsanstalt GmbH & Co. KG

ISBN 978-3-374-02714-9
www.eva-leipzig.de

(K)ein Vorwort

Die Bücher über Martin Luther sind ungezählt; sollte man da noch eins hinzulegen, das zählt und möglichst besser ist? Herr Geheimrat Goethe, was halten Sie davon? „Wer's nicht besser machen kann, macht's wenigstens anders!"

Herausgekommen ist kein anderer Luther, aber *Luther mal ganz anders*: als anekdotischer, fabelhafter, legendärer, poetischer, postalischer, rätselhafter, sprichwörtlicher Martinus Lutherus.

Zudem begibt sich der Autor auf eine Zeitreise über ein halbes Jahrtausend hinweg und unterhält sich mit dem Reformator in Wittenberg unter zahlreichen Stichwörtern über Gott und die Welt, oder befragt ihn im Thüringen unserer Tage über aktuelle Themen, wie zum Beispiel soziale Marktwirtschaft, Heuschreckenkapitalismus und die Ärzte, etwa: „Was antworten Sie, Herr Doktor Luther, jenen Patienten, die – besonders nach der Gesundheitsreform – behaupten, der Arzt sei ein Engel, wenn er hilft, aber ein Teufel, wenn man ihn bezahlen muss?"

Außerdem befragt der Zeitreisende 30 große Deutsche – von Melanchthon, Leibniz, Lessing, Heine und Marx bis Nietzsche und Thomas Mann – über Martin Luther.

Seine tiefsinnigen, treffenden, witzigen, ketzerischen, lebensnahen Antworten sind authentisch, und die Quellen sind belegt.

So entsteht vor den Augen des Lesers ein buntes Kaleidoskop der geistlichen und geistigen, weltlichen und alltäglichen Persönlichkeit des Prof. Dr. Luther, eines genialen Kopfes der Menschheit.

Am besten, Sie lesen selbst im vorliegenden Buch und entdecken dabei: Interessantes, Unbekanntes, Wissenswertes, Erstaunliches, Typisches, Heiteres, Betrübliches, Merkwürdiges (des Merkens würdig) aus dem Leben und Schaffen dieses überragenden Menschen Martin Luther mal ganz anders!

Er wäre wohl mit unserem Andersmachen einverstanden gewesen, denn er signierte augenzwinkernd mit

Inhalt

1. Bei Luther nachgefragt (über)

2. Der sprichwörtliche Luther

3. Der anekdotische Luther

4. Der postalische Luther

5. Der poetische Luther

6. Der rätselhafte Luther

7. Der fabelhafte Luther

8. Der legendäre Luther

9. Über Luther nachgefragt (bei):

1. Bei Luther nachgefragt über

ABLASS

Einer trieb 1517 einen besonders schamlosen Handel mit Ablassbriefen und plärrte dabei marktschreierisch: „So bald der Gulden im Becken klingt, im hui die Seele in den Himmel springt." Das war der Dominikanermönch Johann Tetzel. Wie reagierten Sie auf dessen Geschäfte, Herr Doktor Luther?
Damals hielt Tetzel in Jüterbog seine Ablaßpredigten, und die Leute liefen zu ihm, als ob sie besessen wären. Nach und nach begann ich, den Menschen abzuraten und ihnen zu erklären, was Gnade und Vergebung der Sünden ist. Aber als Tetzel nur noch schamloser fortfuhr, da habe ich die Thesen über den Ablaß veröffentlicht. Das hat die ganze Welt in Aufregung versetzt. Damals habe ich den Papst noch als meinen Herrn anerkannt. Ich meinte, ihm einen Gefallen zu tun, aber er hat mich mit aller Macht bekämpft. 9/105

Was beklagten Sie in Ihren fünfundneunzig Thesen wider den Ablass, die Sie am 31. Oktober 1517 als Disputationsgrundlage an geistliche und weltliche Machthaber versandten, ganz besonders?
Ich will dabei gar nicht über der Ablaßprediger großes Geschrei Klage führen, das ich nicht gehört habe. Aber ich beklage die falsche Auffassung, die das arme, einfältige, grobe Volk daraus entnimmt und die jene Prediger allenthalben marktschreierisch rühmen. Denn die unglücklichen Seelen glauben infolgedessen, wenn sie nur Ablaßbriefe lösen, seien sie ihrer Seligkeit sicher; weiter glauben sie, daß die Seelen ohne Verzug aus dem Fege-

feuer fahren, sobald man für sie in den Kasten einlege; diese Ablaßgnade sei ferner so kräftig, daß keine Sünde so groß sein könne, daß sie nicht erlassen und vergeben werden könnte, und hätte einer selbst (das sind ihre Worte) die Mutter Gottes geschändet; endlich soll der Mensch durch diesen Ablaß frei und los werden von aller Pein und Schuld. 9/107

Wie ist es möglich, daß sie durch erlogene Märchen und Versprechungen vom Ablaß das Volk in Sicherheit und Furchtlosigkeit wiegen? Die Ablässe tragen doch zum Heil und zur Heiligung der Seelen nichts bei ... Die Werke der Gottesfurcht und der Liebe sind unendlich wertvoller als die Ablässe. 13/I 87

Herr Doktor Luther, wie war denn damals, als Sie die Thesen wider den Ablass veröffentlichten, die äußere und Ihre eigene innere Situation?

Ich war allein und aus Unvorsichtigkeit in diesen Handel [der Thesenveröffentlichung] geraten, und weil ich nicht zurückweichen konnte, räumte ich dem Papst in vielen und hohen Artikeln nicht nur viel ein, sondern betete ihn auch mit rechtem Ernst williglich an. Denn wer war ich elender, verachteter Bruder, der dazumal mehr einer Leiche als einem Menschen ähnelte, der sich sollte wider des Papstes Majestät setzen, vor welchem nicht allein die Könige auf Erden und der ganze Erdboden, sondern auch Himmel und Hölle sich entsetzten [fürchteten] und allein nach seinen Winken sich alle richten mußten? Was und auf welche Weise mein Herz dasselbe erste [Jahr 1517] und andere Jahre erlitten und ausgestanden hat, und in welcher Demut, die nicht falscher und erdichteter, sondern rechter Art war, und in welcher Verzweiflung ich da war, davon wissen die sicheren Geister wenig, die danach des Papstes Majestät mit großem Stolz und Vermessenheit angegriffen. Ich aber, der ich allein in der Fahr [Gefahr] steckte, war nicht so fröhlich, getrost und der Sache so gewiß; denn ich wußte nicht viel [von dem], welches ich, gottlob, nun weiß. Ich disputierte nur und war begierig, mich belehren zu lassen. 9/18

Was sagen Sie zu der Auffassung, sechzig Jahre jung zu sein, sei oftmals erfreulicher, als dreißig Jahre alt?
Es sind nur sehr wenige, die das sechzigste Lebensjahr erreichen, und schon die werden als im fortgeschrittenen Alter stehend angesehen. Das ist auch bei unserer unmäßigen Lebensweise im Vergleich zu jenen, die mäßig und einfach gelebt haben, gar nicht verwunderlich; verwunderlich ist vielmehr, daß einige trotzdem das sechzigste Lebensjahr erreichen. 7/196

Kann es sein, Herr Doktor Luther, dass nichts eher alt macht als der ständige Gedanke ans Älterwerden?
Es können Gedanken einen wohl alt machen; dann auch die Arbeit. Ich hab vorweilen auch gearbeitet. Oft habe ich an einem Tage vier Predigten gehalten. Ich habe eine ganze Fastenzeit täglich zwei Predigten getan und einmal gelesen, als ich zuerst die Zehn Gebote unter großem Zulauf predigte, denn der Katechismus war eine neue und ungewohnte Predigt. 31/295

Ist es nicht so, dass sich der Wert des Lebens, statt nach der Zahl der Jahre, daran misst, wie man sie nutzt und gebraucht?
Ein jedes Alter hat seine Beschwerlichkeiten. Junge Leute plagt die Geilheit, welche auch kaum, wenn sie in den Ehestand getreten, gelöscht wird. Im männlichen Alter sucht man Reichtum und häuft ihn; und da wächst denn der Geiz. Wenn einer wohl und ehrbar gelebt und sein Amt recht verwaltet hat, er eine gute obrigkeitliche Person, ein guter Pfarrer usw. gewesen ist, so entspringt daraus die Selbstliebe, welche recht eigentlich zu den Alten nebst dem Geiz gehört ... Zudem kommen noch viele andere Übel dazu. Das kindliche Alter ist jedem Unrecht ausgesetzt, die Jugend allen Gefahren, das männliche Alter allen Krankheiten und Lastern unterworfen. Und dennoch kann der harte Nacken der Menschen durch so viele Übel nicht gebrochen noch gebändigt werden. 7/74

ARBEIT(EN)

Was antworten Sie dem, Herr Doktor Luther, der da meint, der Mensch sei ein Mensch geworden erst durch Arbeit, und finde er sich ohne Arbeit, so sei er ein Nichts?

Die Frommen und Gottesfürchtigen arbeiten mit einem leichten und fröhlichen Herzen, denn sie erkennen Gottes Befehl und Willen. Da sieht ein frommer Bauersmann auf seinem Wagen und Pflug, ein Schuster auf seinem Leisten und der Ahle, ein Schmied auf seinem Eisen, ein Zimmermann auf seinem Holz geschrieben den Vers: *Wohl dir, du hast es gut.* 37/13

Von der Arbeit stirbt kein Mensch, aber von Ledig- und Müßiggehen kommen die Leute um Leib und Leben; denn der Mensch ist zur Arbeit geboren wie der Vogel zum Fliegen. 37/14

Gott sorgt, wir aber sollen arbeiten. Ebenda

Wohl dem, der in Gottes Furcht steht und der auf seinem Wege geht. Dein eigen Hand dich nähren soll, so lebst du recht und es geht dir wohl. Ebenda

Was aber dann, wenn – wie im heutigen Deutschland – Millionen arbeitslos sind?

Der Mensch soll und muß arbeiten und etwas tun, aber doch daneben wissen, daß ein anderer ihn ernährt als seine Arbeit, nämlich Gottes Segen. Ebenda

Der Mensch kann nicht immer arbeiten, er muss auch seine Ruhe haben. 40/50

Was sagen Sie zu der Behauptung, es gebe Leute, die wollten gar nicht arbeiten, weil sie von der Arbeitslosenunterstützung in Deutschland ganz gut lebten?

Die in dem Müßiggang leben, gehen nicht auf Gottes, sondern auf des Teufels Wegen; denn sie sind und leben nicht in Gottes Ordnung, weil ja Gott die Arbeit geordnet hat. 36/17

Wenn Gott jedem seiner Arbeit gemäß geben würde, was würden dann die Müßiggänger von ihm empfangen, die ihr Geld zu nichts anderem als zum Gewinn, den Gewinn zum Müßiggang, den Müßiggang zur Wollust, die Wollust zu Sünden mißbrauchen? Ebenda

ARMUT

Wie kommentieren Sie, Herr Doktor Luther, die Tatsache, dass in der reichen Bundesrepublik die Armut immer mehr wächst?
Im Volke Gottes soll keine Armut und Bettelei sein, sondern Armut und Bettelei darf es gar nicht erst geben. 7/61

Aber es gibt doch jede Menge tatsächlich Arme, denen es an Kleidung und Nahrung mangelt. Wie sollte man denen helfen?
Den wirklich Armen muß man helfen. Wenn jemand wirklich arm ist, dann will ich von Herzen gern mit allen Kräften helfen. Niemand soll diesen Spruch (Lk 3,11): „Wer zwei Röcke hat, der gebe dem, der keinen hat", spitzfindig auslegen. Denn die Schrift versteht unter einem „Rock" die ganze Kleidung, die einer nach seinem Stande und Bedürfnis braucht. Ebenso versteht sie unter „Brot" die gesamte Leibesnahrung. Darum bedeutet „Rock" hier die gesamte Kleidung. 31/271

Christus sagt (Mt 5,42) „Gib dem, der dich bittet"; das heißt dem, der es bedarf. Er sagt nicht: Gib jedem Müßiggänger und Verschwender, die doch im allgemeinen die größten Bettler sind. 31/270

Gott nimmt die Armut nicht von seinen Heiligen, aber er lässt sie auch nicht untergehen. 36/18

Was antworten Sie, Herr Doktor Luther, jenen Patienten, die – besonders nach der Gesundheitsreform – behaupten, der Arzt sei ein Engel, wenn man ihn braucht, aber ein Teufel, wenn man ihn bezahlen muss?

Schlecht ist einer dran, wenn er auf ärztliche Hilfe angewiesen ist. 40/42

Der Arztberuf ist sehr verantwortungsvoll, denn ihm ist das menschliche Leben anvertraut. Das hat viele verborgene Kräfte, innere und unsichtbare Organe und ist mancherlei und unerwarteten Gefahren ausgesetzt, daß man es in einer Stunde zugrunde richten kann. Deshalb muß der Arzt demütig sein, das heißt, er muß Gott fürchten, und wenn er seinen Beruf nicht mit Ehrfurcht ausübt, dann ist er ein Mörder. 31/296 f.

Stimmt es, was man in Wittenberg behauptet, Sie seien ein unbequemer Patient?

Wahr ist es, man darf die Anordnungen des Arztes nicht in den Wind schlagen, aber viele sind leichtfertig. Die erteilen Kranken ihren Rat ohne Unterschied und richten sich nach deren Wünschen, die müssen einen neuen Kirchhof haben. Dagegen sind wieder manche gar zu ängstlich und schwankend; sie sind sich über die Krankheit nicht im klaren und sagen: Die Diagnose ist schwer, die Umstände sind unklar, es ist eine gefährliche Krankheit – und mit solchen Redereien machen sie den Patienten ungeduldig. Ich lobe mir die Ärzte, die sich sorgfältig an die Regeln halten. Sie sollen es aber auch mir nicht verargen, daß ich nicht allezeit folge. Sie wollen mich zu einem Fixstern machen, dabei bin ich doch nur ein umherirrender Planet. 31/295

Also sollten Patienten ein Mitspracherecht haben, wenn es um ihr gesundheitliches Wohlbefinden geht?

Leichtsinnige Ärzte, die in allem dem Willen der Patienten nachgeben, sind die schlimmste Pestilenz. Solche Gesellen müssen ihre Kirchhöfe haben. Eine große Gottesgabe ist ein kundiger und kluger Arzt, der nicht leicht heute dies, morgen jenes verordnet. 7/200

AUFERSTEHUNG

Doktor Luther, es fällt vielen Menschen schwer zu glauben, dass verfaulte Leichen aus ihren Gräbern wieder auferstehen können. Wie soll das möglich sein?
Du meinst, es sei darum unmöglich, weil alle Menschen in der Erde verfaulen und verwesen? Aber sieh dein eigenes Werk und deine eigene Arbeit auf dem Acker an! Du wirfst das Korn in den Boden, du verscharrst es, damit es verfaule, und wartest, bis der Winter vorüber ist. Damit du es viel schöner und reichlicher wiedersiehst, als du es gesät hast. So mußt du hier auch warten, bis der Winter vorüber ist und unser Leib wieder aufersteht. Wenn er aufersteht, so wirst du sehen, wie er hervorkommt. Dazu ist Christus mit seiner Auferstehung uns vorangegangen und hat uns die Bahn gebrochen und den Weg gemacht, damit wir ihm nachfolgen. Darum haben wir je an diesem Artikel nicht zu zweifeln.

Und wahrlich, nicht nur an dem Korn, sondern auch an anderen Kreaturen ist es zu sehen, wie durch Gottes Schaffung und Allmächtigkeit das Leben aus dem Tode kommt. Geh hin zum Kirschbaum, greif um Weihnachten sein Reislein, so findest du an dem ganzen Baum kein grünes Blättlein, keinen Saft noch Leben, sondern du findest einen dürren kahlen Baum, der lauter totes Holz ist. Kommst du aber nach Ostern wieder, so beginnt der Kirschbaum wieder lebendig zu werden; das Holz ist saftig und die Reislein gewinnen Äuglein und Knötlein. Näher zu Pfingsten werden aus den Äuglein Sträuchlein. Die tun sich auf, und aus dem Sträuchlein kommen weiße Blümlein. Wenn sich das Blümlein auftut, so siehst du ein Stielchen. Aus dem Stielchen kommt ein Kern, der härter ist als der Baum. Inwendig im harten Kern wächst ein anderer Kern, nicht so hart wie der erste Kern, sondern etwas weicher, damit er zum Essen dienen kann, so wie das Mark im Knochen wächst. Auswendig um den harten Kern, ringsherum, wächst die mit einer Haut überzogene Kirsche, wie Fleisch und Knochen wächst und mit Haut und Knochen umgeben ist. Die Kirsche wächst so fein lustig rund, daß sie kein Drechsler so rund machen kann. Wie geht das zu, daß durch das Reislein am Kirschbaum, das um Weihnachten dürre und tot ist wie Besenreis, ein Knötlein wächst und aus dem Knötlein ein weißes Blümlein kommt und aus dem Blümlein ein Stielchen kommt und durch das Stielchen ein Kern wächst, der inwendig wieder einen Kern und auswendig eine Kirsche bringt? Das Stielchen ist zuerst ein so kleines Spitzlein im Blümlein, daß man kaum an der Nadelspitze hindurchstechen könnte. Dennoch wächst ein Kern hierdurch, und dies hat sein Mark, Fleisch, Blut und Haut.

Ist das nicht ein wunderbares Geschöpf Gottes? Keine Kreatur kann solch ein Geschöpf so machen: kein Mensch, kein König, wie mächtig er auch sei, kein Doktor, wie gelehrt, weise und klug er sei, kann ein einziges Kirschlein schaffen. Und wenn wir das nicht jährlich vor unseren Augen sehen, so würden wir es nicht glauben, daß aus einem dürren Reislein eine so schöne liebliche Frucht so wunderbarlich wachsen sollte. 68/140 f.

Aber wie entsteht aus einem toten Kern der Kirschbaum?

Wenn die Vögel die Kirschen auf dem Baum abfressen und die Kerne auf dem Stielchen stehen bleiben, so werden sie welk und dürre, fallen herab unter den Baum oder werden auch sonst in den Garten gestreut. Da geht man mit den Füßen drüber hin und achtet es nicht. Nach einem Jahr schießt aus dem Kern ein Bäumlein. Das wird von Jahr zu Jahr größer, so daß es nach zehn, zwanzig Jahren ein großer Baum ist und statt eines Kerns, aus dem er gewachsen ist, viele tausend Kirschen trägt. Sagst du es um Ostern: Ho, wie sollte aus dem Äuglein eine Kirsche und aus dem Kern ein Baum werden? Du Narr, hast du es früher nie gesehen? Laß Margaretentag kommen, da will ich dir die Kirschen zeigen, die aus den Äuglein gewachsen sind. Und siehe ein Jahr, zwei, fünf, zehn Jahre später, ob nicht dann ein großer Baum dastehen wird, wo jetzt ein kleiner Kern liegt? Darum ... tu die Augen auf und sieh den Kirschbaum an, der wird dir predigen von der Auferstehung der Toten und dich lehren, wie das Leben aus dem Tode kommt. 68/141

BAUERNKRIEG

Herr Professor Luther, mit solchen Schriften wie „Freiheit eines Christenmenschen" und „Von weltlicher Obrigkeit" haben Sie schon seit 1520 die unterdrückten und ausgebeuteten Bauern ermutigt, sich gegen Leibeigenschaft und soziale Not zu wehren. Mit welchen Worten redeten Sie den weltlichen Machthabern diesbezüglich ins Gewissen?

Man wird nicht, man kann nicht, man will nicht eure Tyrannei und euren Mutwillen länger leiden. Liebe Fürsten und Herren, lernet euch danach zu richten, Gott will's nicht länger haben. Es ist jetzt nicht mehr eine Welt wie vorzeiten, da ihr die Leute wie das Wild jagtet und triebet. Darum laßt ab von eurem Frevel und eurer Gewalttat. 69/34

Das solltet ihr wissen, liebe Herren, Gott schafft's also, daß man nicht kann, noch will, noch solle eure Wüterei die Länge dulden. Ihr müßt anders werden und Gottes Wort weichen. Tut ihr's nicht durch freundliche, willige Weise, so müßt ihr's tun durch gewaltsame und verderbliche Unweise. Tun's diese Bauern nicht, so müssen's andere tun. Und ob ihr sie gleich alle schlüget, so sind sie doch ungeschlagen, Gott wird andere erwecken, denn er will euch schlagen und wird euch schlagen. Es sind nicht die Bauern, liebe Herren, die sich wider euch setzen; Gott ist's selber, der setzt sich wider euch, heimzusuchen eure Wüterei. 40/27

Wenn ihr's Herren, Kaiser, Könige, Fürsten, gern so habt, daß euch solche verzweifelte, verdammte Leute aufs Maul trommeln und auf die Schnauze schlagen, so müssen wir's lassen geschehen. 40/29

Und als die aufständischen Bauern dann zur Tat schritten und sich bewaffneten und Gewalt mit Gewalt beantworteten, was rieten Sie da, Herr Luther, der weltlichen Obrigkeit in Ihrem Pamphlet „Wider die räuberischen und mörderischen Rotten der Bauern"?

Darum soll hier zerschmettern, erschlagen und stechen, heimlich oder öffentlich, wer immer kann, und bedenken, daß es nichts Giftigeres, Schädlicheres, Teuflischeres geben kann, als einen aufrührerischen Menschen. Man muß ihn schlagen, wie man einen tollen Hund totschlagen muß; schlägst du nicht, so schlägt er dich und ein ganzes Land mit dir. 46/48

Das weckte den Volkszorn, und man warf Ihnen vor, ein Fürstenknecht zu sein. So nahmen Ihr persönliches Ansehen und die Sache der Reformation Schaden. Mit welchen Worten versuchten Sie später erneut zur anderen Seite der Barrikade zu wechseln?

Ich, M. Luther, habe im Aufruhr alle Bauern erschlagen, denn ich habe sie totschlagen geheißen. All ihr Blut ist auf meinem Hals. 40/28

Die wütenden, rasenden, wahnsinnigen Tyrannen [Gewaltherrscher] aber, die auch nach der Schlacht nicht satt vom Blut werden können und in ihrem ganzen Leben nicht viel nach Christus fragen, habe ich mir nicht vorgenommen zu unterrichten, denn diesen Bluthunden ist es gleichgültig, ob sie Schuldige oder Unschuldige töten, ob es Gott gefällt oder dem Teufel; sie tragen das Schwert nur, um ihre Lüste und Mutwillen zu befriedigen; da lasse ich ihren Meister, den Teufel, führen, wohin er sie führt. 46/48

BERUF

Herr Professor Luther, wir Heutigen wissen, dass der Begriff „Beruf" – im Sinne von Berufung, Amt oder Stand – von Ihnen während der Reformation in die deutsche Sprache eingeführt worden ist. Welches waren zu Ihrer Zeit die herausragenden Berufungen für ein Amt?
Der Jurist spricht über den Menschen als Besitzer und über die Verwaltung des Besitzes. Der Arzt spricht über den gesunden und kranken Menschen. Der Theologe spricht über den Menschen als Sünder. Eigentliches Anliegen der Theologie ist der Mensch unter der Sünde, der Angeklagte und Verlorene und Gott, der Rechtfertiger und Erlöser des sündigen Menschen. 31/200

Der Juristen Gerechtigkeit ist eine weltliche Gerechtigkeit, aber unsere, der Theologen, ist eine fremde Gerechtigkeit (nämlich die des Herrn Christi). 31/200

Und was ist mit dem Beruf des Lehrers?
Ich weiß, daß dieser Beruf nächst dem Predigtamt das aller-nützlichste, größte und beste ist und weiß dazu noch nicht ein-mal, welches unter beiden das beste ist. 36/89

Was sagen die verschiedenen Amtsträger zur ihrer jeweils eigenen Berufung?
Der Jurist sagt: Es geschehe die Gerechtigkeit, möge auch die Welt untergehen. Der Geistliche sagt: Vergeben sei die Sünde, und die Welt werde erlöst. Gerechtigkeit geschieht nämlich doch nicht, Sünde aber wird immer getan. 31/200

Es gehört nicht zu der Aufgabe der Ärzte, darüber zu disputie-ren, wie man es mit Gesunden halten solle. Sie haben sich um Kranke zu kümmern, wie die Theologen um Sünder. 31/295

Weshalb halten Sie den Berufsstand des Theologen für erstrangig, Herr Doktor Luther?

Die Theologie gibt Leben und Seligkeit, alle anderen Fakultäten nähren nur den Leib. 31/200

Alle Fakultäten sind gut, aber zur Seligkeit nicht nötig wie die Theologie ... Wollte sich der Theologie eine Fakultät widersetzen, so dürfte man das nicht dulden. Wenn wir dem Papst auch nur in einem Artikel wichen, so wären wir in allen gefangen. Will uns doch der Papst nicht im geringsten Stück weichen. Ich will unseren Juristen den Predigtstuhl anbieten und ihnen gehorchen, nur sollen sie nicht gegen das Gewissen auf die Herrschaft des Papstes dringen. Wenn wir das verteidigen wollen, wird es zwischen uns keinen Frieden geben. 31/200 f.

Welcher Berufung, wenn nicht der eines Priesters und Professors für Bibelauslegung, wären Sie am liebsten gefolgt, Herr Doktor Luther?

Es gefällt mir kein Stand so gut, ich wollte auch keinen lieber annehmen, als ein Schulmeister zu sein. 36/88

Wenn ich kein Prediger wäre, so weiß ich keinen Stand auf Erden, den ich lieber haben wollte. Man muß aber nicht darauf sehen, wie es die Welt achtet und verlohnet, sondern wie es Gott achtet und an jenem Tage rühmen wird. 31/199

Es ist aber in einer Stadt ebensoviel an einem Schulmeister gelegen wie an einem Pfarrer. Auf Bürgermeister, Fürsten und Adel können wir verzichten; auf Schulen aber kann man nicht verzichten ... Ebenda

BESCHEIDENHEIT

Bescheidenheit sei die Kunst, andere zu veranlassen, das Gute zu sagen, das man von sich selbst nicht sagen möchte! Was meinen Sie zu dieser Auffassung, Herr Luther?

Mäßigkeit erweist sich nicht allein im Essen und Trinken, sondern im Maßhalten in allem Wesen und Wandel, Worten, Werken und Gebärden, daß man nicht zu kostbar lebe und Überfluß an Schmuck und Kleidern meide, daß sich niemand zu sehr rühme und zu übermütig werde. 7/179

BESITZ

Stimmen Sie dem griechischen Philosophen Aristoteles zu, der behauptete, jeder nutze seinen Besitz immer nur, um sich seine eigenen Wünschen zu erfüllen und sich selbst der Nächste zu sein?
Gott will nicht, dass man kein Geld und Gut haben und nehmen soll oder, wenn man es hat, wegwerfen sollte, wie etliche Narren unter den Philosophen und tolle Heilige unter den Christen gelehrt und getan haben, denn er läßt wohl geschehen, daß du reich sei'st, aber die Liebe will er nicht daran gehängt haben. 37/20

Spricht sich nun Gott für oder wider die Auffassung des alten Griechen aus?
Gott straft nicht, daß man Reichtum und Güter hat, sondern daß man der Güter übel gebraucht; das heißt, sie allein zur Stillung der Lüste verwendet, den Armen damit nicht hilft und über das, was Gott gegeben hat, kein treuer Haushalter ist. 36/67

BIBEL

Heute sind Sie Professor für Bibelauslegung an der Universität Wittenberg, Herr Doktor Luther. Wie fanden Sie einst den Weg zur Heiligen Schrift?
Als junger Mann habe ich zu Erfurt in der Universitätsbibliothek eine Bibel gesehen und einen Abschnitt aus den Samuelbüchern

gelesen; aber die Glocke rief mich zur Vorlesung. Ich war sehr darauf erpicht, das ganze Buch zu lesen; aber damals gab es keine Gelegenheit mehr. Doch als ich ins Kloster eintrat und alles hinter mir ließ, an mir selbst verzweifelt, habe ich aufs Neue eine Bibel verlangt. Die Brüder gaben mir eine, und ich las sie sorgfältig durch und prägte sie dem Gedächtnis ein, auch wenn sie nicht genau war. Aber als ich das Mönchsgelübde ablegte, nahmen sie sie mir wieder fort und gaben mir sophistische Bücher. Doch sooft ich Zeit hatte, zog ich mich in die Bibliothek zurück und nahm Zuflucht bei der Bibel. Und im Kloster habe ich gelegentlich darüber disputiert [wissenschaftlich gestritten]. 14/8 f.

Was bedeutet Ihnen die Bibel?
Die Heilige Schrift übertrifft in ihrer Kraft bei weitem alle Künste der Philosophen und Juristen. Wenn diese auch gut und nötig sind, so sind sie doch für das ewige Leben tot. 37/23

Ich habe nun seit etlichen Jahren die Bibel jährlich zweimal ausgelesen, und wenn die Bibel ein großer mächtiger Baum wäre und alle Worte die Ästlein, so habe ich alle Ästlein abgeklopft und wollte gern wissen, was daran wäre und was sie trügen. Und allezeit habe ich noch ein paar Äpfel oder Birnen heruntergeklopft. 31/10

So ist's um die Heilige Schrift bestellt: wenn man meinet, man habe sie ausgelernt, so muß man erst anfangen. 37/23

Die Bibel – oder die Heilige Schrift – ist wie ein sehr großer weiter Wald, darinnen viel und allerlei Bäume stehen, davon man kann mancherlei Obst und Früchte brechen; denn man hat in der Bibel reichen Trost, Lehre, Unterricht, Vermahnung, Warnung, Verheißung und Drohung. Aber es ist kein großer Baum in diesem Walde, daran ich nicht geklopft und ein paar Äpfel oder Birnen davon gebrochen und abgeschüttelt habe. 7/19

Es wird behauptet, die Bibel sei das Buch Gottes, nicht das Buch der Menschen. Lässt sich das beweisen, Herr Doktor Luther?

Alles, was es gibt und wie es das in der Welt gibt; das heißt, wie es in der Welt geht und steht, das alles ist im ersten Buch Mose beschrieben. Es geht und steht nicht anders, als wie es Gott geschaffen hat. Weiter: Julius Cäsar, Augustus, Alexander, das Reich der Ägypter, Babylonier, Perser, Griechen und Römer sind hinweg, die alle gerade dieses Buch vertilgen und ausrotten wollten. Einzig und allein darauf richtete sich ihr Eifer, dieses Buch zu vernichten. Aber sie konnten es nicht. Unversehrt hat es sich gegen ihrer aller Absicht erhalten. Wer erhält es aber oder wer hätte es gegen eine so große Macht und Gewalt erhalten können? Mag sein, Homer und Vergil sind altehrwürdige Bücher, aber nichts im Vergleich zur Bibel. Ebenso sind auch die Taufe, das Sakrament und das Predigtamt; das heißt, der ganze Gottesdienst nach dem ersten Gebot, gegen so viele Tyrannen und Ketzer erhalten geblieben. Unser Herrgott hat es mit besonders wunderbarer Kraft erhalten; denn man muß predigen, taufen und das Abendmahl austeilen. Deshalb kann dem niemand widerstehen oder es hindern. 31/11 f.

Lasset uns die Bibel nur nicht verlieren, sondern sie lesen und predigen, denn wenn die Theologie blüht, so steht alles wohl und geht glücklich vonstatten, denn sie ist das Haupt aller Fakultäten und Künste; wenn sie daniederliegt, so gebe ich alles Andere auf. 31/9

Ist es richtig, Professor Luther, die Bibel als „das Buch der Bücher" zu bezeichnen?
Ja. Die Heilige Schrift ist voll von göttlichen Gaben und (Heils-) Taten. Alle Bücher der Heiden lehren eindeutig nichts vom Glauben, der Hoffnung und der Liebe; ja, sie wissen nicht einmal davon. Sie sehen allein auf das Gegenwärtige ... Die Heilige Schrift ist das Höchste, es ist ein göttliches Buch, voller Trost in allen Anfechtungen, denn es lehrt von Glaube, Hoffnung, Liebe anders, als es menschliche Vernunft sehen, fühlen, erfahren kann. Und gerade im Unglück lehrt es jene aufleuchten, damit sie uns

zu erkennen geben, daß ein anderes Leben nach diesem Elend auf uns wartet. 31/12

BOSHEIT

Was sagen Sie zu der Forderung des Apostels Paulus im Römerbrief: „Überwinde das Böse mit Gutem!"?
Wenn die Welt fromm wäre, so bedürften wir keines Kaisers, Fürsten, Bürgermeisters, Richters, Henkers und seines Rades, Galgens, Feuers, Wassers, Schwertes oder der Spieße, denn ein jeder täte willig von sich aus, was er tun sollte, wie einer auch willig und ungezwungen ißt und trinkt. Weil die Welt aber ein Stall voller böser Buben ist, so muß man Gesetze und Obrigkeiten haben, Richter, Henker, Schwert, Galgen und was dergleichen mehr ist, damit man den bösen Buben wehren könne. 7/66

BÜCHER

Heutzutage meint jeder bedeutungslose Hinz und Kunz, (s)ein Buch herausbringen zu müssen. Was sagen Sie zu dieser Autoren- und Bücherschwemme, Herr Professor Luther?
Die Menge der Bücher und Schriftsteller ist zu beklagen, weil uns ein unendliches Meer von Büchern bevorsteht. Denn jeder Beliebige schreibt seiner Anmaßung entsprechend ein Buch, andere fördern solch Übel um der Gewinnsucht willen ... 31/13

Ist das Leben nicht zu kurz, um ein Buch – auch ein gutes – zweimal zu lesen?
Einen guten Schriftsteller soll man sich durch immer erneutes Lesen so vertraut machen, daß man gleichsam in sein Fleisch und Blut verwandelt werde, denn vielerlei Verschiedenes lesen bringt mehr Verwirrung, als daß man wirklich etwas daraus

lernt. Wenn einer überall zu Hause ist, der erreicht damit nur, daß er nirgends richtig zu Hause ist, und wie wir in der menschlichen Gesellschaft nicht an jedem Tag alle Freunde um uns zu haben brauchen, sondern nur einige wenige, aber dafür auserlesene, so soll man sich auch an die besten Bücher, und zwar an wenige und auserwählte, halten. 31/12 f.

Dazu gehören unbestreitbar Ihre Werke, Herr Doktor Luther?
Ich will nicht, dass meine Bücher verbreitet werden, schon gar nicht die früheren. Ja, ich hätte am liebsten, sie würden alle vergessen, denn die ganz Kirche ist voll von Büchern, aber die Bibel wird verachtet ... Die Welt ist eitel, hat immer Lust auf Neues, verachtet Frommes. Der Umsatz der Buchläden steigt. Auch gibt mein Beispiel anderen den Anlaß, sich ebenfalls zu produzieren. Es will ein jeder schreiben, denn der Luther hat [ja auch] geschrieben. 14/30 f.

BÜROKRATIE

Bürokratie sei das Vermögen, das Mögliche unmöglich zu machen. Wie funktioniert denn das, Herr Luther?
Ein Gesetz macht bald zwei, zwei machen drei, und so geht's fort. 40/41

Darum soll man geschriebene Rechte [Gesetze] unter der Vernunft halten, daraus sie doch gequollen sind und nicht die Vernunft mit Buchstaben gefangen führen. Ebenda

CHRISTEN

Es steht geschrieben, Christen seien Angehörige einer Religionsgemeinschaft, die sich auf Jesus Christus berufen. So weit, so gut; aber was unterscheidet einen Christen von einem Heiden?

Ein Christ sein ist, das Evangelium haben und daran glauben. Dieser Glaube bringt Vergebung der Sünden und Gottes Gnade. Er kommt aber allen vom Heiligen Geist, der wirkt ihn durchs Wort, ohne unser Zutun und Mitwirkung. Es ist Gottes eigenes Werk, nicht auch mit unserer Kräfte und freien Willens. Derselbe leidet nur und läßt sich zurichten und schaffen vom Heiligen Geist, wie ein Ton oder Lehm vom Töpfer zu einem Gefäß gemacht wird. Ein solcher Mensch, der an Christus glaubt und ihn bekennt, daß wir allein durch ihn Vergebung der Sünden, ewiges Leben und Seligkeit erlangen aus lauter Gnade und Barmherzigkeit, ohne all unser Verdienst, gute Werke und Würdigkeit, der wird in der Welt wohl geplagt und zermartert; aber der Heilige Geist steht ihm bei, tröstet und stärkt ihn, gibt ihm ein freudiges Herz, das alles verachtet, und hilft ihm aus; denn er will uns nicht allein lassen. 31/29

Welche Forderungen stellen Sie an einen guten Christen, Doktor Luther?

Ein Christ ist ein solcher Mensch, der gar keinen Haß noch Feindschaft wider jemand weiß, keinen Zorn noch Rache in seinem Herzen hat, sondern eitel Liebe, Sanftmut und Wohltat. 37/28

Die Christen lehren den rechten Wandel und alle Tugenden besser als irgend jemand anderes, weil sie den Glauben dabei hinzunehmen. 37/27

Eines Christen Handwerk ist das Beten. 37/30

Ein Christ soll wenig Wort und viel Tat machen. 37/28

Ein Christ ist im Werden, nicht im Gewordensein. 40/38

Er muß jedermann tröstlich und nicht schädlich sein. 37/30

Ein Christ soll und muß ein fröhlicher Mensch sein. 40/38

Ein Christ muß diese drei Eigenschaften haben: Er muß geben, leihen und leiden.

Einer sollte des anderen täglich Brot werden; einer sollte des anderen Christus sein. In diesen zwei Stücken besteht das ganze christliche Leben: Glaube an Gott, hilf deinem Nächsten! Und dieses wisset bei allem, was ihr tut: die Freude ist der Doktorhut des Glaubens. 46/155

Ein Christ ist ein seltener Vogel. 40/32

DEUTSCHLAND

Was erwidern Sie jenem Spötter, der da in die Europäische Gemeinschaft hinausposaunt, Deutschland sei ein Land der unbegrenzten Zumutbarkeiten?

Es ist keine verachtetere Nation als die Deutsche. Die Italiener nennen uns Bestien; Frankreich und England spotten unserer und alle anderen Länder. Wer weiß, was Gott will und aus den Deutschen machen wird; obwohl wir eine gute Staupe [Strafe] vor Gott wohl verdient haben ... Den Deutschen fehlt es an nichts, sie haben alles; aber weil es den Deutschen an der rechten Kenntnis der Dinge und an der Sorgfalt fehlt, deshalb haben sie nichts, denn sie verstehen dies, was sie haben, nicht recht anzuwenden. 31/213

Mit Verlaub, Herr Luther, ist denn das Land der Deutschen nicht ein wohlgeratenes Land?

Deutschland ist ein sehr gutes Land, hat alles genug, was man haben soll, dies Leben reichlich zu erhalten. Es hat allerlei Früchte, Korn, Wein, Getreide, Salz, Bergwerk usw. und was aus der Erden zu kommen und zu wachsen pflegt; allein mangelts an dem, daß wir's nicht achten, noch recht brauchen, wie wir billig sollten, Gott zu Ehre und dem Nächsten zu Nutz und ihm dafür danken. Ja, wir mißbrauchen's auf das Allerschändlichste, viel ärger als die Säue. Gott gibt alles mildiglich und reichlich, so daß niemand billig zu klagen hat, und fordert nichts anderes von uns, als nur allein, daß wir ihm gehorsam seien und ihm Dank sagen. 10/39

Deutschland ist wie ein kräftiges Pferd, das Futter und alles hat, dessen es bedarf. Es fehlt ihm aber an einem Reiter. Gleich nun wie ein starkes Pferd ohne einen Reiter in die Irre läuft, so ist auch Deutschland stark genug an Kräften und Menschen, es mangelt ihm aber an einem Regenten. 31/214

Ließe sich der, bis er auftaucht, nicht durch einige unserer Tugenden ersetzen?
Uns Deutsche hat keine Tugend so sehr berühmt gemacht und – wie ich glaube – bisher so hoch erhoben und erhalten, als daß man uns für treue, wahrhaftige, beständige Leute gehalten hat, die da Ja Ja und Nein Nein haben sein lassen. Das bezeugen viele Historien und Bücher. 46/145

Welche Eigenschaften deutscher Landsleute sind Ihnen bei Ihren Wanderungen und Fahrten besonders in Erinnerung geblieben?
Die Meißner [Sachsen] sind hoffärtig [überheblich] und maßen sich eine Klugheit an, die sie gar nicht haben. Die Thüringer sind pflichtvergessen und habgierig. Die Böhmen übertreffen alle andern an spröder Kälte. Die Bayern sind dumm und unbegabt, dafür aber rechtschaffener. Die Franken und Schwaben sind einfach, rechtschaffen und diensteifrig. Die Schweizer sind die vornehmsten unter den Deutschen, sie sind mutig und heiter. Die Wenden [in Mittel- und Ostdeutschland ansässige Slawen] sind Diebe und eine ganz üble Sorte Menschen. Die Rheinländer sind verschmitzte Abenteurer und auf ihren Vorteil bedacht. 8/80 f.

Waren die Deutschen schon immer so, wie sie jetzt sind?
Zweifellos war vor der Sintflut die beste Weltzeit. Da lebten die Menschen bis ins höchste Alter in aller Ehrbarkeit ohne Rausch, Kriege und Händel, dienten allein Gott und den Menschen und betrachteten mit Eifer Gottes Kreaturen, himmlische und irdische. Da ist ihnen ein frischer Brunnen lieber gewesen als heutzutage aller Malvasierwein [süßer Weißwein]. 13/II 207

Und wie könnte es auf lange Sicht weitergehen mit Deutschland?

Deutschland ist allezeit die beste Nation gewesen; es wird ihr aber gehen wie Ilium [Troja]; und man wird sagen: Deutschland ist gewesen. Es ist aus. Laßt uns Gott bitten, er wolle die Gewissen bewahren in solchen Unglückszeiten! 13/II 208

DIALEKTIK

Sie haben sich während Ihres Studiums an der Erfurter Alma mater gründlich mit der Dialektik beschäftigt, ohne sie später ständig auf der Zunge zu führen; doch Sie haben sie sprechend und schreibend meisterhaft angewendet. Dürfen wir Sie um einige Kostproben bitten, Herr Doktor Luther?

Fürwahr, du kannst nicht zuviel in der Schrift lesen, und was du liest, kannst du nicht zu wohl verstehen, und was du wohl verstehst, kannst du nicht zu wohl lehren, und was du wohl lehrest, kannst du nicht zu wohl leben. Es sind nicht Lesewort, sondern eitel Lebewort drinnen. 37/24

Wenn wir täten, was wir sollten, und nicht machten, was wir wollten, so hätten wir auch, was wir haben sollten. Nun tun wir, was wir wollen, und nicht, was wir sollen, darum müssen wir auch halten, was wir wollen. 37/131

Und bezogen auf der Christen Leben, / lassen auch da sich die Worte dialektisch verweben?

Das christliche Leben ist nicht ein Frommsein, sondern ein Frommwerden.

Nicht Gesundsein, sondern Gesundwerden.

Nicht Sein, sondern ein Werden.

Nicht Ruhe, sondern eine Übung.

Wir sind's noch nicht, wir werden's aber.

Es ist noch nicht getan und geschehen; es ist aber im Gang und Schwang.

Es ist nicht das Ende, es ist aber der Weg.

Es glühet und glänzet noch nicht alles, es bessert sich aber alles. 46/117

Ein Christenmensch ist ein freier Herr über alle Dinge und niemand untertan. Ein Christenmensch ist ein dienstbarer Knecht aller Dinge und jedermann untertan. 40/38

Gute, fromme Werke machen nimmermehr einen guten, frommen Mann, sondern ein guter, frommer Mann macht gute, fromme Werke; böse Werke machen nimmermehr einen bösen Mann, sondern ein böser Mann macht böse Werke, also daß allerwegen die Person zuvor muß gut und fromm sein vor allen guten Werken, und gute Werke folgen und ausgehen von der frommen, guten Person. 37/94

DIEB(STAHL)

Was antworten Sie jenem Schelm, der da meint, ein Dieb sei jemand, der etwas findet, was ein anderer nicht verloren hat?

Gott hat geboten, daß niemand dem Nächsten das Seine entziehe oder verkürze; denn Stehlen heißt nichts anderes, als eines andern Gut mit Unrecht an sich zu bringen. Darunter ist, kurz gesagt, jeder Vorteil, den man sich bei allen möglichen Handelsgeschäften zum Nachteil des Nächsten verschafft. 19/61 f.

Dieberei ist die häufigste Nahrung in der Welt. 37/35

Stimmt es, dass Sie in einer Predigt beklagt haben, es gebe mehr Diebe als Galgen?

Es ist so: müsste man sie alle an den Galgen hängen, die Diebe sind, ohne daß sie doch so heißen wollen, so würde die Welt bald menschenleer werden und es sowohl an Henkern als an Galgen fehlen; denn es soll nicht bloß gestohlen heißen, wenn man Kasten und Truhen ausräumt, sondern es soll sich erweitern auf den Markt, auf alle Kramläden, Fleischerbuden, Wein- und Bierkeller, Werkstätten, kurz: auf alle Orte, wo man Geschäfte macht und Geld um Ware oder Arbeit nimmt und gibt. 19/62

Demnach wären doch Tagelöhner, die nicht ehrlich arbeiten, ausbeutende Unternehmer, die unehrlich löhnen, und Banker, die riskant spekulieren, ebenso Diebe?
Ja. Das gleiche sage ich auch von Handwerksleuten, Arbeitern, Taglöhnern, wenn sie mutwillig handeln und nicht wissen, wie sie die Leute übervorteilen sollen und dabei doch lässig und untreu in der Arbeit sind. Diese alle sind weit schlimmer, als die heimlichen Diebe. Gegen solche kann man Schloß und Riegel anbringen oder wenn man sie erwischt, spielt man ihnen so mit, daß sie es nicht mehr tun. Vor diesen aber kann sich niemand hüten, es darf sie auch niemand unfreundlich ansehen oder irgend eines Diebstahls bezichtigen. Zehnmal lieber sollte man etwas aus dem Beutel verlieren; denn hier handelt es sich um meine Nachbarn, um gute Freunde, um mein eigenes Gesinde, denen ich Gutes zutraue, während sie mich am allermeisten betrügen. 19/62 f.
So ist es ferner auch auf dem [Arbeits-]Markt und bei den gewöhnlichen Handelsgeschäften mit aller Macht und Gewalt in Übung: Da betrügt einer den anderen öffentlich mit falscher Ware, falschem Maß, falschem Gewicht, falscher Münze, und übervorteilt ihn mit List und seltsamen Finanztricks oder mit tückischen Geschäftskniffen; ebenso übernimmt [übervorteilt] er ihn mit dem Kaufpreis und beschwert, schindet [ausbeutet] und plagt ihn mutwillig. 19/63

Was also fordert Gott summa summarum mit seinem siebten Gebot: „Du sollst nicht stehlen"?
Wir sollen dem Nächsten keinen Schaden und Unrecht tun, einerlei, welche Art und Weise man sich dabei auch ausdenken mag, um ihm Hab und Gut zu verkürzen, zu schädigen und vor-

zuenthalten; auch sollen wir in solches [Unrecht] nicht einwilligen, noch es gestatten, sondern ihm wehren und zuvorkommen. 19/67

EHE

Was sagen Sie zu der Tatsache, Herr Doktor Luther, dass zu Beginn des 21. Jahrhunderts immer mehr junge Leute meinen, Heiraten bedeute, seine Rechte zu halbieren und seine Pflichten zu verdoppeln?
Ich bin dein und du bist mein. Das ist die Ehe. 40/11

Es ist kein lieblicher, freundlicher noch holdseliger Verwandnis, Gemeinschaft und Gesellschaft, wenn eine gute Ehe, wenn Eheleute miteinander in Frieden und Einigkeit leben. 9/255

Es ist gut, daß Gott den Ehestand eingesetzt hat, sonst sorgten die Älteren für die Kinder nicht, die Haushaltung läge danieder und zerfiele; danach würde auch der Polizei und des weltlichen Regiments, desgleichen die Religion nicht geachtet; also ginge es alles dahin und würde ein Wüstwildwesen in der Welt. 46/129

Niemand kann genugsam ermessen, was für ein Geschenk und was für eine große Anordnung Gottes die Ehe ist, durch welche die ganze Nachkommenschaft der Welt vermehrt und weltliches Regiment und Hausstand erhalten werden. Wo wären wir, wenn nicht die Ehe eingesetzt worden wäre? Aber die gottlose Welt bewegt weder die göttliche Anordnung, noch die lieblichen Kinder, da sie allein auf die Mängel der Ehe schaut, aber den im Ehestand verborgenen Schatz nicht sieht. Und doch sind Könige und Fürsten alle auf dem Wege über den Muterleib in die Welt gekommen, und auch Christus hat diese Herkunft seines Lebens nicht verschmäht. 8/50 f.

Heutzutage werden in Deutschland immer weniger Kinder geboren. Weshalb meinen Sie, Doktor Luther, Kinder zu zeugen sei göttliche Pflicht der Eheleute?

Beischlaf ergibt sich leicht, auch ohne Ehe, aber das schönste Ehepfand sind Kinder. Es ist die beste Wolle vom Schaf. 14/148

Dies Wort, das Gott spricht; „Wachset und mehret euch", ist nicht ein Gebot, sondern mehr als ein Gebot; nämlich, ein göttliches Werk, das nicht bei uns steht, zu verhindern oder nachzulassen, sondern es ist eben nötig, dass ich ein Mannsbild sei und nötiger denn essen, trinken, fegen und auswerfen, schlafen und wachen. Es ist eine eingepflanzte Natur und Art, eben so wie die Gliedmaßen [Geschlechtsorgane], die dazugehören. Darum, gleich wie Gott niemand gebeut [gebietet], daß er Mann oder Weib sei, sondern schafft [bewirkt], daß sie so müssen sein; also gebeut er auch nicht, sich zu mehren, sondern schafft, daß sie sich müssen mehren. 46/134 f.

Die deutsche Bundesregierung unterstützt mit mancherlei materieller Förderung – zum Beispiel Kindergeld – die Lust auf Kinder. Was sagen Sie zum Rollentausch der Ehepartner durch die gesetzliche Möglichkeit des Babyjahres?

Wenn ein Mann hinginge und wüsche die Windeln oder tät' sonst am Kinde ein verächtlich Werk, und jedermann spottete sein und hielte ihn für einen Maulaffen und Frauenmann; so er's doch täte in solcher gesagter Meinung und christlichem Glauben. Lieber sage, wer spottet hier des anderen am feinsten? Gott lacht mit allen Engeln und Kreaturen, nicht daß er die Windeln wäscht, sondern daß er's im Glauben tut. Jener Spötter aber, der nur das Werk sehen und den Glauben nicht sehen will, spottet Gott mit aller Kreatur, als der größten Narren auf Erden; ja, sie spotten sich nur selbst, und sind des Teufels Maulaffen mit ihrer Klugheit. 46/136

EINIGKEIT

Welche Rolle spielt die Einigkeit sowohl bei der Heirat von Mann und Frau als auch bei der Vereinigung zweier ganz unterschiedlicher Bevölkerungsgruppen?
Wir wollen alle gern Einigkeit haben, aber das Mittel zur Einigkeit sucht niemand, welches wäre gegenseitige Liebe. 37/44

Also soll es zugehen, wenn man will Einigkeit machen, da muß einer dem anderen nachgeben und nachlassen; sonst, wenn ein jeglicher will Recht haben und keiner dem anderen weichen und fein zusammenrücken, da wird nimmermehr Einigkeit. Ebenda

ELTERN

Weshalb, Herr Doktor Luther, wird von Gott im vierten Gebot gefordert, dass wir Vater und Mutter nicht nur lieben, sondern auch ehren sollen?
Diesen Vater- und Mutterstand hat Gott besonders ausgezeichnet vor allen anderen Ständen, die unter ihm sind. Er gebietet nicht schlechthin nur, die Eltern lieb zu haben, sondern sie zu „ehren". Im Blick auf Brüder, Schwestern und den Nächsten insgemein befiehlt er nämlich nichts Höheres, als sie zu lieben; somit unterscheidet und sondert er Vater und Mutter von allen anderen Personen auf Erden und setzt sie neben sich; denn „Ehren" ist etwas viel Höheres als „Lieben". Es bezieht ja nicht allein die Liebe in sich ein, sondern auch Zucht, Demut und Scheu einer Majestät gegenüber, die hier verborgen ist. Auch fordert es nicht bloß, daß man die Eltern freundlich und mit Ehrerbietung anspreche, sondern vor allem soll man sowohl im Herzen als auch mit seinem leiblichen Verhalten sich ihnen gegenüber so einstellen und zeigen, daß man viel von ihnen hält und sie nach Gott für die Obersten ansieht. Denn wen man von Herzen ehren soll, den muß man wahrlich für hoch und groß achten. 19/39

38

Gilt das auch, wenn die Eltern ihren Kindern gegenüber ihre Pflichten vernachlässigen?

Man präge es darum den jungen Leuten ein, ihre Eltern an Gottes Statt vor Augen zu haben und also zu bedenken, daß sie dennoch Vater und Mutter sind, von Gott gegeben, auch wenn sie gering, arm, gebrechlich und seltsam wären. Ihres Lebenswandels oder eines Fehlers wegen sind sie dieser Ehre nicht beraubt. Darum sind nicht die Personen anzusehen, wie sie sind, sondern Gottes Wille, der es so anschafft und anordnet. 19/40

Das Sprichwort sagt, die Dankbarkeit sei in den Himmel gestiegen und habe die Leiter mitgenommen. Könnte das der Grund für die Undankbarkeit mancher Kinder gegenüber ihren Eltern sein?

Jeder soll drüber nachdenken, was ihm seine Eltern getan haben; dann findet er, daß er Leib und Leben von ihnen hat, dazu auch von ihnen ernährt und aufgezogen wurde; sonst wäre er ja hundertmal in seinem Unflat erstickt. Deshalb ist's recht und treffend von alten, weisen Leuten gesagt worden: „Gott, den Eltern und den Lehrern kann man nie genug danken und vergelten". Wer das sieht und bedenkt, der wird wohl – ohne dazu angetrieben zu werden – seinen Eltern alle Ehre antun und sie auf den Händen tragen, weil sie es sind, durch die ihm Gott alles Gute getan hat. 19/44

ERZIEHUNG

Was tun, Herr Doktor Luther, wenn die Kinder über die Stränge schlagen?

Gebt ihnen Schläge, wenn sie es verdienen, und doch gute Worte dazu, damit sie nicht scheu werden und schließlich gar nichts Gutes mehr von euch erwarten. Es ist sehr schlimm, wenn ein Sohn einen anderen liebt als seinen Vater. Ein Vater muß irgendwie zu erkennen geben, daß er es nicht ganz verderben wolle, denn ausschließlich Gesetz [Vorschriften] ist zu nichts nütze, ja es ist unerträglich. 31/294

Wenn Kinder böse sind, Schaden und Schalkheit anrichten, so soll man sie darum strafen; sonderlich, wenn sie täuschen und stehlen lernen; jedoch muß man in der Strafe auch ein Maß halten, denn was Knabenstreiche sind, wie Kirschen, Äpfel, Birnen, Nüsse [klauen], so muß man's nicht also strafen, als wenn sie Geld, Rock und Kasten angreifen wollten, da ist denn Zeit, ernstlich zu strafen. Meine Eltern haben mich gar hart gehalten, daß ich auch darüber gar schüchtern wurde. Die Mutter stäupte [schlug] mich einmal um einer geringen Nuß willen, daß das Blut hernach floß, und ihr Ernst und gestrenges Leben, das sie mit mir führten, das verursachte mich, daß ich darnach in ein Kloster lief und ein Mönch wurde; aber sie meinten's herzlich gut. Man muß also strafen, daß der Apfel bei der Rute sei. 7/90

Welche Folgen kann eine fehlerhafte Erziehung haben?
Es ist ein böses Ding, wenn um der harten Strafe willen Kinder den Eltern gram werden oder Schüler ihren Lehrern feind sind; denn viele ungeschickte Schulmeister verderben feine Anlagen mit ihrem Poltern, Stürmen, Streichen und Schlagen, wenn sie mit Kindern anders nicht denn gleich als ein Henker oder Stockmeister mit einem Dieb umgehen. Ebenda

Ein Kind, das einmal kleinmütig geworden ist, ist zu allen Dingen untüchtig und verzagt; es fürchtet sich allezeit, so oft es etwas tun oder anfangen soll. Was aber noch ärger ist: wo eine solche Furcht in der Kindheit einreißt, kann sie schwerlich wieder ausgerottet werden sein Leben lang. 40/44

Weshalb ist das so?
Weil sie bei jedem Wort der Eltern zittern, fürchten sie auch nachher sich ihr Leben lang vor einem rauschenden Blatt. Ebenda

40

Und wie sieht eine Erziehung aus, die fehlerhaft im gegenteiligen Sinn ist?
Die Eltern sind allein darauf bedacht, wie sie die Kinder schmükken und machen, daß sie vor den Leuten angesehen werden, bereiten ihnen Reichtum, hängen dem Drecksack Gold an den Hals, kaum daß er gehen kann. 40/45

Welche Mindestanforderung stellen Sie – bei höchstmöglicher Toleranz – an jeden Vater und an jede Mutter, Herr Doktor Luther?
Das größte Werk, das du tun kannst ist, daß du dein Kind recht erziehst, wenn du gleich am Sonntag nicht in die Kirche kommst und keine Messe oder Predigt hörst – erziehe nur dein Kind recht! 37/52

FRAUEN

Alles in Gottes Welt hat sein dialektisches Für und Wider. Was spricht f ü r die Frau, Herr Luther?
Wenn das weibliche Geschlecht anfängt, die christliche Lehre aufzunehmen, dann ist es viel eifriger in Glaubensdingen als Männer. 31/292

Wohlan, wenn man dieses Geschlecht, das Weibervolk, nicht hätte, so fiele die Haushaltung, und alles, was dazu gehört, läge gar danieder; danach das weltliche Regiment, Städte und die Polizei. Summa: die Welt kann des Weibervolks nicht entbehren, nicht einmal, wenn die Männer selber könnten Kinder tragen. 37/57

Und was spricht g e g e n das schöne Geschlecht?
Den Frauen fehlt es an körperlichen wie an geistigen Kräften. Ihre körperliche Schwäche kann man tolerieren, denn die Männer ernähren sie ja. Die geistigen Mängel des weiblichen Geschlechts machen uns mehr zu schaffen, aber wir müssen auch seine Unarten ertragen. 40/14

Das Weib habe das Regiment im Hause, doch des Mannes Recht und Gerechtigkeit ohne Schaden. Der Weiber Regiment hat von Anfang der Welt nie nichts Gutes ausgerichtet. Man pflegt zu sagen: Weiber Regiment nimmt selten ein gut End! Da Gott Adam zum Herrn über alle Kreaturen gesetzt hatte, da stand es alles noch wohl und recht, und alles ward auf das Beste regieret; aber da das Weib kam und wollte die Hand auch mit im Sode haben und klug sein, da fiel es alles dahin und ward eine wüste Unordnung. 35/142

Wenn Frauen über Politik reden, reden sie so wirr und läppisch, daß nichts darüber geht. Daraus ersiehst du, daß das Weib für das Hauswesen, der Mann für Politik, Kriege und Rechtshändel geschaffen ist. 40/14

Das klingt sehr nach einer Klage, / halten Pro und Kontra sich nicht doch die Waage?
Das Weib hat das Lob der Geselligkeit und der Fruchtbarkeit. Ihres Mannes Herz darf sich auf sie verlassen. Das ist ein großes Lob für die Frau. Dieses Gute berauben sie sich durch das Unheil, welches sie auch anrichten. 31/291

Frauen steht es besser an, daß sie stammeln und nicht gut reden können, das ziert sie besser. 40/13

Meine Frau kann mich überreden, sooft es ihr beliebt, denn sie hat in ihrer Hand allein die ganze Herrschaft. Ich gestehe ihr zwar gern die ganze Herrschaft im Hauswesen zu, aber ich will mein Recht auch unverletzt und uneingeschränkt haben, und Weiberregiment hat nie etwas Gutes ausgerichtet. 31/290

Also soll man auch die Weiber regieren, nicht mit großen Knütteln, Flegeln oder ausgezogenen Messern, sondern mit freundlichen Worten, freundlichen Gebärden und mit aller Sanftmut, damit sie nicht verschüchtert werden und erschrecken, daß sie hernach nicht wissen, was sie tun sollen. 40/14

Weibern mangelt's an Stärke und Kräften des Leibes und am Verstande. Den Mangel an Leibeskräften soll man dulden, denn die Männer sollen sie ernähren. Den Mangel am Verstande sollen wir ihnen wünschen, doch ihre Sitten und Weise mit Vernunft tragen, sie regieren und ihnen etwas zugute halten; wie Petrus lehrt: Ihr Männer, wohnt bei euren Weibern mit Vernunft und gebt dem weiblichen, als dem schwächsten Werkzeug [Geschlecht] seine Ehre ... 8/52

Stimmen Sie dem zu, Herr Doktor Luther, dass Kinder zu gebären die ureigenste Bestimmung der Frau ist?
Man kann mit einer jungen Metze nicht besser verfahren, man mache ihr ein Kind, so vergehen ihr die vielen Gedanken; denn die Weiber, die stillende Kinder haben, sind die fröhlichsten Frauen.
Daran sieht man auch, wie schwach und ungesund die unfruchtbaren Weiber sind; die aber fruchtbar sind, die sind gesünder, reinlicher und lustiger. Ob sie sich aber auch müde und zuletzt tottragen, das schadet nicht, laß sie nur sich tottragen, sie sind dafür da. Es ist besser kurz gesund, als lange ungesund zu leben. 40/15

FRIEDEN

Was sagen Sie dem, der da meint, es könne der Frömmste nicht in Frieden leben, wenn es dem bösen Nachbarn nicht gefällt?
Habe Geduld und frage nicht nach dem Grund der Feindschaft gegen dich! Lieber Freund, was tun wir Christen dem Teufel? Was fehlt ihm, daß er uns so feind ist, außer dem, daß er das nicht hat, was unser Herrgott hat? Deswegen ist er in ewigem Zorn gegen uns entbrannt. 31/246

Gibt es eine Empfehlung, wie sich zwei in einer Konfliktsituation klugerweise verhalten sollten?
Wenn sich's begibt, dass zwei Ziegen einander auf einem schmalen Stege begegnen, der über ein Wasser geht, wie verhalten sie sich? Sie können nicht wieder zurückgehen, ebenso

können sie auch nicht nebeneinander vorbeigehen, der Steg ist zu schmal. Sollten sie denn einander stoßen, so möchten sie beide ins Wasser fallen und ertrinken. Wie tun sie denn? Die Natur hat ihnen gegeben, daß sich eine niederlegt und läßt die andere über sich hingehen, so bleiben sie beide unbeschädigt. So sollte ein Mensch gegen den andern auch tun und auf sich mit Füßen gehen lassen, ehe er denn mit einem andern sich zanken, hadern und bekriegen sollte! 31/248

Frieden erhalten, ist besser als Frieden zu schließen. 70/248

Den Frieden kauft man nie teuer, denn er bringt dem, der ihn kauft, großen Nutzen. Ebenda

GENÜSSE

Herr Doktor Luther, Sie haben während Ihrer Mönchszeit über alle Maßen asketisch gelebt, danach jedoch manche Lücke wieder aufgefüllt. Was halten Sie von den leiblichen Genüssen?
Der Bauch ist in allen Religionen der gewaltigste Abgott. 40/55

Traurige Leute soll man mit Essen und Trinken erquicken. 40/53

Darf unser Herr Gott gute, große Hechte, auch guten Rheinwein schaffen, so darf ich auch wohl essen und trinken. 40/54

Es ist dir selbst durch Gott und jedermann vergönnt, dass Du nicht allein zu Deiner Notdurft [Lebensnotwendiges], sondern ebenso zur Lust und Freude ißt und trinkst und guter Dinge bist. Aber daran darfst du dir nicht genügen lassen; außer, wenn du auch ein solches Schwein und Ekel sein wolltest, so, als wärest du bloß dazu geboren, Bier und Wein zu verbrauchen. Essen, Trinken und Kleiden sind uns nicht verboten worden. Das gilt auch für die Deutschen 46/149

Viele Mühen erträgt der Deutsche bei seiner Arbeit. O, ertrüge er doch gleicherweise Durst. 14/182

Wer das Bierbrauen erfunden hat, der ist ein Unheil für Deutschland gewesen. 37/25

Das Beste vom Menschen vergeht mit der Trunkenheit. 37/148

Ich habe neulich zu Hofe eine harte, scharfe Predigt getan wider das Saufen; aber es hilft nicht. 8/77

Haben Sie nicht doch eine Idee, was dagegen zu tun sei?

Wenn ich wieder zum Fürsten komme, so will ich nicht mehr tun denn bitten, daß er überall seinen Untertanen und Hofleuten bei ernster Strafe gebieten wolle, daß sie sich ja wohl vollsaufen sollten. Vielleicht, wenn es geboten würde, möchten sie das Gegenteil tun; was verboten ist, dawider handelt man gern. 8/78

Sauft, daß euch das Unglück ankomme! 37/148

Aber gegen einen exzellenten Gaumenschmaus haben Sie wohl nichts einzuwenden, Herr Luther?

Würden wir einfache Speisen genießen ohne die ausländischen Gewürze, die nur den Gaumen kitzeln, würden wir ohne Zweifel länger leben. 40/54

Ich esse, was ich mag und sterbe, wenn Gott will. 40/53

An Delikatessen finde ich keinen Geschmack. Ich lob mir eine reine, gute, gewöhnliche Hausspeise. Ebenda

Daß wir dabei dennoch nicht unflätig und Schweine werden und so die Vernunft schändlich begraben. Petrus will keine unflätigen, rostigen und schmutzigen Mönche oder sauer dreinschauende Heilige mit Heucheleien und mit dem Schein eines vortrefflichen asketischen Lebens haben. Gott hat nichts dagegen, daß du dich nach deinen Möglichkeiten kleidest, schmückst und vergnügst, zu Ehren und zu angemessenen Freuden. Allein: es muß bei einem bestimmten Maß bleiben und Mäßigkeit heißen. 46/149 f.

Maß zu halten fällt uns Heutigen zunehmend schwer. Was empfehlen Sie den Bundesbürgern, Herr Doktor Luther?

Es ist jedermann geboten, mäßig, nüchtern und züchtig zu leben; nicht nur einen Tag oder ein Jahr, sondern täglich und immerdar. 1/XXXII 433

Ein Christ soll auch im Essen und Trinken seinen Leib mäßigen und nüchtern halten und ihn nicht im übermäßigem Fressen und Völlerei beladen und verderben, auf daß er wacker, vernünftig und geschickt zum Gebet sei, denn wer sich nicht befleißigt, nüchtern und mäßig seines Amts oder Standes zu warten, sondern eine volle Sau und täglich ein Trunkenbold ist, der kann auch weder zum Gebet noch zu anderen christlichen Sachen geschickt sein; ja, er nützt auch sonst zu nichts. 36/97

Sollen wir Maß halten nur in leiblichen Genüssen?
Mäßigkeit erweist sich nicht allein im Essen und Trinken, sondern im Maß halten in allem Wesen und Wandel, Worten, Werken, Gebärden, daß man nicht zu kostbar lebe und Überfluß an Schmuck und Kleidern meide, daß sich niemand zu sehr rühme und zu übermütig werde. 1/XIV 20

GESELLSCHAFT

Herr Professor Luther, was erwidern Sie Karl Marx, wenn er sagt, Gewalt sei „der Geburtshelfer jeder alten Gesellschaft, die mit einer neuen schwanger geht"? 17/779
Je größer die Gewalt, um so größer das Unglück. 40/25
  Der Herr Omnes [die Mehrheit] ist zur Aufruhr geneigt, aber das sind keine Christen, die über das Wort hinaus auch mit den Fäusten etwas tun wollen. 46/151
  Aufruhr ist nichts anderes, denn selbst richten und rächen. Das kann Gott nicht leiden. 35/125
  Wenn's so soll in deutschen Landen gehen, so ist mir's leid, daß ich als ein Deutscher geboren bin oder je deutsch geredet oder geschrieben habe. 40/25
  Der Obrigkeit soll man nicht mit Gewalt widerstehen, sondern nur mit dem Bekenntnis der Wahrheit. Kehret sie sich

dran, ist es gut; wo nicht, so bist du entschuldigt und leidest Unrecht um Gottes willen. 46/151

Obrigkeit ändern und Obrigkeit bessern sind zwei Dinge, so weit voneinander ... wie Himmel und Erde. Wenn's dann mag geschehen; besser ist mißlich und gefährlich ... Der tolle Pöbel [tollwütiges Volk] fragt nicht viel, wie es besser werde, sondern, daß es nur anders werde. Wenn's dann ärger wird, so will er abermals etwas anderes haben. So kriegt er dann Hummeln für Fliegen und zuletzt Hornissen für Hummeln ... Es ist ein verzweifelt, verflucht Ding um einen tollen Pöbel, welchen niemand so gut regieren kann wie die Tyrannen. Ebenda

Der Esel will Schläge haben und der Pöbel will mit Gewalt regiert sein. Darum gab Gott der Obrigkeit ein Schwert in die Hand. 35/125

Bedeutet das nicht, den geschundenen Volksmassen das Recht zu verwehren, sich von ihren Gewaltherrschern mit Gewalt zu befreien?

Man darf dem Pöbel nicht viel pfeifen [zugestehen], er ist sonst gern toll [wütig], und es ist billiger [angemessener], demselbigen zehn Ellen abzubrechen, als eine Handbreit, ja ein Fingerbreit einzuräumen. Und es ist besser, daß ihm die Tyrannen hundertmal Unrecht tun, als daß sie den Tyrannen einmal Unrecht tun ..., denn der Pöbel hat und weiß kein Maß. Und: In einem jeden von ihm stecken mehr als fünf Tyrannen. 46/151

In der DDR wurde versucht, die Marx'sche Theorie zu verwirklichen und den realen Sozialismus aufzubauen. Was halten Sie, Herr Doktor Luther, von einer solchen Lebensform?

Eine kommunistische Lebensform ist zwar möglich, kann aber nicht verordnet werden; denn würde man sie verordnen, könnte sie wegen der korrumpierten [bestechlichen] Natur nicht funktionieren. Es wollten dann nämlich mehr Leute konsumieren als produzieren, und das führte zum Chaos. 40/25

Haben Sie eine Erklärung dafür, dass das kommunistische Experiment nicht gelungen ist?

Wir Deutschen fangen vieles an, führen es aber nicht durch bis zum Ende. Ebenda

GOTT

Wählte man das Wort des Jahres oder des Jahrhunderts oder selbst des Jahrtausends, es könnte nur heißen: GOTT. Wer oder was aber ist Gott, Herr Doktor Luther?

Die Philosophen haben Gott einst so definiert: Gott ist der Kreis, dessen Zentrum überall und dessen Peripherie nirgends ist. Damit wollten sie verdeutlichen, daß Gott alles ist und nichts. Unser Herr Gott ist allenthalben, aber trotzdem wird er nicht überall begriffen. Ich find ihn nicht nur allein zu Jerusalem und in dem Bild, das er selbst mir vor Augen gestellt hat. Er ist überall ... 14/54

Das heißt: Gott kann von keinem Ort ausgeschlossen und in keinen eingeschlossen werden. Er ist über allem, außer allem und in allem. Vor ihm sind alle Dinge nichts, und das Nichts ist alles. 44/22

Alle Welt nennt das einen Gott, worauf der Mensch in Not und Anfechtung traut, womit er sich tröstet, worauf er sich verläßt, von dem man alles Gute haben will und der helfen kann. 36/71

Gott als Steuermann auf dem Meer des Lebens. Was halten sie von diesem Gleichnis?

Unser Leben ist gleich wie eine Schiffahrt; denn wie die Schiff-leute den Hafen vor sich haben, auf den sie ihre Fahrt richten, so ist uns die Verheißung des ewigen Lebens geschehen, daß wir in derselben gleich wie in einem Hafen sanft und sicher ruhen sollen. Weil aber das Schiff, in dem wir geführt werden, schwach ist und äußerst gefährliche Winde und Stürme gegen uns anlaufen, so ist leicht einzusehen, daß wir bedürfen eines sehr weisen Steuermanns, der das Schiff mit seinem Rat so regiere und führe, daß es nicht an Steinklippen anstoße oder überhaupt untergehe.

Dieser unser Steuermann ist allein Gott, der das Schiff nicht nur erhalten will, sondern auch kann, auf daß es, ob es gleich von ungestümen Wellen hin und her geworfen wird, gleichwohl sicher und unversehrt in den Hafen kommen möge. Er hat aber verheißen, daß er uns beistehen will, wenn wir ihn nur um Regierung und Hilfe bitten. Und solange wir diesen Schiffsherrn bei uns haben und behalten, so kommen wir aus aller Heftigkeit der Stürme und aus den Wogen sicher heraus; wenn aber die im Schiff in der größten Gefahr den Steuermann mutwillig aus dem Schiff werfen, der sie doch durch seine Gegenwart und Rat erhalten könnte, in diesem Fall muß das Schiff verderben. Und man sieht deutlich, daß der Schiffbruch nicht durch Schuld des Steuermanns, sondern aus Mutwillen und Unsinnigkeit derer, die im Schiff gewesen sind, geschehen ist. Dies Bild zeigt fein an, was die Ursache unseres Unglücks und Elends ist. 31/120

HEUCHELEI

Ein Heuchler sei jemand, der ein atheistisches Buch schreibt und dann zu Gott betet, es möge sich gut verkaufen. Wie sehen Sie das, Herr Doktor Luther?
Vom Strauß sagt man, wenn er das Haupt nur unter Laub oder einem Blatt verborgen hat, so meine er, er sei ganz bedeckt und so verborgen, daß er von niemand gesehen werden könne. So ergreifen die Heuchler irgendein gutes Werk und meinen, sie hätten den ganzen Schmutz ihrer Sünden damit bedeckt und verborgen, und sie seien auf's schönste geschmückt und gerecht vor Gott. 31/129

Nichts ist so verderblich wie ein gleisnerischer [heuchlerischer] Ratgeber. Wenn man es hört, so hat es Hand und Fuß; soll es aber losgehen, so steht es wie ein störriger Gaul, den man nicht von der Stelle bringen kann. 31/250

Es gibt keine schlimmere Mißgunst in der ganzen Welt, als die der Heuchler. In einem Wegelagerer und in einer Hure ist mehr Barmherzigkeit als in einem Heuchler. 31/249

Gibt es nicht auch Christen, die sich verstellen und so tun, als ob?
Falsche Christen sind wie Wolken ohne Regen. Sie geben große Helligkeit vor, aber da ist kein Glaube gegen Gott noch Liebe gegen den Nächsten. 37/110

KAPITALISMUS

Herr Professor Luther, es war kein Geringerer als Karl Marx, der Sie als den „ältesten deutschen Nationalökonomen" bezeichnete, und Anhänger seiner Lehre bescheinigen Ihnen, dass Sie nicht nur die Naturalwirtschaft und einfache Warenproduktion verteidigten und das Wucher- und Handelskapital verurteilten, sondern mit Ihren fortschrittlichen Ideen vom Berufs- und Arbeitsleben auch wichtige Voraussetzungen für die spätere Arbeitswerttheorie schufen. Gestatten Sie uns bitte, diese Ihre Anschauungen noch etwas genauer zu hinterfragen! Was halten Sie von der Meinung, Geld sei ein guter Diener, aber ein schlechter Herr?
Christus will nicht, daß man kein Geld und Gut haben und nehmen soll oder – wenn man's hat – wegwerfen solle, wie etliche Narren unter den Philosophen und tolle Heilige den Christen gelehrt und getan, denn er läßt wohl geschehen, daß du reich seiest, aber die Liebe will er nicht daran gehängt haben. 36/65

Nichts in der Welt hindert den Glauben so sehr wie Reichtum und Mammon. Wer reich ist und etwas hat, der schlägt Gottes Wort in den Wind und läuft mit Füßen darüber. 36/66

Deuten Sie damit an, dass Geld nicht zur Glückseligkeit führt?
Geld ist das Wort des Satans, durch das er alles in der Welt schafft ... Alles stinkt vor Habsucht; ja, es ist darin ersoffen und ertrunken wie in einer großen Sintflut ... Das ist eine Arglist der Habsucht, die nur auf die Bedürfnisse der Nächsten schielt, aber nicht, um ihnen zu helfen, sondern um sie für sich auszunutzen und an dem Schaden seines Nächsten reich zu werden. Das sind alles offenkundige Diebe, Räuber und Wucherer, die sich kein Gewissen daraus machen, ihre Ware auf Borg [Kredit] und Zeit teurer zu verkaufen, als für bares Geld. Je mehr wir haben, umso mehr wollen wir haben! 46/155

Jeder sieht darauf, sich möglichst viel Geld zusammenzubringen. Getreide und Nahrungsmittel halten diese Geizhälse nicht für so wichtig wie Geld, das sie aber doch nicht verzehren können. Dennoch ist der Welt alles um das Geld zu tun, als hingen Seele und Leib daran. Man verachtet Gott und den Nächsten und dient dem Mammon. 31/266

Weshalb donnern und wettern Sie immer wieder gegen die Wucherer in den großen Bankhäusern, Herr Doktor Luther?
Wir, die unseren Pfennig nicht steigern noch mehren können, fühlen wohl, wie nahe uns die Wucherer sitzen, fressen mit uns aus unserer Küche, trinken aus unserem Keller das Meiste, schinden und schaben [betrügen] uns, daß uns Leib und Leben wehe tut. 40/48

Ein Wucherer ist ein Mörder; denn wer einem anderen seine Nahrung aufsaugt, raubt und stiehlt, der tut einen ebenso großen Mord wie der, welcher einen Hungers sterben lässt und ihn zugrunde richtet. Solches tut aber ein Wucherer und sitzt dieweil sicher auf seinem Stuhl, da er billigerweise am Galgen hängen und von so vielen Raben gefressen werden sollte, wie viel er Gulden gestohlen hätte. Ebenda

Der Wucherer sitzt zu Leipzig, Augsburg, Frankfurt und dergleichen Städten und handelt mit Geldsummen; aber wir fühlen sie gleichwohl hier auf dem Markt und in der Küche, daß wir weder Pfennig noch Heller behalten. 40/49

Im ersten Jahrzehnt des 21. Jahrhunderts hat eine besonders sata-nische Form des Wucherkapitals die Menschheit heimgesucht: die ausschließlich an Profitmacherei orientierten, so genannten Hedgefonds, die im Jahr 2007 weltweit ein Kapitalvolumen von rund 1 600 000 000 000, also 1,6 Billionen Dollar erreichten und wegen der hohen Risiken das gesamte kapitalistische Finanz-und Wirtschaftssystem zum Teufel gehen lassen können. Der SPD-Vorsitzende Franz Müntefering prägte für diese geldgierige Abartigkeit den Begriff „Heuschreckenkapitalismus". Finden Sie dafür Worte, Herr Doktor Luther?
Ja, solche Finanzer heißen Gurgelstecher. 40/47

Es ist ein ungleicher Vertrag, wenn der eine Teil nach freiem Ermessen handeln kann, der andere aber unter Zwang; denn jener setzt den Preis der Ware nach seinem Gefallen fest. 31/269

Ja, man könnte hier noch schweigen von kleinen, vereinzelten Dieben, wenn man die großen, gewaltigen Erzdiebe angreifen sollte, mit denen die Herren [der Obrigkeit] und Fürsten gemein-same Sache machen, und die nicht bloß eine Stadt oder zwei, sondern ganz Deutschland täglich ausstehlen … 19/63

Diese „Kaufleute" rauben täglich die ganze Welt aus. 40/48

Eine Kassiererin in einem großen Warenhaus soll einen Gutschein für Pfandflaschen im Wert von 1,37 € nicht in die Kasse gelegt haben – sie wurde entlassen. Die Richter gaben dem Warenhaus Recht. Wie ist Ihre Meinung dazu, Herr Doktor Luther?
Kurz, so geht es zu in der Welt: Wer öffentlich rauben und stehlen kann, geht sicher und frei dahin, von jedermann ungetadelt und will dazu noch geehrt sein. Währenddessen müssen die kleinen, heimlichen Diebe, die sich einmal (an fremden Eigentum) vergrif-fen [oder schwarz gearbeitet] haben, die Schande und Strafe tragen und so jene als fromm und ehrbar erscheinen lassen; doch sollen

jene wissen, daß sie vor Gott die größten Diebe sind; er wird sie auch strafen, wie sie es wert sind und verdient haben. 19/64

Ebenso soll es allen anderen ergehen, die aus dem öffentlichen freien Markt nichts anderes als einen Schindanger und ein Räuberhaus machen, wo man täglich die Armen übervorteilt und neue Beschwerung und Teuerung hervorruft. Jeder missbraucht den Markt nach seinem Mutwillen und ist dazu auch noch trotzig und stolz, als hätte er die Befugnis und das gute Recht dazu, das Seine so teuer herzugeben, als es ihn gelüstet, und als dürfe ihm niemand dreinreden. Denen wollen wir zwar zusehen, sie schinden, zwacken und geizen lassen, aber Gott vertrauen, der doch ohnehin das Seine dazu tun wird ... 19/65

Ist es nicht verständlich, Herr Luther, wenn die geschädigten Menschen, die Millionen Arbeitslosen, Ausgebeuteten und Hungernden in der Welt, am Ende auch das Vertrauen in Gott und die Regierenden verlieren?
Das sollen wir wissen, daß alle unser Schirm und Schutz allein im Gebet steht. 37/66

Der gewöhnliche Mann hat nicht so große Güter wie die reichen, großen Hansen, die nur zu sich scharren, schinden, schaben, die Armen ausbeuten und große Schätze sammeln. Diese sind die rechten, größten, straßenräuberischen Diebe. Die hängt man nicht an den Galgen, sondern sie werden von jedermann geehrt und sitzen obenan. 40/49

Sollte man mit diesen Heuschrecken nicht endlich kurzen Prozess machen oder ihnen wenigstens eine saftige Geldstrafe aufbrummen?
Eine Geldstrafe ist keine Strafe, weil diese Leute entweder reich sind oder das auf irgendeine Weise erlangte Geld nicht groß achten; aber die Strafe der Schande oder die Leibesstrafe oder die Todesstrafe, das sind [für sie] die eigentlichen Strafen. 31/269

Hier muß man wahrlich den Fuggern und dergleichen Gesellschaften einen Zaum ins Maul legen. Wie ist's möglich und wie soll das göttlich und recht zugehen, daß in einem Menschenleben so große ... Güter auf einem Haufen zusammengebracht werden? Ich weiß die Rechnung nicht. 40/48

Sie werden aber dem Galgen nicht entgehen. 40/49

Vor etwa einem halben Jahrhundert wurde in Deutschland das Modell einer sozialen Marktwirtschaft mit dem großen Ziel „Wohlstand für alle" entwickelt. Finden sich in Ihren Schriften nicht schon gedankliche Keimzellen zu einer sozial gerechteren Wirtschaftsordnung, Doktor Lutherus?

Ja, denn es darf nicht sein, den Untertanen zu nehmen, was ihr eigen ist! So wird zuletzt ein jeder Oberherr, dem Exempel nach, den Unterherrn auffressen; und wie der Edelmann den Bauer, also der Fürst den Edelmann und Grafen; denn ist's hier recht, so ist's dort auch recht; was will denn zuletzt werden ...? Besser ist es, reiche Untertanen zu haben, als selbst reich zu sein; denn selbst reich ist bald vertan, reiche Untertanen können allzeit helfen. 46/167

Sie haben das Geld oft verteufelt, aber ohne diesen schnöden Mammon kann man nun mal schlecht wirtschaften. Hat nicht jener Bürger Recht, der da meint, wer Geld hat, segle mit günstigem Wind?

Das Geld ist eine unfruchtbare Sache. Wir sollen nicht den Fleiß, den Gewinn und Erwerb verkaufen; denn das ist ungewiß. Das Volk aber soll dazu angehalten werden, mit seinen Händen zu arbeiten, und die Reichen sollen ermahnt werden, Werke der Barmherzigkeit zu tun. Weltliche Abmachungen verwerfen wir nicht, wenn sie durch gerechte Verträge miteinander zustande gekommen sind, ohne Habsucht und ohne Betrug. 31/269

Man kann nicht leugnen, daß Kaufen und Verkaufen ein notwendig Ding ist, das man nicht entbehren und wohl christlich brauchen kann; sonderlich in den Dingen, die zur Notdurft [für die notwendigsten Bedürfnisse] und in Ehren dienen, zum Wohle der Menschen. 46/154

Öffnet die ökonomische These, wonach Angebot und Nachfrage den Preis bestimmen, Manipulationen nicht Tür und Tor?

Es soll nicht so heißen: Ich mag meine Ware so teuer geben, als ich kann oder will, sondern so: Ich mag meine Ware so teuer, als ich soll oder als recht und billig ist; denn dein Verkaufen soll nicht ein Werk sein, das frei in deiner Macht und Willen, ohne alle Gesetze und Maß stehe, als wärest du ein Gott, der niemand verbunden wäre; sondern weil doch dein Verkaufen ein Werk ist, das du gegen deinen Nächsten übst, soll es mit solchem Gesetz und Gewissen verfaßt sein, daß du es übst ohne Schaden und Nachteil deines Nächsten und viel mehr acht haben, daß du ihm nicht Schaden tust, denn wie du gewinnst. 9/538

Liebe Deutschen! Kauft, weil der Markt [mit dem Schlussverkauf] vor der Tür ist; sammelt ein, dieweil gut Wetter ist; braucht Gottes Gnade und Wort, solange es da ist; denn das sollt ihr wissen: Gottes Wort und Gnade ist ein fahrender Platzregen, der nicht wiederkommt, wo er einmal gewesen ist ... Und ihr Deutschen dürft nicht denken, daß ihr ihn ewig haben werdet, denn der Undank und die Verachtung wird ihn nicht lassen bleiben. Darum greife zu und halte zu, wer halten und greifen kann. Faule Hände müssen ein böses Jahr haben! 10/39

Mit gutem Zureden lässt sich eine soziale Marktwirtschaft wohl kaum effektiv organisieren. Sollte der Staat da nicht regulierend eingreifen?

Um den öffentlichen Mutwillen zu steuern, dazu gehören Fürsten und die [staatliche] Obrigkeit, die selbst Augen dafür und den Mut dazu hätten, bei all den Handelsgeschäften und Käufen Ordnung herzustellen und aufrecht zu erhalten, damit die Armut nicht beschwert und unterdrückt werde, und sie selber sich nicht mit fremden Sünden zu beladen brauchten. 19/67

Heutzutage geht in Deutschland – trotz sozialer Marktwirtschaft – die Schere zwischen Arm und Reich immer weiter auseinander. Was tun, Herr Doktor Luther, um diese Ungerechtigkeit zu beseitigen oder wenigstens abzumildern?

Du mußt dir vornehmen, im Handel nicht mehr als deine dir zustehende Nahrung zu suchen, danach die Unkosten, die Mühe, die Arbeit und das Risiko berechnen, überschlagen und so also den Preis der Ware selber festsetzen, ihn steigern oder herabsetzen, damit du auch einen Lohn für solche Arbeit und Mühe hast. Wie hoch aber dein Lohn zu schätzen sei, den du mit einem solchen Handel oder einer solchen Arbeit verdienen darfst, kannst du am besten berechnen und erkennen, wenn du die Zeit und die Schwere der Arbeit überschlägst und zum Vergleich einen gewöhnlichen Tagelöhner nimmst, der sonst irgendwo arbeitet und siehst, was dieser an einem Tag verdient. Danach berechne, wie viele Tage du dich gemüht hast, die Ware zu holen und zu erwerben, wie schwer die Arbeit war, wie groß das Risiko, das damit verbunden war; denn schwere Arbeit und viel Zeit muß auch größeren Lohn haben. 46/154 f.

Die rot-grüne Regierung unter SPD-Bundeskanzler Schröder hat, um die Arbeitslosenzahl zu senken, die Hartz-IV-Regelung verordnet. Wie kommentieren Sie, Professor Luther, die Tatsache, dass dadurch in der reichen Bundesrepublik das Heer der Armen noch weiter vergrößert worden ist? Könnte das dieser verdienstvollen Arbeiterpartei – auch bei den Wahlen – nicht schmerzhaft auf die Füße fallen?

Wenn die liebe Armut kommt – und solche gibt es jetzt viel – die von ihrem täglichen Pfennig einkaufen und leben müssen, und du fährst zu, als müßte jedermann von deiner Gnade leben und schindest und schabst sie bis auf die Knochen, weisest dazu mit Stolz und Übermut den ab, den du geben und schenken solltest, dann gehen sie [die armen Hartz IV-Empfänger!] dahin, elend und betrübt, und weil sie niemand klagen können, schreien und rufen sie zum Himmel. Davor hüte dich, sage ich noch einmal, wie vor dem Teufel selber; denn ein solches Seufzen und Rufen läßt nicht mit sich scherzen, sondern wird eine Wirkung haben, die dir und aller Welt zu schwer werden wird; denn es wird bis zu dem dringen, der sich der armen, betrübten Herzen annimmt, und sie nicht ungerächt lassen will. Verachtest du das aber und trotzest, so siehe zu, wen du gegen dich aufgebracht hast; wird dir's gelingen und wohl gehen, so sollst du Gott und mich vor aller Welt Lügner schelten. 19/66 f.

KINDER

Welchen Zusammenhang sehen Sie zwischen Gott und den Kindern?
An den Kindern sieht man Gottes Allmacht, Weisheit und Kunst, der sie aus Nichts gemacht hat; hat ihnen in einem Jahr Leib, Leben und alle Glieder so fein, artig und hübsch geschaffen, gegeben und will sie ernähren und erhalten. Gleichwohl gehen wir dahin, achtens nicht viel, ja sollen wohl über solche Gaben Gottes blind und geizig werden ... und wissen nicht, daß einem Kindlein, auch ehe es auf die Welt kommt und geboren wird, sein bescheiden Teil, was und wie viel es haben und was aus ihm werden soll, bereits zugeeignet ist. 44/29

Meinen auch Sie, Herr Luther, kleine Kinder seien das Symbol der Vereinigung von Liebe und Pflicht?
Es ist eine wunderbare Gnade, daß die jüngsten Kinder den Eltern immer die liebsten sind. Mein jüngstes Kind ist mein größter Schatz. Diese Zuneigung zu ihnen ist notwendig, weil sie der größten Sorge bedürfen. Die, welche angefangen haben zu sprechen, können auf irgendeine Weise schon für sich sorgen. Die kleinen Kinder bedürfen hauptsächlich unserer Sorge. 31/292

Ohne Unterschied?
Unkraut wächst schnell, daher wachsen die Mädchen rascher als
die Knaben. 37/187

KIRCHE

**Herr Doktor Luther, Sie ließen uns bereits wissen, daß die Kirche
eine Wohnung sei, wo man Gott lieben und hören solle. Aber
geht das nicht auch ohne Kirche, nur aus sich selbst heraus, so
ganz von innen her?**
Wer Christus finden soll, der muß die Kirche am ersten finden.
Wie wollte man wissen, wo Christus wäre und sein Glaube, wenn
man nicht wüßte, wo seine Gläubigen sind. Und wer etwas von
Christus wissen will, der muß nicht sich selbst trauen noch eine
eigene Brücke in den Himmel bauen durch seine eigene Vernunft, sondern zu der Kirche gehen, dieselbe besuchen und fragen. Nun ist die Kirche nicht Holz und Stein, sondern der Haufe
christgläubiger Leute. Zu ihnen muß man sich halten und sehen,
wie sie glauben, leben und lehren. Die haben Christus gewiß
bei sich. Außerhalb der christlichen Kirche ist keine Wahrheit,
kein Christus, keine Seligkeit. 44/33

MENSCH

**Der Mensch sei ein höheres Wesen, das manchmal vergesse,
was es noch sein sollte. Wie sehen Sie das, Professor Luther?**
Der Mensch ist ein Wesen, zusammengesetzt aus Leben und
Tod, Lust und Trauer, Begierde und Überdruß, Liebe und Haß,
Vernunft und Torheit. 7/46
   Die Augen sehen weiter und die Ohren hören weiter, aber die
Zunge lehrt, unterrichtet, tröstet, und da ist sie im rechten
Schwang und Amt. Es ist ein tröstlich Ding und kann viele be-

kehren, dass Sie Recht tun. Wenn sie aber übel redet, ist sie das schändlichste und vergiftetste Gliedmaß. 46/139

Und wie steht es mit unserem Herzen?
Ist das Herz fröhlich, so sind auch der Kopf und die Hände und Füße fröhlich, und das Angesicht ist auch lieblich, der Mund singt, und man spürt's an der Zunge. Ebenda

MUSIK

Stimmen Sie dem altrömischen Politiker und Philosophen Cicero bei, der da meinte, von der Musik werde alles erfasst, was Leben hat, da sie die Seele des Himmels sei?
Ja. Der schönsten und herrlichsten Gaben Gottes eine ist die Musika, damit man viel Anfechtung und böse Gedanken vertreibt. Sie ist des Satans sehr feind. Sie ist die Zuchtmeisterin, welche die Leute gelinder und sanftmütiger, sittsamer und vernünftiger macht. 37/134

Wer die Musik verachtet, wie denn alle Schwärmer tun, mit denen bin ich nicht zufrieden; denn die Musik ist eine Gabe und ein Geschenk Gottes, nicht ein Menschengeschenk; so vertreibt sie auch den Teufel und macht die Leute fröhlich; man vergißt dabei allen Zorn, Unkeuschheit, Hoffart [Hochnäsigkeit] und anderer Laster. Ich gebe nach der Theologie der Musik die nächste Stelle und die höchste Ehre. 31/176

Es ist kein Zweifel, daß viel Same herrlicher Tugenden in solchen Gemütern anzutreffen ist, die von der Musik gerührt werden; die aber davon keine Empfindung haben, die halte ich den Klötzen und Steinen gleich. 37/135

Ich sage es gleich raus und schäme mich nicht zu behaupten, daß nach der Theologie keine Kunst sei, die mit der Musik könne verglichen werden, weil allein dieselbe nach der Theologie solches vermag, was allein die Theologie sonst schafft, nämlich die Ruhe und ein fröhliches Gemüt. Ebenda

„Wo man singt, da lass dich ruhig nieder, / böse Menschen haben keine Lieder." Ist das auch Ihr geflügeltes Wort, Herr Luther?
Ein Schulmeister muß singen können, sonst sehe ich ihn nicht an, und bevor ein junger Mann ins Pfarramt berufen wird, soll man ihn in der Schule auf die Probe stellen. 14/122
Singen ist eine feine, edle Kunst und Übung. Singen hat nichts mit der Streitsucht zu tun. Wer singt, der sorgt nicht viel. Er schlägt alle Sorgen aus und ist guter Dinge. 31/276

PAPSTTUM

Herr Doktor Martinus, als Papst Leo X. während seines acht-jährigen Pontifikats seit 1513 nicht nur die Ablassspenden zum Aufbau der Peterskirche zu Rom fortsetzte, sondern sie mittels der so genannten Ablassbriefe noch maßlos erhöhte, da protestierten Sie in Wort und Schrift – vor allem mit Ihren 95 Ablassthesen – gegen diesen Missbrauch. Diese Thesen waren für ein wissenschaftlich-theologisches Streitgespräch lateinisch verfasst. Welche Worte fanden Sie aber für das einfache Volk gegen das Papsttum?
Man tut besser daran, wenn man dem Nächsten einen Pfennig gibt, als wenn man Petrus eine goldene Kirche baut. 40/33
Es ist nicht notwendig, daß man den Erzkirchendieb, Stifträuber, Klosterfresser, Seelenmörder zu Rom [den Papst] so großes Geld zusehends rauben lasse. 40/35
Ein bübisches, hurerisches Leben führt ihr päpstlichen Bischöfe; im Blut und Schweiß der Armen mästet ihr eure Wollust und Prangen; mit Lügen und Trügen raubt ihr jedermann sein Gut; mit Bannen und Tyrannen martert ihr die Welt an Seele, Leib und Gut; das Evangelium predigt ihr nicht und tut nicht

allein kein geistlich bischöfliches Amt, sondern wehrt und verbietet auch anderen zu predigen, verjagt und verfolgt sie und seid doch dieweil nicht mehr denn gehässige, häßliche, feindselige Larven, welchen vor unerträglichen Bürden, Tyranneien, Untugenden, Schanden und Lastern die Welt nimmer kann noch will tragen. 40/34

Wie lautet Ihr berühmter Text, mit dem Sie durch Verballhornung des Vaterunser das Papsttum rücksichtslos bloßstellten?
Papst, Vater aller verleugneten Christen,
geschändet werde dein verfluchter Name,
dein Reich komme in die Hölle,
dein teuflischer Wille muß bald vergehen.
Unser täglich Brot geb dir Gott nicht.
Und erlaß uns unsere Schuld nicht
durch deinen verlogenen Ablaß,
wie wir dir auch nicht vergeben haben,
daß du uns nicht mehr müssest führen in Versuchung,
sondern erlöse uns Gott von deinem Übel. Amen. 8/9

RACHE

Wie kommentieren Sie, Herr Doktor Luther, die Bibeltexte „Auge um Auge, Zahn um Zahn ..."" (2. Mose 21,24) und „Die Rache ist mein, ich will vergelten." (5. Mose 32,35)? Sind denn Vergeltung und Rache heute noch zeitgemäß?
Nein. Hast du nicht wenigstens das gelernt: wenn du einem ein Leid antust, daß dir dann ein hundertmal schlimmeres Leid geschehen muß? Wenn du also in einem hohen Amt bist, wo du viele ärgern und bei vielen Anstoß erregen mußt, so gib nicht deinen Rachegelüsten Raum, sondern strebe nach Gerechtigkeit. 31/246

Und was habe ich als Geschädigter davon?

Unrecht ertragen und Rachgelüste unterdrücken gibt ein sicheres und fröhliches Gewissen, aber Rache gibt notwendig ein schuldiges und schlechtes Gewissen. Was ist also? So wie du einen anderen schlägst, verwundest oder durchbohrst du dich selbst. Jener leidet die ungerechte Strafe mit fröhlichem Herzen, du aber trägst mit verwundetem Gewissen die Schuld. Du schadest dir selbst am allermeisten, wenn du einen anderen schädigst. Überlaß also Gott oder der öffentlichen Rechtsprechung die Rache. Ebenda

Würden Sie – um des lieben Friedens willen – sogar so weit gehen zu behaupten, dass sich der Beleidigte bei dem Beleidiger entschuldigen solle?

Nein, denn das hat Christus weder befohlen noch selbst getan, sonst hätte er ja auch Pilatus um Verzeihung gebeten. Es ist genug, wenn man ihm in seinem Herzen vergibt und ihm – wenn er darum bittet – gern die Schuld erläßt und für ihn betet. Ich wollte mich nämlich auch einmal bei [Georg] Agricola und Hieronymus [Schurff] entschuldigen, die mich beleidigt hatten, aber es traf sich, daß keiner von beiden zu Hause war. Dafür bin ich Gott jetzt noch dankbar, daß es nicht geschehen ist ... Fürwahr, tut einer Unrecht, dann muß er's auch bekennen. 31/246 f.

Heutzutage nimmt die Gewalt in Deutschland immer mehr zu. Helfen dagegen fromme Sprüche? Oder sollte sich jemand, der beispielsweise in der Dübener Heide von Räubern überfallen wird, mannhaft wehren?

Ja, ganz gewiß! Da wollte ich Fürst sein und das Schwert führen, weil sonst niemand um mich wäre, der mich schützen könnte und wollte totschlagen, soviel ich könnte und danach das heilige Sakrament nehmen und wollte ein gut Werk getan haben ...

Wenn mich einer in meinem Hause überfiele, bin ich als der Hausbesitzer dazu verpflichtet, mich zu wehren. Noch viel mehr bin ich verpflichtet, wenn sie mich unterwegs überfallen; denn weder die Diebe noch die Straßenräuber belagern die Wege um des Evangeliums willen und tun uns Gewalt an ... Darum will ich helfen, das Land rein zu erhalten, so sehr ich kann. 31/247

REGIERUNG

Was sagen Sie zu der Auffassung des griechischen Dichters Aristophanes, das Regieren sei kein Ding für Leute von Charakter und Erziehung?
Das Amt des Regimentes ist nicht eine Sache gewöhnlicher Leute und Knechte, sondern dazu gehören Helden, denen man vertrauen darf und die auf das öffentliche Wohl sehen. Sie dürfen nicht ihren Vorteil suchen, sondern die Gerechtigkeit. Wie viele Juristen [Staatsbeamte] aber denken daran? Sie machen aus dem Amt der Obrigkeit nur ein Handwerk. 31/186

Aber braucht man denn, um ein Land richtig regieren zu können, anstelle eines weisen, verständigen „Helden" nicht doch besser geschriebene Gesetze und Rechte?
Es ist besser, daß man nach natürlichem Verstande regiere, denn die Vernunft und der natürliche Verstand sind das Herz und die Kaiserin der Gesetze, der Brunnquell, daraus alle Rechte kommen und fließen. Darum könnte man besser mit Vernunft und weisem Rat verständiger Leute, als mit geschriebenen Gesetzen regieren. Aber wo sind solche Leute, die solchen Verstand haben? In hundert Jahren und bei Menschen Gedenken ist kaum einer! Darum gehören geschriebene Gesetze und Rechte für den Pöbel und gemeinen Mann; die Vernunft aber und der hohe natürliche Verstand stehen besonderen Wunderleuten [Regenten] zu. Jene werden regiert, die aber regieren nach gesetzten Rechten. Es wäre wohl gut, daß man nach der Vernunft und natürlichem Verstande regierte; aber wo sind solche weisen, verständigen Leute? 31/191

63

Du sollst wissen, daß von Anbeginn der Welt es gar ein seltener Vogel ist um einen klugen Fürsten [Regenten], noch viel seltener um einen frommen Fürsten. Sie sind gemeiniglich die größten Narren und ärgsten Buben auf Erden. 46/152

Wäre es da nicht am zweckmäßigsten, die Welt gleich nach den Moralgrundsätzen Christi aus der Bergpredigt zu regieren?

Siehe zu und mach die Welt zuvor voll rechter Christen, ehe Du sie christlich und evangelisch regierst. Das wirst Du aber nimmermehr tun, denn die Welt und die Menge sind und bleiben Un-Christen, ob sie gleich alle getauft und Christen heißen. Aber die Christen wohnen, wie man sagt, fern voneinander. Darum ist's in der Welt nicht möglich, daß ein christliches Regiment sich über alle Welt erstrecke, ja nicht einmal über ein Land oder eine große Menge; denn der Bösen sind immer viel mehr als der Frommen. Ein ganzes Land oder die Welt mit dem Evangelium zu regieren, sich zu unterwinden [daran zu wagen], das ist ebenso, als wenn ein Hirt in einem Stall Wölfe, Löwen, Adler und Schafe zusammentäte und ein jegliches frei neben dem anderen laufen ließe und sagte: „Da, weidet und seid rechtschaffen und friedlich untereinander. Der Stall steht offen. Weide habt ihr genug. Hund und Keulen braucht ihr nicht zu fürchten". Hier würden die Schafe wohl Frieden halten und sich friedlich weiden und regieren lassen; aber sie würden nicht lange leben, noch ein Tier vor dem anderen übrigbleiben. 46/152

In der ganzen Kirchenlehre muß man sorgfältig darauf achten, welcher Teil recht eigentlich zum geistlichen Leben gehöre, welche zum bürgerlichen und welcher zum politischen. Diese beiden Stücke müssen weit vom Evangelium getrennt werden, welches die Kraft Gottes zur Seligkeit ist; jene aber sind nur gute, von Gott geschaffene Dinge. 37/142

Christus kümmert sich um politische oder wirtschaftliche Fragen nicht, sondern er ist ein König, das Reich des Teufels zu zerstören und die Menschen selig zu machen. Ebenda

Hat in einer demokratischen Herrschaftsform die Macht nicht eigentlich vom Volk auszugehen?

Wo der Pöbel herrscht, da wird die Freiheit für Würde gehalten, welche doch tatsächlich mehr eine Zügellosigkeit des großen Haufens [gemeinen Volkes] ist. Wo wenige herrschen, da werden Vermögen und Adel für Würde gehalten; aber wo der beste Staat ist, da wird die Tugend für Würde gehalten. 31/186

Nehmen heutzutage die Untugenden der würdelosen Staatsdiener nicht immer mehr zu: zum Beispiel durch Korruption in Wirtschaft und Verwaltung?

Fürsten, alle Regenten und Obrigkeit, wenn sie gleich fromm und gottesfürchtig sind, können in ihrem Amt und weltlichen Regiment ohne Sünde nicht sein; sie tun bisweilen manchem Unrecht, wenn sie sich gleich aufs allerfleißigste davor hüten; denn sie können's nicht allezeit so schnurgleich treffen und fadenrecht machen, wie etliche Klüglinge meinen; darum bedürfen sie am allermeisten der Vergebung der Sünde. 31/192

Zum Beispiel durch Übertreibung zu ihren Gunsten?

Kegelschieben ist ein sehr eindrückliches Abbild für die Obrigkeit. Da nimmt keiner sich für einen Wurf drei Kegel vor, so sicher fühlt man sich in seiner Sache und fehlt dennoch so, daß man gar keinen trifft. Besonders wenn es junge Regenten sind, die treffen mit jedem Wurf zwölf Kegel, dabei stehen ihrer nur neun auf dem Platz. Ebenda

In jüngster Zeit haben die kriminellen Spekulationen vieler Bankmanager zu einer weltweiten Finanz- und Wirtschaftskrise geführt und den Völkern schmerzhaften Schaden zugefügt. Weshalb straft Gott diese gottlosen Wucherer nicht?

Das Ansehen der Obrigkeit ist in der Welt sehr nötig; deshalb soll man für sie beten. Sehr leicht kann sie nämlich verderblichen Einflüssen unterliegen. 37/149

Gottes Reich ist ein Reich der Gnade und Barmherzigkeit und nicht ein Reich des Zorns oder der Strafe; denn daselbst ist eitel Vergeben, Schonen, Lieben, Dienen, Wohltun, Friede und Freude haben. Aber das weltliche Reich ist ein Reich des Zorns und Ernstes; denn daselbst ist eitel Strafen, Verbieten, Richten und Urteilen und die Bösen zu zwingen und die Guten zu schützen. 46/152 f.

So muß man auch die weltliche Obrigkeit zurechtweisen, damit sie die Habe ihrer Untertanen nicht durch Wucher und schlechte Fürsorge vertut. Aber vorschreiben zu wollen, wie man Brot und Fleisch verkaufen und wie man den Besitz versteuern soll, ist nicht des Predigers Sache. 37/143

Das wirft die Frage auf, wie sich die Ohnmächtigen gegenüber den Mächtigen nach Gottes Gebot verhalten sollen: als streitbare Bürger oder als gehorsame Untertanen?

Wer nun hier gehorsam, willig und dienstfertig ist und gerne alles tut, was die Ehre [gegenüber der Obrigkeit] belangt, der weiß, daß er etwas Gott Wohlgefälliges tut und Freude und Glück zum Lohn kriegt. Will er es nicht mit Liebe tun, sondern es verachten und sich sperren oder rumoren, so wisse er auch hinwiederum, daß er keine Gnade und Segen hat. Und wo er meint, damit einen Gulden einzusparen, so verliert er dafür anderswo zehnmal mehr oder fällt er dem Henker anheim; er kommt durch Krieg, Pest und Teuerung um oder erlebt an seinen Kindern nichts Gutes. 19/48

Du lebtest drum gewiß viel besser mit Gottes Huld, Frieden und Glück, als mit Ungnade und Unglück. Warum, meinst du, ist jetzt die Welt so voll Untreue, Schande, Jammer und Mord, als weil jeder sein eigener Herr und frei wie der Kaiser sein, auf niemand etwas geben und alles tun will, wonach es ihn gelüstet? 19/49

SELBSTMORD

Pflichten Sie dem moralisierenden Friedrich Schiller bei, wenn er meint, Selbstmord sei die abscheulichste Sünde und die einzige, die man nicht mehr bereuen könne, weil Tod und Missetat zusammenfallen?

Die sich selbst hängen oder erstechen, werden vom Satan getrieben; er bringt sie so um, wie durch Wegelagerer; sie sind nicht ihre eigenen Herren. Ich verdamme sie nicht und kann das nicht, aber das soll man nicht öffentlich sagen. 7/66

Klingt fast so, Herr Luther, als hätten Sie Verständnis für das freiwillige Scheiden aus dem Leben?

Ich halte es nicht mit der Meinung, daß Leute, die Selbstmord begehen, grundsätzlich zu verdammen seien; denn ich bin überzeugt, sie tun es nicht gern, sondern die Macht des Teufels gerät über sie, genau wie wenn einer in einem Wald von einem Strauchdieb ermordet würde. 40/59

SEXUALITÄT

Herr Doktor Martinus, wie alles während Ihrer Klosterzeit, so nahmen Sie auch das Zölibat peinlich genau. Wurde Ihnen diese jahrelange sexuelle Enthaltsamkeit nicht zu einer schier unerträglichen Belastung?

Die Verstockten wollen uns zwingen, ein Mann solle nicht fühlen seinen männlichen Leib, noch ein Weib ihren weiblichen Leib. 40/12

So wenig man des Essens und Trinkens entbehren kann, so wenig ist es möglich, sich von Weibern zu enthalten. 77/532 f.

Als Mönch habe ich nicht viel geschlechtliche Gefühle gehabt. Pollutionen [unwillkürliche Samenergüsse im Schlaf] waren eine rein körperliche Angelegenheit. 76/34

Erfordert das Zölibat nicht so etwas wie eine natürliche Gabe der Keuschheit?

Ich hab sie auch zwar gehabt, wiewohl viel böse Gedanken und Träume mir eingefallen sind. Äußerlich war ich fromm und keusch, inwendig aber war ich voll böser Brunst, welcher ich nicht entnommen war. 77/532 f.

Die Begierde kommt ohne besonderen Anlaß, wie Flöhe und Läuse; Liebe aber ist dann da, wenn wir anderen dienen wollen. 31/286

Wo unwillige Keuschheit ist, da läßt die Natur ihr Werk nicht. Daß ich es grob heraus sage um der elenden Not willen: fließt es nicht in das Fleisch, so fließt es in's Hemd. 40/14

Nun siehe des Jammers weiteren Teil: Es sind größtenteils Mädchen in Klöstern, die frisch und gesund sind und von Gott geschaffen, daß sie Weiber sein und Kinder tragen sollen, vermögen auch nicht den Stand zu alten williglich ... Ein Mädchen, wo nicht die hohe, seltene Gnade da ist, kann eines Mannes ebenso wenig entraten [auf ihn verzichten] als essen, trinken, schlafen und andere natürliche Notdurft. Wiederum auch also, ein Mann kann eines Weibes nicht entraten. Ebenda

Welche Folgen hat nach Ihren Erfahrungen, Herr Doktor Luther, das vor Gott abgelegte Keuschheitsgelübde im Alltagsleben?

Soviel Schreckliches tritt mir täglich in dem elenden Zölibat der jungen Männer und Frauen entgegen, daß meinen Ohren nichts widerwärtiger ist als der Name Nonne, Mönch und Priester. 16/246

Zölibat, das ist der ehelose Stand; das heißt, nicht Frauen lieben, sondern Unzucht und Schande an den Frauen lieben und suchen, und sie nicht wie Frauen, sondern wie Huren halten und achten, daß sie hinfort niemand lieb noch wert haben mag. 40/14

Ist das Zölibat also gegen den Willen Gottes?

Als Gott Mann und Weib gemacht hatte, segnete er sie und sprach zu ihnen: „Wachset und mehret euch." Aus dem Spruch sind wir gewiß, daß Mann und Weib sollen und müssen zusammen, daß sie sich mehren ... es ist eine eingepflanzte Natur und Art, ebenso wohl wie die Gliedmaßen [Geschlechtsorgane], die dazu gehören. 9/228

Gott hat dem Leib die Glieder, Adern, Ausflusse und alles, was dazu dient, gegeben und eingesetzt. Wer nun diesem wehren will und nicht lassen gehen, wie die Natur will und muß, was tut der anders, denn er will wehren, daß Natur nicht Natur sei, das Feuer nicht brenne, Wasser nicht netze, der Mensch nicht esse noch trinke noch schlafe. Aus dem schließe ich nun, daß Nonnen in Klöstern müssen unwillig keusch sein und ungern Männer entbehren. 40/13

Geschlechtsverkehr zu haben und sich zu samen und zu mehren, ist Gottes Schöpferwille und steht nicht in deiner Macht. 59/129

Die zwei werden ein Fleisch sein. Dies ist leiblich und bürgerlich zu verstehen, denn es sagt das Weib von dem Manne und allem, was dem Manne gehört, daß es ihr gehöre, und das Weib kommt von dem Manne her und umgekehrt. Aber in den Kindern sind sie nur indirekt eins. 31/284

Stimmen Sie, Herr Luther, der Auffassung zu, die Ehe sei deshalb so populär, weil sie die höchstmögliche sexuelle Versuchung mit der höchstmöglichen Gelegenheit schaffe?
Jeder soll in die Ehe treten, weil er um die Not und Sünde der Geschlechtlichkeit weiß. 59/128

Das ist der Grund und ganz das Wesen der Ehe, daß sich einer dem anderen hingibt ..., seine Lust an dem anderen findet, aber Sinne, Herz und Geschlecht müssen zusammenstimmen. 59/13

Die Liebe zwischen den Geschlechtern ist die allergrößte und lauterste Liebe. Über alles geht die eheliche Liebe. 59/128

Mit der Frau, mit der mich Gott verbunden hat, ist es erlaubt zu scherzen [zu kosen], zu spielen und schmeichelnd zu reden ... 78/235

Der allmächtige, ewige, barmherzige, langmütige und fromme Gott liebt die Keuschheit; die Züchtigkeit und Sittsamkeit lobt er. Er hat die heilige Ehe eingesetzt und will sie auch erhalten, damit jeder sein Gefäß in Reinheit erhalte ... und sich fernhalte von ausschweifenden Begierden. 75/IX 275

Die höchste Gnade Gottes ist es, wenn in der Ehe die Liebe dauernd blüht. Die erste Liebe ist feurig, eine trunkene Liebe, mit der wir geblendet werden und wie die Trunkenen hinangehen. Wenn wir die Trunkenheit ausgeschlafen haben, dann bleibt in den Frommen die echte Eheliebe, die Gottlosen aber haben die Reue. 75/IX 274

Dürfen wir Sie bitten, bezüglich der eigenen Ehe mit Ihrer Käthe ein wenig aus dem Nähkästchen zu plaudern?
Das erste Jahr der Ehe macht einem seltsame Gedanken ...; beim Erwachen im Bett sieht er ein paar Zöpfe neben sich liegen, die er früher nicht sah. 13/II 92

Ich lag oft meiner Käthe an der Seite, und ist sie auch eine liebenswerte Frau, tritt mir doch derweil der Angstschweiß aus. 40/18

Ich schlaf oft mit einer schönen Frau im Bett, bei meiner Käthe. 40/19

Ich bin nicht liebestoll, noch brenne ich, aber ich liebe meine Frau. Ebenda

Das Fremdgehen bewegt die Gemüter wohl schon seit Adams und Evas Zeiten. Wie ein erhalten gebliebener Dialog zwischen Ihnen und Ihrer Käthe beweist, wurde es auch in Ihrer Ehe zum Thema.
Sie, Herr Luther, sagten: „Es wird noch dahin kommen, daß sich ein Mann mehr Weiber wird nehmen."
Ihre Frau antwortete: „Das glaube der Teufel!"
Darauf Sie: „Ursache ist, daß ein Weib in einem Jahr nur ein Kind tragen kann, aber der Ehemann kann mehrere zeugen."
Die Lutherin: „Paulus sagte, jeder habe seine eigene Frau."
Sie erwiderten: „Seine eigene, aber nicht die eigene, steht es bei Paulus."

Ihre Katharina versetzte darauf gereizt: „Ehe ich das gestatte, gehe ich lieber ins Kloster zurück und lasse euch und alle Kinder allein." 77/II 542

In Ihrer Wittenberger Ehe- und Sexualberatung spielte das Thema Ehebruch eine wichtige Rolle. Welche Ursachen konnten Sie dafür ausmachen?

Das zuweilen im Ehestand Zank und Hader vorfällt, das ist die Schwachheit und Bosheit unserer verderbten Natur; da kommt dann der Teufel und wirft in den Weg Haß und Neid, Verdacht, Argwohn, böse Lüste auf beiden Seiten, daß Eins dem Andern gram wird, verdächtigt und begehrt eine Andere. 40/16

Es ist ein nötig natürlich Ding, daß alles, was ein Mann ist, muß ein Weib haben und was ein Weib ist, muß ein Mann haben. Und wo man das will verwehren, da ist's doch nicht zu wehren, und geht seinen Weg durch Hurerei, Ehebruch und stumme Sünde. Ebenda

In der Ehe kann keine Unkeuschheit sein wegen seiner Einsetzung, seiner Aufgabe und seiner Würde, denn das alles ist gut. Aber Unmäßigkeit kann darin sein, dass einer das Seine zu viel braucht. 31/286

Weiblicher Ehebruch ist, wenn ein Weib im öffentlichen Ehebruch ergriffen wird. Das ist scheußlich und wird dennoch als Ehre gerechnet, denn es ist eine Sünde gegen Gott, gegen den heiligen Geist, gegen Land- und Hausregiment, denn eine Ehebrecherin bringt einen fremden Erben ins Haus und betrügt den Mann. 75/273

Ist es nicht fragwürdig, wenn behauptet wird, der Geschlechtsverkehr sei ein Prozess, bei dem auch die unterliegende Person zu ihrem Recht komme? Was raten Sie jenen Eheleuten, bei denen der Mann viel häufiger Lust verspürt als die Frau?

Da soll man fasten, beten, arbeiten, daß man die Lust dämpfe und unterdrücke. 59/87

Man findet wohl ein halsstarriges Weib, das seinen Kopf aufsetzt, und sollte der Mann zehn Mal in Keuschheit fallen, so fragt sie nicht danach. Hier ist's Zeit, daß der Mann sage: „Willst Du nicht, so will eine andere, will Frau nicht, so kommt die Magd." 78/465

Und was empfehlen Sie im umgekehrten Fall?
Man kann mit einer jungen Metze nicht besser verfahren, man mache ihr ein Kind; so vergehen ihr die vielen Gedanken, denn die Weiber, die stillende Kinder haben, sind die fröhlichsten Frauen. 40/18

Sie haben mir Schuld gegeben, ich soll gelehrt haben, wenn ein Mann seinem Weib nicht genug den Kitzel stillen könnt, soll sie zu einem anderen laufen. Ich habe aber also gesagt: „Wenn ein tüchtig Weib zur Ehe einen untüchtigen Mann bekäme und könnte doch keinen anderen öffentlich nehmen und wollte auch nicht gern gegen die Ehre tun, solle sie zu ihrem Mann also sagen: ‚Siehe, lieber Mann, du kannst mich nicht befriedigen und hast mich um meinen jungen Leib betrogen und dazu mich in Gefahr der Ehre und der Seelen Seligkeit gebracht, und ist vor Gott keine Ehe zwischen uns beiden, vergönne mir, daß ich mit deinem Bruder oder nächsten Freund eine heimliche Ehe habe und den Namen habest, auf daß dein Gut nicht an fremde Erben komme, und laß dich also deinerseits williglich betrügen durch mich, wie du mich ohne meinen Willen betrogen hast!'
Ich habe weiter gesagt, dass der Mann schuldig ist, darein einzu-willigen, um ihr die eheliche Pflicht und Kinder zu verschaffen. Will er das nicht tun, soll sie heimlich von ihm laufen in ein anderes Land und daselbst freien." 40/12

SPRACHE

Jacob Grimm würdigte Ihren „gewaltigen Einfluss" auf die Herausbildung der deutschen Sprache. Wodurch war Ihnen

diese sprachlich-schöpferische Leistung möglich, Herr Professor Luther?

Man muß nicht die Buchstaben in der lateinischen Sprache fragen, wie man soll deutsch reden, sondern man muß die Mutter im Hause, die Kinder auf den Gassen, den gemeinen Mann auf dem Markt darum fragen und denselben auf das Maul sehen, wie sie reden und danach dolmetschen, so verstehen sie es denn und merk, dass man deutsch mit ihnen redet. 33/25 f.

Welche Bedeutung messen Sie den Sprachen zu?

Laßt uns das gesagt sein, daß wir das Evangelium nicht rein werden erhalten ohne die Sprachen. Die Sprachen sind die Scheide, darin das Messer des Geistes steckt. Sie sind der Schrein, darin man das Kleinod behält. Sie sind das Gefäß, darin man den Trank fasst. Sie sind die Kammer, darin die Speise liegt. Und wie das Evangelium selbst zeigt; Sie sind die Körbe, darin man das Brot und Fische und Brocken behält. Ja, wo wir's versehen, daß wir (davor hüte Gott) die Sprachen fahren lassen, so werden wir nicht allein das Evangelium verlieren, sondern wird auch endlich dahin geraten, dass wir weder lateinisch noch deutsch recht reden oder schreiben können. Dafür laßt uns das elende gräuliche Exempel zur Beweisung und Warnung nehmen: in den Hohen Schulen und Klöstern, darinnen man nicht allein das Evangelium verlernt, sondern auch lateinische und deutsche Sprache verderbt hat, daß die elenden Leute schier zu lauter Bestien worden sind, weder deutsch noch lateinisch reden und schreiben konnten und beinahe auch die natürliche Vernunft verloren haben. 10/55 f.

Also ist das Erlernen fremder Sprachen von Nutzen?

Sprachkenntnis ist allen nützlich, zumal Soldaten und Kaufleuten, daß sie auch mit Ausländern umgehen können und nicht allein der Deutschen Bruder bleiben. 14/163

Sie haben ca. 80 Städte und Ortschaften in Deutschland bereist, Herr Doktor Luther. Woran erinnern Sie sich besonders?
ERFURT hat die allerbeste Lage; auch wenn es zerstört würde, müßte da eine Stadt stehen. Jetzt ist es nicht mehr als ein Stall von Säue. Wo schlechte Nahrung ist, da sind findige Leute, denn sie müssen suchen; wo fette Äcker sind, baut niemand Häuser, sondern mästet sich den Bauch. 8/80

HALLE, du werte Stadt, der barmherzige Gott erhalte dich, daß du nicht versinkest. Du hast Gottes Wort immer geliebt, darum wird dich Gott erhalten. Ebenda

LEIPZIG ist so in Habsucht versunken, daß man für hundert geliehene Gulden fünfundvierzig Gulden jährlich nimmt und so tut, als wäre das Recht; Liebe sei es, daß man einem hundert Gulden leiht, gerecht aber, daß der andre fünfhundertvierzig dafür an Zinsen zahlt. In zehn Jahren bringen hundert Gulden so tausend Gulden ein; ist das nicht Epikureismus [auf das Lebensprinzip materiellen Genusses gerichtet]? Leipzig ist im Meere der Habsucht tiefer versunken als die Berge Arabiens unter der Sündflut; die lagen doch nur fünfzehn Ellen tief unter den Fluten, Leipzig aber liegt fünfzehn Meilen tief unter den Fluten der Habsucht, und so sind alle andern! Ach, es werden noch böse Zeit kommen. 7/190

Leipzig ist wie Sodom und Gomorra [lasterhaft]. Mit Hurerei und Wucher überschüttet, darum kann's ihnen nicht wohl ergehen. Es geschieht ihnen recht; sie wollten's nicht anders haben. Ich bin dagewesen, will aber nun nicht mehr hinkommen. Oh Leipzig, du bist ein böser Wurm. Über dich wird ein großes Unglück gehen. Ich werde es zwar nicht erleben, aber die Schüler auf den Gassen werden's erleben. 8/80

Und Wittenberg, jener Ort, wo Sie seit 1511 jahrzehntelang gewohnt, gelehrt, gekämpft, gepredigt, geschrieben, ermahnt und

geliebt haben – wie stand es um Ihr Heimatstädtchen, dessen etwa 2000 Einwohner der Universitätsrektor Scheurl als „roh, versoffen und gefräßig" kennzeichnete?

WITTENBERG ist eine arme, unansehnliche Stadt; kleine, alte, häßliche, niedrige, hölzerne Häuslein, einem alten Dorf ähnlicher, denn einer Stadt. 15/53

Zumeist nur Häuschen, schlechte Dorfhütten, die aus Leimen [Lehm] bestehen und mit Heu und Stroh gedeckt sind. 15/54

Die Wittenberger sind an der Grenze der Zivilisation, wären sie noch ein wenig weiter vorgerückt, so wären sie mitten in die Barbarei geraten. 15/60

Wittenberg war vor dreißig Jahren [Anfang des 16. Jh.s] noch ganz unberühmt, ganz schmutzig und unansehnlich. Wenn man gleich fromme, ehrliche Leute hier eingesäht hätte, so wären grobe Sachsen aufgegangen. 7/191

STRAFE

Wie erklären Sie uns die biblische Redensart: „Wen Gott lieb hat, den straft er"?

Gott straft selbst, aber heimlich, entweder durch Armut, eine böse Frau, durch ungehorsame Kindern und auf viele andere Weise. Was für eine Strafe wünschst du? 37/164

TIERE

Franz von Assisi meinte, Gott wünsche, dass wir den Tieren beistehen, wenn es notwendig ist, weil jedes bedrängte und bedrohte Lebewesen das gleiche Recht auf Schutz habe. Stimmen Sie dem zu, Herr Doktor Martinus?

Die Tiere sind eine Kreatur Gottes, und was Gottes Kreatur ist, das darf man nicht schändlich mißbrauchen, und wo du das tätest, so würden sie dem Herrn, ihrem Gott, wider dich schreien, der auch sie geschaffen hat und für sie sorgt. Aber manche Leute machen sich kein Gewissen daraus, ihr Vieh hungern zu lassen oder zu quälen oder zu martern, auch zu übermäßiger Arbeit zu peitschen und zu zwingen; das halte ich alles für Unbarmherzigkeit; und wer unbarmherzig ist wider das Vieh, der ist auch unbarmherzig gegen die Menschen. 37/173

Die Erziehung zur Tierliebe sollte daher ein Prinzip im Schulunterricht sein?
Es sollte der Jugend scharf eingeprägt werden, daß sie hübsch lernte Mitleid zu haben mit den Tieren, damit das Herz auch nicht kalt und lieblos gegen die Menschen werde. Ebenda

TÖTEN

Wie kommentieren Sie Gottes Gebot „Du sollst nicht töten"?
Die Ursache und die Notwendigkeit dieses Gebotes besteht darin, daß Gott wohl weiß, wie böse die Welt ist und wie viel Unglück dieses Leben mit sich bringt; deshalb hat er dieses und andere Gebote zwischen gut und böse gestellt. 19/53

Gott will hiermit jeden beschirmt, der Verfolgung entzogen und im Frieden gelassen haben, damit man ihm an seinem Leibe kein Leid noch Schaden antun möge ... Wo das Totschlagen verboten ist, da sind auch alle Ursachen verboten, aus denen Totschlag entspringen kann. 19/54

Jesus selbst hat in seiner Bergpredigt dargelegt, dass man einen Menschen auf ganz verschiedene Art und Weise töten kann. Was meinen Sie dazu, Herr Doktor Luther?
Erstens soll man niemand ein Leid antun, zunächst einmal nicht mit der Hand oder Tat; sodann soll man auch die Zunge nicht dazu gebrauchen lassen, um zu solchem Tun zu reden oder zu

raten. Außerdem soll man keinerlei Mittel oder Weise gebrauchen oder bewilligen, wodurch jemand beleidigt werden könnte; und schließlich soll das Herz niemanden feind sein oder aus Zorn und Haß jemanden etwas Böses gönnen. So soll also Leib und Seele jedermann gegenüber ohne Schuld bleiben, besonders aber dem gegenüber, der dir Böses wünscht oder zufügt; denn wenn du dem, der dir Gutes gönnt und tut, etwas Böses antust, so ist das nicht menschlich, sondern teuflisch. 19/55

Aber tötet man nicht nur, wenn man jemandem Böses antut, sondern auch, wenn man es unterlässt, ihm Gutes zu tun?
Diesem Gebot gegenüber verschuldet sich ..., wer seinem Nächsten Gutes tun, ihm zuvorkommen, Schädliches abwehren, ihn schützen und retten kann, daß ihm kein Leid noch Schaden am Leib widerfahre – und tut es nicht ... So hast du ihm die Liebe entzogen und ihn der Wohltat beraubt, durch die er am Leben geblieben wäre. Ebenda

Schön und gut, Professor Luther, doch wer von den Mächtigen dieser Welt hält sich heutzutage ernsthaft an dieses Gebot? Fast eine Milliarde Menschen hungern auf der Erde und Millionen verhungern jährlich. Ist das nicht eine Schande für die Menschheit?
Darum heißt Gott alle diejenigen Mörder, die in Nöten und Gefahren für Leib und Leben nicht raten und helfen, und er wird ein gar schreckliches Urteil über die ergehen lassen am Jüngsten Tage. Da wird er, wie Christus selbst verkündigt, sprechen: „Ich bin hungrig und durstig gewesen, und ihr habt mich nicht gespeist und getränkt; ich bin ein Gast gewesen, und ihr habt mich nicht beherbergt; ich bin nackt gewesen, und ihr habt mich nicht bekleidet; ich bin krank und gefangen gewesen, und ihr habt mich nicht besucht." Das heißt, ihr hättet mich und die meinen wohl an Hunger, Durst und Frost sterben, von wilden Tieren zerreißen, im Gefängnis verfaulen und in Nöten verderben lassen.

Was heißt das anders, als solche Leute Mörder und Bluthunde schelten? Denn wenn du solches Töten auch nicht mit der Tat begangen hast, so hast du ihn doch im Unglück stecken und umkommen lassen, soviel an dir gelegen ist. Und das ist geradeso, wie wenn ich sähe, daß jemand ... in ein Feuer gefallen ist, und ich könnte ihm die Hand reichen, ihn herausreißen und retten und täte es doch nicht. Wie würde ich, auch vor aller Welt anders dastehen, als wie ein Mörder und Bösewicht? 19/55 f.

UNGLEICHHEIT

Was sagen Sie zu der Auffassung des großen europäischen Aufklärers Voltaire, nicht die Ungleichheit sei das wirkliche Übel, sondern die Abhängigkeit?

Es ist nicht allen, noch einem jeglichen gegeben; wem's Gott gibt, der hat's. Dennoch hat es Gott sehr fein ausgeteilt, daß der Gelehrtere dem Ungelehrteren dienen, wiederum der Ungelehrte muß sich demütigen für den Gelehrten, dessen er bedarf.

Wenn alle Menschen gleich wären, so könnte niemand aufkommen, niemand würde dem anderen dienen, kein Friede würde sein.

Der Pfau klagte, daß er nicht hätte der Nachtigall Stimme; darum hat Gott mit der Ungleichheit die größte Gleichheit gemacht. 14/175

UNZUFRIEDENHEIT

Ein weiser Mann bemerkte einmal, wer ein Kolumbus sei, der begnüge sich nicht mit der Insel der Hoffnung. Woher kommt sie eigentlich, die Unzufriedenheit der Menschen, Herr Doktor Luther?

Gute Tage können wir nicht ertragen, böse können wir nicht leiden. 37/190

Das menschliche Herz kann weder Gutes noch Böses ertragen. Haben wir Geld und Gut, so ist keine Ruhe vorhanden; ist Armut da, so ist kein Friede. In der Mitte liegt das Rechte; das bedeutet, mit seinem Schicksal zufrieden sein. 31/263

Das Los der Anderen gefällt uns immer besser: die ergiebigere Saat steht immer auf fremdem Felde, und der Nachbar hat immer das fruchtbarere Vieh. 37/190

Gibt es nicht immer Grund genug, mit dem zufrieden zu sein, was wir sind und besitzen, was Gott uns gegeben hat?
Die Gegenwart, so gut und schön wie sie auch sein mag, verschmähen wir immer. Wir streben nach dem, was wir nicht haben. Sobald wir das erreicht haben, wird es sogleich wertlos; so möchte, wer ein Fürst ist, gern König sein, der König Kaiser. 31/262 f.

Gilt das auch fürs Privatleben?
Natürlich! Wer ein Mädchen liebt, dem steht der Sinn allein danach, es zu besitzen; in seinen Augen scheint es nichts Schöneres zu geben; er würde sich glücklich schätzen, wenn er sie für sich haben könnte; hat er sie aber, so fängt er schon nach drei oder vier Tagen an, ihrer überdrüssig zu werden; er meint, er könne eine noch viel Schönere haben; so denkt auch der Arme: Wenn ich hundert Goldstücke hätte, wäre ich der Reichste; hat er sie aber, will er immer mehr haben usw. So ist des Menschen Herz mit dem Quecksilber zu vergleichen, das jetzt da, bald anderswo ist; heute ist es so, morgen anders gesinnt.
Daher ist es ein großes Elend, wie der Prediger Salomo sagt, daß der Mensch nach so Unzuverlässigem verlangt und nach dem, von dem er nichts weiß, wie es geraten wird; aber das Zuverlässige, worauf Verlaß ist und was bereits geraten ist, das verachtet er ... und was uns Gott gibt, das wollen wir nicht.
Die Christen müssen Gott für die gegenwärtigen Dinge dankbar sein; so wie sie verlässlich sind, sind sie auch gut und sind uns nach Gottes unermesslicher Barmherzigkeit zuteil geworden. Ebenda

WAHRHEIT

Stimmen Sie Voltaires Meinung zu, es gebe Wahrheiten, die nicht für alle Menschen und Zeiten bestimmt sind?
Alle Welt haßt die Wahrheit, wenn sie einen betrifft. 37/198

Der Begriff Wahrheit bezieht sich nicht allein auf Worte, sondern er muß überhaupt über dem ganzen Leben stehen. Alles, was wir reden, denken, leben und sind, soll gewiß und wahrhaftig sein, damit nicht allein die Welt nicht, sondern auch wir selbst nicht betrogen werden. 36/134

Glauben Sie, Doktor Luther, dass uns die Wahrheit sicher und stark macht?
In der Wahrheit fühlen sich die Menschen immer sicher und werden deshalb nachlässig. Im Irrtum aber sind sie sehr sorgfältig bemüht; so wie ein Wanderer auf dem rechten Wege sicher einherschreitet, auf Irrwegen aber ängstlich und voll Eifer. So geht es uns auch. 31/127

Der Wein ist stark, der König stärker, aber die Wahrheit am allerstärksten. 37/198

WEISHEIT

Weisheit sei, dem Herzen zu glauben, sagt ein Weiser. Das hört sich zwar gut an, aber welche Bedeutung hat die auf Lebenserfahrung und Wissen beruhende Weisheit im praktischen Leben?
Die wahre Weisheit besteht darin, sich selbst und Gott zu erkennen. 37/206

Die Weisheit ist nützlich und nötig, denn die Schreiber sollen die Welt regieren, und die Feder soll die Oberhand haben. Wenn Gott zürnte und alle Schriftkundigen aus der Welt wegnähme, dann würden alle Menschen zu Bestien und wilden Tieren; dann gäbe es keine Weisheit, keine Ehrfurcht und kein Recht, sondern nur Unordnung und Raub ... Dem Pöbel wäre es freilich lieber, wenn es keine weisen Leute, keine Prediger und keine Regierung gäbe, damit sie leben könnten, wie sie wollten, aber das wäre der Untergang für das Volk. Wo Menschen sind, müssen sie auch Gesetze haben; wenn nicht, dann sind sie wie Bären, Löwen und wilde Tiere, ohne häusliche und staatliche Ordnung. 31/199

Aber die Mächtigen in der Welt – auch die in den großen Bankhäusern – pfeifen die nicht oft auf Moral und Gesetz?
Wie groß auch die Macht ist, so wird sie doch [zu guter Letzt] nicht herrschen, sondern die Weisheit. 37/206

WIEDERGEBURT

Herr Doktor Luther, es fällt nicht nur den Nichtchristen, sondern auch manchem gläubigen Christen schwer, daran zu glauben, dass es ein Leben nach dem Leben geben soll. Was sagen Sie zu diesem verzwickten Problem?
Die Christen glauben, was wir nicht gegenwärtig sehen noch begreifen; nämlich, daß unsere Leiber nach diesem Leben aus dem Tode, Grabe und Verwesung auffahren und schweben werden bei dem Herrn Christus; viel herrlicher, schöner und lichter als die Sonne und alle anderen Kreaturen usw.
Und nachdem wir wissen, daß unser Herr Christus uns vorangegangen und schon droben zur Rechten Gottes regiert, auf daß er uns auch zu solcher Herrlichkeit bringe, sollten wir billig diesen Artikel stärker und fester halten, als wir tun. 7/24

WOHLTATEN

Im heutigen Deutschland werden nach Internetangaben jährlich etwa 26 Milliarden Euro an privaten freiwilligen Geld- und Sachspenden für gemeinnützige Zwecke aufgebracht. Wie kommen-

tieren Sie diese Wohltaten, Herr Luther? Sollten die edlen Spender öffentlich gelobt werden oder eher im Stillen wirken?

Gute Werke haben keinen Namen. 31/272

Wohltaten müssen verborgen sein und nicht prahlerisch; es soll stille und ohne Eigennutz geschehen. Ebenda

Vor einem Baum, von dem man Schatten hat, soll man sich verneigen. Ebenda

Es ist natürlich, daß der, welcher von anderen Wohltaten verlangt, selbst auch wohltätig ist. Ebenda

ZEIT

Thomas Mann hat viel von Ihnen gehalten, Herr Professor Luther. Was halten Sie von seiner Auffassung, die Zeit sei ein kostbares Geschenk, uns gegeben, damit wir in ihr klüger, besser, reifer, vollkommener werden?

Die Menschen bemühen sich umsonst in ihrem Eifer, und sie erreichen auch nichts, selbst wenn sie sich zerreißen; und nichts kommt, bevor nicht Gott Zeit und Stunde festgelegt hat. 1/XX 58

Kaum ein Zehntel unseres Lebens arbeiten wir. Die restlichen neun Teile, da fressen, saufen, schlafen und gehen wir müßig. 40/54

ZORN

Herr Doktor Luther, neulich behauptete jemand, Zorn sei ein guter Motor, aber ein schlechtes Lenkrad. Meinen Sie das ebenso?

Zorn ist der Regent der Welt; denn der Lenker, der nicht zu zürnen weiß, ist untauglich, einem Gemeinwesen vorgesetzt zu werden; völlig untauglich, wenn er schon in einer solchen Stellung ist. 31/210

Ich habe keine bessere Arznei als den Zorn; denn wenn ich gut schreiben, beten und predigen will, dann muß ich zornig sein; da erfrischt sich mein ganz Geblüt, mein Verstand wird geschärft und alle Anfechtungen weichen. 37/218 f.

Wie sollte man umgehen mit Menschen, die der Zorn gepackt hat?

Zorn am rechten Ort ist eine Gabe Gottes, und wer zur rechten Zeit schelten kann mit rechten Worten, das ist große Kunst. Wenn ich zornig bin, so laß man mich nur zufrieden und verschnauben; denn dauernd kommen mir Sachen in die Quere, die mich aufregen. Andern Leuten geht es auch so, glaube ich; darum soll man einem Zornigen Raum geben. 14/187

Gilt das in den häuslichen vier Wänden ebenso wie in der Öffentlichkeit?

Der häusliche Zorn ist nur unseres Herrgotts Puppenspiel; da geht es nur um eine Rute oder um einen Schlag. Der öffentliche Zorn aber nimmt Weib und Kind durch Mord und Kriege hinweg. Beim Zorn der Kirche endlich geht es um die Seele und den Himmel. Wenn ich dem Zorn des Teufels, der Sünde und des Gewissens standhalten kann, dann halte ich auch dem Zorn meiner Käthe von Bora stand. Mit Gewalt soll niemand etwas bei mir erreichen. 31/210

2. Der sprichwörtliche Luther

Lebendig, anschaulich, bild- und gleichnishaft zu reden und zu schreiben, das forderte der Reformator nicht nur von anderen, sondern er ging auch mit gutem Beispiel voran, indem er bewusst Sprichwörter in seine Predigten, Vorlesungen und Schriften einbaute.

So ist es kein Zufall, dass er sich in den zwanziger und dreißiger Jahren eine umfangreiche Sprichwortsammlung und ein Verzeichnis mit 489 sprichwörtlichen Redensarten anlegte.

Dem Wittenberger Bibelprofessor wird das nicht sonderlich schwer gefallen sein, findet sich doch unter den fast 80 Büchern der Bibel auch *Das Buch der Sprichwörter*. Ergo griff er hinein ins volle „Bibelleben", schaute außerdem den Leuten im Alltag aufs Maul und nutzte sein eigenes sprachschöpferisches Talent als einen weiteren wichtigen Born seiner Sprichwortsammlung.

Aus welchen Quellen genau die hier zusammengestellte Auswahl floss (3, 7, 8, 9, 14, 28, 31, 35, 36, 37, 46), ist im Einzelnen nicht belegbar. Nachweislich kamen aber alle Sprichwörter über Martin Luthers Zunge oder Federkiel zu uns.

Es ist unschwer zu erkennen, dass sich Bekanntheitsgrad und inhaltliche Relevanz der einzelnen Sprichwörter über ein halbes Jahrtausend hinweg verändert haben. Da gibt es welche, die sind an Popularität und Aussagekraft noch immer brillant wie eh und je (z. B. *Wer den Schaden hat, braucht für den Spott nicht zu sorgen!*), aber auch solche, die für uns Heutige nichts sagend geworden sind (z. B. *Faule Märkte werden die besten*). Dieser Aspekt ist wesentlich für die Auswahl der rund 170 hier wiedergegebenen Sprichwörter. Und so liest sich Luthers Meinung aus dem Jahre 1540 über die Sprichwörter im Originaltext:

Der Teuffel ist auch den Spruchwörtern feindt.
Drumb hat er seinen geiffer dran geschmirt,
wie an vil spruch der schriefft,
damit er's mit seim spott verdechtig machte
und die leut davon furet.
Wir mussen aber den Teuffels dreck
davon thun und die Spruchwörter erretten. 43/2

Abwägen Man soll nicht den Löffel aufheben,
wenn man dabei die Schüssel zertritt.

Alter Alter hilft [schützt] nicht vor Torheit.

Anpassung Es krümmt sich bald,
was ein Haken werden will.

Arbeit Viele Hände machen leichte Arbeit.

Armut Aus leeren Taschen ist böse Geld zählen.

Armut wehe tut.

Im Volke Gottes soll keine Armut
noch Bettelei sein.

Ärzte Die Ärzte sind unseres Herrgotts
Menschenflicker.

Ausgaben Eine Henne scharret mehr weg,
denn vier Hähne herzuscharren.

Ausgelassenheit [Sein] Mütchen kühlen.

Bescheidenheit Gute Werke haben keinen Namen.

Bosheit Der Teufel reitet dich!

Chancenlosigkeit Hier ist Mühe und Arbeit verloren.

Dankbarkeit	Vor dem Baum soll man sich neigen, von dem man Schatten hat.
Dialektik	Der Geist ist stark, aber das Fleisch ist schwach.
Dummheit	Er kann nicht bis drei zählen.
Ehrlichkeit	Was nicht dein ist, das laß liegen.
Empfehlung	Glaube an Gott und hilf deinem Nächsten.
	Was du nicht heben kannst, das laß liegen. Lasset euer Licht leuchten!
Enttäuschung	Es geht mir ins Herz.
Erfolg	Er kann keinen Hund aus dem Ofen locken.
	Untreu und Geiz gedeihen nicht.
Ergebnis	Das ist das Ende vom Lied.
	Wenn's Ende gut ist, so ist alles gut.
	Es ist besser etwas, als gar nichts.
Essen	Wer nirgend ißt, der wird nimmer satt.
Falschheit	Hüt' dich vor Katzen, die vorne lecken und hinten kratzen.
Fehler	Gute Meister machen auch Fehler.
Fliehen	Fersengeld geben.
	Hasenpanier
	Wer flieht, den jagt man.
Freude	Die Freude ist der Doktorhut des Glaubens.
Freundlichkeit	Freundlich Wirt das beste Gericht. Ein freundlich Angesicht deckt alles.

Frieden Den Frieden kauft man nie zu teuer.

Furcht Bei schlechtem Gewissen fürchtet man sich auch vor einem raschelnden Blatt.

Gedanken Gedanken sind zollfrei.

Geduld Die beste Tugend ist die Geduld.

Gegner Jeder Abel hat seinen Kain.

Geist Der Geist ist stark, aber das Fleisch ist schwach.

Geld Das Geld ist sein Herr.

Das Geld macht niemanden fröhlich.

Genuss Wer nicht liebt: Wein, Weib und Gesang, der bleibt ein Narr sein Leben lang.

Geradeaus Der Nase immer nach.

Gesetz Aller Gesetze Ende ist die Liebe.

Gestank Wer es [zuerst] riecht, aus dem es kriecht.

Gewalt Je größer die Gewalt, umso größer das Unglück.

Gewissen Das Gewissen soll niemandem unterworfen sein.

Gewohnheit Jung gewohnt, alt getan.

Gier Je mehr wir haben, umso mehr wollen wir haben.

Glaube Wie viel einer glaubt, so viel hat er.

Gleich(es) Gleich und gleich gesellt sich gern.

Wer bei den Wölfen sein will, muß mit ihnen heulen.

Wo Tauben sind, da fliegen Tauben zu.
Eine Krähe hackt der andern kein Auge aus.

Glück Wer Glück hat, führt die Braut heim.

Herz Das kommt von Herzen.

Er hat kein Herz.

Hölle Der Mensch hat die Hölle in sich selbst.

Hunger Hunger ist der beste Koch.

Irrtum Kein Irrtum ist so grob,
der nicht Zuhörer habe.

Kausalität Wer über sich haut, dem fallen die Späne
in die Augen.

Kinder Großer Leute Kinder geraten selten gut.

Je mehr Kinder, um so größeres Glück.

Klugheit Das Ei ist klüger als die Henne.

Konsequenz Hast du [es] eingebrockt,
mußt du es ausessen.

Kurz Kurz und gut.

Kunst Kunst geht nach Brot.

Lärm(en) Hunde, die sehr bellen, beißen nicht.

Lernen Was die Alten tun, das lernen die Jungen.

Liebe Keine Liebe ohne Leid.

Liebe und Not meistern alle Gebot.

Liebe sieht Undankbarkeit nicht an.

Lob(en) Frauen soll man loben,
es sei wahr oder gelogen.

Das Werk lobt sich selber.

Lüge Eine offenbare Lüge ist keine Antwort wert.

Eine Lüge ist wie ein Schneeball, je länger man ihn wälzt, desto größer wird er.

Wer lügt, muß ein gutes Gedächtnis haben.

Der Mund, der lügt, tötet die Seele.

Hohe Schwüre zeigen tiefe Lügen an.

Macht Eine allzu große Macht
stürzt durch ihre eigene Masse.

Meister Gute Meister fehlen auch.

Merkmal Man kennet den Vogel bei den Federn.

Motiv Was dich nicht brennet, das lösche nicht!

Nacheinander Stück für Stück.

Nachrede Mancher, der übel von Weibern redet,
weiß nicht, was seine Mutter tat.

Nutzen Es ist nicht Rat, es ist Unrat.

Offenheit Kein Blatt vor das Maul nehmen.

Paradies Das Paradies ist überall.

Prediger Falsche Prediger sind ärmer
denn Jungfrauenschänder.

Ratgeber Wer an einem Weg baut,
findet viele Ratgeber.

Guter Rat kommt nie zu spät.

Reden Je weniger Worte, um so besser das Gebet.

Regieren	Weiber Regiment nimmt selten ein gut End.
Reichtum	Wo reiche Leute sind, ist es allzeit teuer.
Rücksicht	Ein willig Pferd soll man nicht zu sehr reiten.
Schaden	Wer den Schaden hat, braucht für Spott nicht zu sorgen.
Schwanken	Zwischen zwei Stühlen sitzen.
Sehen	Ich sehe dir's an deinen Augen an.
Selbstbewusstsein	Lasset euer Licht leuchten!
Sorge(n)	Kleine Kinder, kleine Sorge, große Kinder, große Sorge.
	Es liegt mir auf dem Herzen.
Sparsamkeit	Strecken nach der Decke.
	Wer einen Pfennig nicht achtet, wird keines Gulden Herr.
	Sparsam sein, ist das beste Einkommen.
Spott	Spitze Zunge.
Staat	Wo der beste Staat ist, da wird die Tugend für Würde gehalten.
Sterben	Wir sterben so oft, ehe wir endlich einmal wirklich sterben.
Sünde	Niemand kann in der Welt ohne Sünde leben.
	Strafe haßt man, aber die Sünde liebt man.

Teilen Wenig soll man mit Liebe teilen.

Tod Zittern hilft nicht vor dem Tod.

Langes Siechtum ist schlimmer
als gewisser Tod.

Torheit Törichte Worte bringen törichte Werke.
Alter schützt vor Torheit nicht.

Trinken Trunken Freud, nüchtern Leid.

Tugend Es ist keine Tugend, edel geboren [zu]
werden, sondern sich edel [zu] machen.

Übel Das Übel [noch] schlimmer machen.

Übermut Wenn dem Esel zu wohl ist,
so gehet er aufs Eis gumpen [hopsen]
und bricht sich ein Bein.

Dich sticht der Hafer.

Juckt dich die Haut?

Übertreibung Man biegt's so lange, bis es bricht.

Umschweife Wie eine Katze um den [heißen] Brei
[gehen].

Unangenehm(es) In den sauren Apfel beißen.

Unaufrichtigkeit An der Nase [herum] führen.

Unbedacht Er hat sich [das Maul] verbrannt.

Unbeständigkeit Der Fürsten Gnade ist wie Aprilwetter.

Unehrlichkeit Verraten und verkauft.

Unklarheit Im Sack kaufen.

Unmöglichkeit Den Aal beim Schwanz halten.

Unrecht	Unrecht Gut gedeihet nicht.
	Unrecht wird durch ander Unrecht nicht zu Recht gemacht.
Unruhe	Er hat Hummeln im Arsch.
Unsicherheit	Er geht [wie] auf Eiern.
Unsinn	Er hat Grillen im Kopf.
Unterschied	Der Sprecher und das Wort sind zwei Personen.
	Der Katzen Spiel, ist der Mäuse Tod.
Untreue	Untreue ist auch Dieberei.
	Untreue und Geiz gedeihen nicht.
	Hörner aufsetzen.
Unumwunden	Der Vogel singt, wie [ihm] der Schnabel gewachsen ist.
Verändern	Ändern ist leicht, bessern ist schwierig.
Verbot	Was verboten ist, dagegen handelt man gern.
Verdacht	Wer flieht, den jagt man.
Vereiteln	Das Spiel verderben.
Vergebens	Es bedarf der Mühe nicht.
Vergessen	Aus dem Auge, aus dem Herzen.
Verhindern	Einen Riegel davor schieben.
Verloren	Hin ist hin.
Verschlossenheit	Stille Wasser sind tief.

Verteidigen	Ein Messer hält das andre in der Scheide.
Vorahnung	Den Braten riechen.
Vorhersage	Den Teufel an die Wand malen.
Vorlaut	Er ist naseweis.
Vorsicht	Hüte dich, wenn der Blöde kühn wird.
	Kitzle dich selbst, du lachst dich zu Tod!
Vorteil	Die Karten [gut] mischen.
Wahrheit	Wahrheit geht betteln.
	Wer die Wahrheit sagt, dem wird man gram.
	Die Wahrheit macht nicht viele Worte.
Wechselwirkung	Wer den anderen jagt, wird auch müde.
Weisheit	Weisheit gilt mehr als Waffen.
Wertvoll(es)	Was mir lieb ist, das verleidet mir niemand.
Wichtigkeit	Daran hängt sein Herz.
Wirksamkeit	Ins Spiel kommen.
	Ein Wort ist ein Pfeil.
	Ein Wort ist an keine Ketten gebunden.
	Die Arznei macht kranke, die Mathematik traurige und die Theologie sündhafte Leute.
Zähigkeit	Er hat eine zähe Haut.
Zeit	Gut Ding will Weile haben.

Wer eher kommt, der mahlt eher.

Lang ist nicht ewig.

Früh aufstehen und jung freien
soll niemand gereuen.

Zorn Der erste Zorn ist der beste.

Zurückhaltung Kurz angebunden.

Zweifel Es ist eine löchrige Sache.

Zuständigkeit Ein jeder lerne seine Lektion,
so wird es wohl im Hause stohn.

3. Der anekdotische Luther

Eine Anekdote wird, ihrem Wesen als literarische Kurzgeschichte entsprechend, normalerweise auf ihr Ende zu erzählt, auf die Pointe als ihre Hauptaussage.

Die vorliegenden Anekdoten dienen vor allem dem Zweck, charakteristische, kennzeichnende Besonderheiten aus dem Leben, Schaffen und Werk Martin Luthers sichtbar werden zu lassen.

Dabei wird Wissenswertes, Interessantes, Außergewöhnliches, Unbekanntes, Typisches und Fragwürdiges (des Fragens würdig!) vermittelt, das immer auch Biografisches enthält. Summa summarum entsteht so eine Art konkretes *Lebensbild in Anekdoten*.

ALKOHOL

Über Teufel Alkohol hat sich Luther, je nach Lebenssituation, unterschiedlich geäußert; im Allgemeinen wetternd und polternd.

Wer das Bierbrauen erfunden habe, sei ein Unheil für Deutschland gewesen, denn dadurch sei das Saufen zu einer Art Pest und zu einem Unglück geworden. Die Trunkenheit zerstöre nicht nur das Beste im Menschen und lasse ihn vorzeitig altern, sondern begünstige auch gräuliche Taten wie Mord und allerlei andere Verbrechen.

Ob seine Erkenntnis: „Wer Wein ständig trinkt, kriegt meistenteils Gicht in die Füße; Bier dagegen fördert die Wassersucht" (40/57) auf persönlicher Erfahrung beruht, ist nicht überliefert.

Jedenfalls ließ er seine staunenden Mittagsgäste während verschiedener Tischreden wissen: „Neulich war ich am Hof und habe eine scharfe Predigt gegen das Saufen gehalten, aber es hilft nicht." 31/275

Und in eigener Sache: „Morgen muß ich eine Vorlesung über Noahs Trunkenheit halten. Heute abend werde ich deshalb kräftig trinken, damit ich danach als Experte von dieser üblen Sache reden kann." 40/57

ALLMACHT

Wenn Martin Luther als Prediger unterwegs war, im wörtlichen Sinn zu Fuß über Land ging, dann war er mit seinem Ohr ganz nah dran an der Stimme des Volks, schaute ihm aber nicht nur aufs Maul, sondern überlegte auch, wie er in seinen Predigten schwierige Passagen aus der christlichen Glaubenslehre den einfachen Gläubigen einfach vermitteln könnte.

Es war Mitte April des Jahres 1521, als Martin Luther auf seinem Weg zum Reichstag nach Worms in einer Dorfkirche zwischen Weimar und Erfurt vor begeisterten Anhängern einen kurzen Gottesdienst abhielt. Es ging um das Glaubensbekenntnis, insbesondere um den ersten Hauptartikel: *Ich glaube an Gott, den Vater, den Allmächtigen, den Schöpfer Himmels und der Erden.* Da fragte ein andächtiges Bäuerlein den Gottesmann, wie denn das zu verstehen sei mit dem allmächtigen Gott. Lang und breit konnte er die Allmächtigkeitsfrage nicht erläutern, denn er war in Zeitnot. So machte Doktor Martinus – wie weiland der alte Kirchenvater Hieronymus – aus der Not eine Tugend und sprach: „Ja, mein lieber Mann, ich und alle Gelehrten wissen auch nicht, was Allmächtigkeit ist. Glaubst du aber, daß Gott dein lieber, treuer Vater ist, der will, kann und weiß dir, deinem Weib und Kindern in allen Nöten zu helfen, dann verstehst du genug davon!" 38/28

ARBEIT(EN)

Ja, wie ist das nun eigentlich: Lebt der Mensch, um zu arbeiten, oder arbeitet er, um zu leben? In ihrer Entgegensetzung und Ausschließlichkeit ist das eine undialektische Frage.

Martin Luther, der sich schon seit seinem achtzehnten Lebensjahr – während des Studiums an der sogenannten „Artistenfakultät" der Erfurter Universität – mit der Dialektik, vor allem der des altgriechischen Philosophen Aristoteles, gründlich auseinandergesetzt hatte, beantwortete die Frage Jahrzehnte später während eines seiner Tischgespräche auf folgende Weise: „Der Mensch ist zur Arbeit geboren, wie der Vogel zum Fliegen." 37/14
Sprach's – und hat sich ein Leben lang daran gehalten, bei allen seinen Höhen- und Tiefflügen.

*

Ob es zutreffe, wurde ich neulich gefragt, dass man Martin Luther hinsichtlich seines Tätigseins mit dem neuhochdeutschen Begriff *Workaholic* – also einem, der ununterbrochen arbeiten möchte, will, kann oder muss – treffend charakterisieren könne? Dem Fragesteller habe ich einige Tatsachen aufgetischt:

„Jeder Tag hat seine Plage", hatte einst Matthäus gesagt, als habe der Apostel Jesu den Doktor Martinus leibhaftig vor Augen gehabt. Der plagte sich nämlich tagaus, tagein mit tausend und einer kirchlichen und weltlichen Aufgabe herum, die ihm aufgetragen war in seiner Funktion als: Prediger in der Kirche und zu Hause bei Tisch; mündlicher und schriftlicher Ratgeber in Ehe-, Sexual- und vielen anderen Lebensfragen; Hochschullehrer mit den zahlreichen Lehrverpflichtungen eines Theologieprofessors an der Wittenberger Universität; einer der gefragtesten Bestsellerautoren seiner Zeit; Reformator der verkrusteten Kirchenstrukturen; Schlichter in diffizilen Rechtsstreitigkeiten; Schreiber und Empfänger tausender Briefe aus dem In- und Ausland; aktiver Handarbeiter in seinen Wittenberger Gärten; Übersetzer – vor allem, aber nicht nur – des Neuen und Alten Testaments aus dem Griechischen bzw. Hebräischen ins Luther-Deutsche; Reisender in theologischen und reformatorischen Angelegenheiten, in denen er besonders seit 1515 als Distriktvikar der Augustinerkonvente Meißens und Thüringens zur Visitation der ihm unterstellten elf Klöster unterwegs war in: Dresden, Eisleben, Erfurt, Gotha, Herzberg a. d. E., Langensalza, Magdeburg, Neustadt a. d. O., Nordhausen, Sangerhausen und Wittenberg.

Und ausgerechnet dieser randvoll mit Arbeit überhäufte Professor Martinus nahm bei einem seiner gelegentlichen Freundschaftsbesuche dem anderen Wittenberger *Workaholic*, Professor Philippus Melanchthon, die Feder aus der Hand mit dem Hinweis: „Man kann Gott nicht allein mit Arbeit, sondern auch mit Feiern und Ruhen dienen, denn darum hat er den Sabbat gegeben." 38/93

*

Der Doktor Martinus war einerseits ein überaus fleißiger und arbeitsüberlasteter *Workaholic*, andererseits aber auch ein geselliger, lockerer Typ – was ihm sein Freund, Doktor Philippus, ausdrücklich bestätigte: „In Gesellschaft ist er lustig, scherzhaft, lebhaft und immer freudig, immer munteren und fröhlichen Gesichts, ob ihm auch die Widersacher noch so sehr drohen; und man sieht es ihm an, daß Gottes Kraft bei seinem schweren Werke mit ihm ist." 39/81

Deshalb wurde er auch gerne von seinen Freunden, Mitstreitern und Gönnern als Gast eingeladen, doch das bedurfte – mal mehr, mal weniger – Zeit.

Diese widersprüchliche Situation formulierte Lutherus einmal so: „Ich werde täglich mit Bitt-, Belehrungs- und Klagebriefen so überhäuft, daß der Tisch, die Bank, die Fußschemel, Pulte, Fenster, Kasten, Stangen und alles voller Briefe liegt." 41/225

Aber: „Ich verderbe viel Zeit mit dem zu Gast gehen. Ich weiß nicht, welcher Satan dieses anstellt. Abschlagen kann ich's nicht wohl, gleichwohl tut es mir großen Schaden." Ebenda

Es gibt heutzutage unter der arbeitsfähigen Bevölkerung unterschiedliche Kategorien: *Arbeitsbesitzer, Arbeitsscheue* und *Arbeitslose.*

Den arbeitslosen Menschen ist vorenthalten, was sie zum Menschen macht, wie folgendes Gedicht zeigt:

> Sie ist keine Bagatelle,
> die Arbeit, denn sie ist Quelle:
> des Geldes, des Lohnes, des Lebens
> und der Zufriedenheit,
> des Vergnügens, der Lebensfreude
> und der Fröhlichkeit,
> des Wohlstandes, der Charakterbildung
> und der Bewährung,
> der Mühe, der Tugend und der Ehrung,
> des Menschseins, des Glücks und der Kurzweil.
> Und von alledem schafft die Arbeitslosigkeit
> das Gegenteil. mawo

Die Arbeitbesitzer besitzen oftmals so viel davon, dass sie kaum noch dazu kommen, aus der „Quelle" zu schöpfen.

Das – und die Scheu vor der Arbeit – gab es schon vor fünf Jahrhunderten, wie Doktor Martinus bezeugt: „Die höchste Anfechtung in der Welt ist es, daß niemand getreu seinem Beruf nachgeht, sondern alle möchten gern ein müßiges Leben führen. Ich selbst bin schon ganz erschöpft und werde voller Sorgen von vielen Aufgaben geplagt. Andere gehen müßig und wollen nichts tun. Ich bin der Meinung, wenn wir's nicht gezwungen tun müssten, so täten wir's auch nicht." 31/272

ASTROLOGIE

Aus der Tatsache, dass in Deutschland das Grundrecht der Berufsfreiheit durch den Artikel 12 des Grundgesetzes geschützt ist, scheinen die Anhänger der Sterndeutung die Hypothese abzuleiten, es handle sich bei der Astrologie um eine solide, anerkannte Wissenschaft. Auf diesen Irrtum hat – wie wir noch sehen werden – schon Martin Luther hingewiesen.

Die Idee, der Lauf der Planeten bestimme die Geschicke der Könige, ihrer Reiche und Untertanen, war schon vor Jahrtausenden bei den alten Ägyptern, Assyriern und Babyloniern aufgekommen. Seitdem studierten die Astronomen und Astrologen (die seinerzeit noch einträchtig beieinander waren) die Planetenbahnen. Bis heute steht ihre Behauptung im Raum, „das Sternbild, in dem die Planeten bei der Geburt eines Menschen stehen, beeinflusse auch sein weiteres Schicksal" (79/60) und darüber hinaus sogar den Verlauf gesellschaftlicher Ereignisse wie beispielsweise Krieg und Frieden im Leben der Völker.

Wichtig genug also, diese astrologischen Angelegenheiten ernst zu nehmen und ihren Propheten ein wenig auf den Zahn zu fühlen.

Seit Isaac Newton – seit rund 300 Jahren also – ist bewiesen, dass die Himmelskörper nicht den Vorstellungen, Deutungen oder Wünschen des hoffenden Menschen, sondern ganz unabhängig davon dem universellen Gravitationsgesetz folgen.

Die internationale Naturwissenschaft stuft aufgrund ihrer exakten Forschungsergebnisse, die allesamt die sterndeuterischen Aus- und Vorhersagen nicht bestätigt haben, die Astrologie als pseudo-wissenschaftlich und damit ihre Behauptungen als unecht, vorgetäuscht, falsch und betrügerisch ein.

So kam beispielsweise ein dänisch-deutsches Forscherteam in einer Großstudie mit 15 000 Probanden zu dem eindeutigen Ergebnis, dass kein Zusammenhang zwischen den Geburtsdaten und damit den Sternzeichen dieser Personen und ihren individuellen Persönlichkeitsmerkmalen nachzuweisen ist.

Von all diesen modernen Forschungsergebnissen konnte selbstredend Doktor Martinus noch nichts wissen. Er hatte „nur" seinen gesunden Menschenverstand und festen Glauben, als er vor einem halben Jahrtausend – die Astrologie stand damals in voller mittelalterlicher Blüte – feststellte, die Sterndeuter seien „allzu dreist und unterstünden sich zuviel in ihren Weissagungen. Die Astronomie wollen wir ihnen gern lassen, die Astrologie aber kann nicht bestehen. Sie stützt sich auf keinerlei Beweise. Ihre zweifelhaften Prophezeiungen nämlich sind so: Wenn sie nicht zutreffen, muß man sie (um)deuten." 31/225

„Niemand, auch nicht Paulus, kein Engel vom Himmel und ganz und gar nicht Philippus [Melanchthon] kann mich dazu bringen, den Weissagungen der Astrologie zu glauben; sie sind so oft falsch gewesen, daß es gar nichts Unzuverlässigeres gibt. Wenn sie nämlich zwei- oder dreimal richtig geweissagt haben, dann spielen sie sich damit auf; haben sie sich aber getäuscht, dann verheimlichen sie es ... Ich lobe die Astronomie und die Mathematik, welche mit Beweisen umgehen, von der Astrologie erwarte ich nichts." Ebenda

„Der Sternenglaube ist Aberglaube, denn er ist gegen das erste Gebot." Ebenda

Nun konnte der kluge Martin Luther zwar noch nicht in unserem Grundgesetz, unsere (Grund-)Gesetzgeber aber können beim Reformator nachlesen.

ASYL

Die kleine griechische Insel Patmos gilt nach altkirchlicher Überlieferung als Verbannungsort des Apostels Johannes. Dort soll er die „Offenbarung des Johannes" geschrieben haben.

Historisch verbrieft ist, dass sich der gebannte, geächtete und verfolgte Reformator Martin Luther vom 4. Mai 1521 bis zum 1. März 1522 auf der im Jahre 1080 erstmals urkundlich erwähnten und 410 m ü. d. M. gelegenen Wartburg als Asylant – verkleidet als „Junker Jörg" – aufgehalten hat.

Aus Gründen der Geheimhaltung gab er den hoch und abseits gelegenen Zufluchtsort in Briefen an seine Lieben und Getreuen nicht direkt an, sondern verfremdete ihn und grüßte „Aus der Einsamkeit", „Aus dem Reich der Vögel", „Aus meiner Einsiedelei", „Aus der Einöde", „Aus der Wüstenei", „Aus der Eremitenklause", „Von den Vögeln, die lieblich auf den Bäumen singen und Gott Tag und Nacht loben" (3/82) und sinnigerweise auch „Von meiner Insel Patmos".

*

In der Abgeschiedenheit, Verlassenheit, Ruhe oder gar Gruseligkeit können einem Eremiten, wenn er die (Aus-)Wirkungen seines vergangenen Handelns selbstkritisch überdenkt, gelegentlich schon mal Zweifel kommen, ob alles immer rechtens gewesen ist, oder ob er sich nicht zuweilen auch geirrt haben könnte.

Dem 38-jährigen, sensiblen Reformator erging es hoch droben auf der Wartburg, in seiner mit Holz getäfelten, spartanisch eingerichteten Kemenate, nicht anders; im Gegenteil, ihn plagten hier und da Gewissensbisse, wenn ihm rückblickend bewusst wurde:

dass er schonungslos die Bereicherungspraktiken der weltlichen und geistlichen Obrigkeit, vor allem die des Papsttums, angeprangert hatte;

dass er 1517 mit seiner Thesenveröffentlichung die Reformation und letztlich auch die Kirchenspaltung eingeleitet hatte;

dass er 1518 beim Augsburger Verhör durch den päpstlichen Gesandten, Kardinal Cajetan, den Widerruf seiner Thesen verweigert hatte;

dass er 1519 während der Leipziger Disputation den Vorrang des Papstes und die Unfehlbarkeit der Konzile hartnäckig bestritten hatte;

dass er 1520 die Bannandrohung selbstbewusst missachtet und mit seinen drei Hauptschriften: „An den christlichen Adel deutscher Nation ...“, „Von der babylonischen Gefangenschaft der Kirche“ und „Von der Freiheit eines Christenmenschen“ trutzig beantwortet hatte;

dass er im gleichen Jahr die päpstliche Bannandrohungs-Bulle in Wittenberg öffentlich verbrannt hatte;

dass er 1521 auf dem Reichstag zu Worms den Widerruf seiner Lehren abgelehnt hatte.

Hatte er mit seinen ketzerischen Lehren und seinem widerborstigen Verhalten – so fragte er sich immer wieder selbst – nicht die gottgewollte Ordnung ins Wanken gebracht?

Wörtlich bekannte er während seines Wartburg-Asyls: „Wie oft zappelte mein Herz vor Furcht und hielt mir unter Tadel den tief gegründeten und einzig festen Einwurf vor: Du allein wolltest weise sein? Irren denn alle die unzähligen anderen? Haben so viele Jahrhunderte geirrt? Wie, wenn du irren würdest, wenn du so viele Menschen mit dir in den Irrtum und in die ewige Verdammnis ziehen würdest?“ 41/108 f.

Wir können Sie besänftigen, verehrter Herr Doktor Luther, mit einer Sentenz Marie von Ebner-Eschenbachs, die sagte: Der Zweifel mache die Qual jedes nach Wahrheit Suchenden aus, aber wehe ihm, wenn die Quälerin ihn verlasse. Das ist ja nun ganz gewiss: unseren Doktor Martinus verließ sie nicht!

EHEBRUCH

Abenteuer, Affäre, Dreiecksverhältnis, Fremdgehen, Hurerei, Pflichtvergessenheit, Seitensprung, Treuebruch, Treulosigkeit, Untreue, Wortbruch ...

Welche dieser Umschreibungen für ein und dieselbe Sache Martin Luther schon kannte, wissen wir Heutigen nicht; dass

aber das Fremdgehen schon zu seiner Zeit eine beliebte Freizeit-
beschäftigung gewesen ist, steht fest, denn er hat uns dazu diese
Anekdote hinterlassen: „In Kursachsen hat eines Edelmannes
Weib mit ihres Junkers Knecht gebuhlet [geliebt]. Nun merkte
diesen Ehebruch der andere Knecht und offenbarte solches seinem Herrn heimlich, welcher darüber sehr erschrocken war und
es zunächst nicht glauben wollte; jedoch beratschlagte er sich mit
demselben Knecht, wie der den Ehebrecher auf frischer Tat ergreifen könne. Da spricht der Knecht: ‚Wir wollen fein dahinter
kommen. Mein Junker [ver]stelle sich, als habe er eine weite Reise
vor, so daß er in etlichen Tagen nicht werde wiederkommen,
dann werden sich der Knecht und die Frau bald zusammenfin-
den.‘

Nun, der Herr folgte dem Knecht und stellte sich, als wollte er
weit über Land reisen, besprach's aber wieder [noch] mit der
Magd, daß sie ihn heimlich wieder einlasse und kam in der ersten Nacht wieder heim, eilte mit dem Knecht vor des Weibes
Kammer, da der Ehebrecher gerade bei der Frau lag. Nun be-
dachte der Ehemann, was er machen würde, wenn er sein Weib
im öffentlichen Ehebruch treffe. Es gäbe ein großes Geschrei im
ganzen Land, seine Frau wäre gebrandmarkt, und auch die Kinder würden einen ewigen Aufdruck haben müssen, und er erdenkt
die List, daß er seinen Knecht hinab ins Haus schickt, ein Licht
anzuzünden. Mittlerweile klopft er an die Kammer und spricht:
‚Hans, stehe schnell auf und errette dein Leben, trolle dich in
deine Kammer und leg dich in dein Bett! Wirst du es tun, so will
ich dir bei meinem Edelmanns Glauben und Treue zusagen,
daß dir kein Leid widerfahren soll.‘

Der Knecht schließt die Kammer auf, macht sich heimlich wieder zu seinem Bett und legt sich rein. Als nun der andere Knecht
mit dem Licht wiederkommt, da klopft er an die Kammer mit
ernstem Gesicht an und hat auch ein Schwert in der Hand. Da
macht das Weib die Kammer auf, der Mann eilt zum Bett, aber
es war niemand drin. Er sucht den Ehebrecher auch unter dem

Bett, doch er findet ihn nicht. Da stellte sich der Junker sehr zornig und wütend und sprach zu dem Knecht, welcher der Frau Hurerei und Ehebruch ihm offenbart hatte: ,Siehe, wie bestehst du mit deiner Anschuldigung? Siehe, wie du mich, mein frommes Weib und die armen Kindlein hast wollen in Schimpf, Hohn und Spott setzen! Gehe hin, ob der andere Knecht in seinem Bett liegt!'

Da er ihn schnarchend fand, als wenn er in tiefem Schlafe wäre und dies dem Herrn sagte, da sprach der Herr zum Knecht: ,Siehe, da hast du deinen Lohn und nun trolle dich aus meinem Hause und komme mir nicht wieder her!' ...

Dieser Edelmann hat mit seiner Vorsicht und großem Sanftmut sein Weib gewonnen, von der Hurerei abzulassen und züchtig mit ihm zu leben und hat so auch sein Weib und seine Kinder bei Ehren gehalten.

Solche Vorsichtigkeit und Weisheit hätte ich und auch alle Juristen nicht gehabt." 8/58 f.

ERNÄHRUNG

Wir wissen wenig Genaues darüber, was bei der Familie Luther und ihren (zumeist) zahlreichen Kostgängern im *Schwarzen Kloster* zu Wittenberg auf den Tisch kam.

Es wäre falsch zu behaupten, bei den Luthers sei Schmalhans Küchenmeister, sei das Essen schlecht und knapp gewesen oder habe die vielköpfige Familie gar am Hungertuch nagen müssen. Zwar wussten der über alle Maßen arbeitsame Doktor Martinus und seine bienenfleißige Hausfrau Käthe – die er schon bald nach ihrer Hochzeit verbal zu seiner *Domina* befördert hatte – oftmals nicht, wie sie die Ausgaben für die Nahrungsmittel bestreiten sollten, aber diese Art Not machte erfinderisch. Sie waren bereits seit 10 Jahren verheiratet, als die Idee entstand, für das Jahr 1535/36 einmal jeden Ausgabeposten zu notieren. Diese nicht ohne Selbstironie so bezeichnete „Wunderliche Rechnung gehalten zwischen Doctor Martin und Kethen" (92/29) lässt uns wissen, welche Nahrungsmittel zu kaufen waren:

Korn, Gerste, Hopfen, Hafer, Heu, Weizen, Mehl, Wein, Bier Erbsen, Hanf, Flachs, Grütze, Graupen, Reis, Hirse, Zucker, Gewürz, Safran, Obst, Kraut, Kohl, Möhren, Rüben, Zwiebeln, Mohn, Petersilie, Kümmel, Ochsen, Schweine, Gänse, Enten, Hühner, Vögel, Tauben, Eier, Butter, Salz, ... gedörrte und frische Fische, Fleisch von der Fleisch-Bank, Brot, Semmeln ...

Diese Liste änderte sich dann wesentlich durch den Erwerb eines größeren Gartens und eines Landgutes. Das ermöglichte weitgehende Selbstversorgung, die vor allem Katharina, ihren Mägden und dem Diener oblag.

Mehrere Gärten – der größte seit 1544 draußen, nordöstlich von Wittenberg, an der so genannten Specke, und einer gleich hinter ihrem Domizil – lieferten Äpfel, Birnen, Pfirsiche, Süßkirschen (Luthers Lieblingsobst), aber auch die gängigsten Gemüsearten und Gewürzpflanzen. Aus dem Teich „An der Specke" kamen Karpfen, Barsche und Hechte frisch auf den Tisch. Ergänzt wurde dies durch diverse landwirtschaftliche Erzeugnisse vom Feld: Kohl, Möhren, Bohnen, Rüben, Erbsen, Roggen, Weizen usw. Und aus dem Stall: Hühner, Eier, Schweine, Ziegen und Rinder, außerdem Milch sowie selbst erzeugte Butter und Käsesorten. Dies alles von ihrem Gut Zulsdorf bei Leipzig, dessen „Chefin" Katharina war.

Wie vielseitig damals allein das Schwein für die Ernährung genutzt wurde, das diesbezüglich alle anderen Haustiere übertraf, zeigt eine wissenschaftliche Untersuchung, die erklärt, dass „außer seinem derben Fleisch, Speck und Schmer, tatsächlich alle Weichteile, selbst die Schwarte gegessen und auch das Blut, das bei anderen Haustieren ungenießbar ist, verwendet wird. Außer Ohren, Rüssel, Füßen, Lunge, Milz, Magen usw. kommt allein die Wurst in Betracht." 95/291 f.

Neben den umfangreichen Garten- und Landarbeiten fand Luthers Domina noch die Zeit, aus Gerste und Hopfen ihr eigenes Wittenberger Bier zu brauen sowie aus Roggen und Weizen auch hauseigenes Brot zu backen.

Damit waren praktisch die Ernährungsgrundlage und ein vielseitiger Speiseplan gesichert.

Doch wie sah er aus? Was stand tatsächlich auf dem Frühstücks-, Mittags- und Abendbrottisch der Luthers und ihrer Gäste?

*

Wir wissen das en détail nur indirekt aus den – allerdings zuverlässigen – Berichten über die allgemeinen Essgewohnheiten ausgangs des Mittelalters. Von daher ist es möglich, auf jene der Luthers zu schließen, da sie kein vom Alltag des Volkes abgehobenes Leben führten.

„Während die Adligen köstliche Mahle halten, leben die Bürger sehr mäßig. Die Arbeitenden essen viermal, die Nichtstuenden zweimal des Tages. Geringes Brot, Haferbrei und gekochte Bohnen bilden die Speise der Bauern; Wasser oder Molken ihren Trank. Die Sachsen backen Weißbrot, trinken Bier, ihre Speise ist schwer und ungeschickt; Speck, trockene Würste, rohe Zwiebeln, gesalzene (ungeseihte) Butter. Vielfach wird am Sonntag gekocht, was die Woche hindurch dann gegessen wird. Die Kinder werden dort nicht ... mit Brei und Mehl ernährt, sondern mit fester Speise, die in das Kindermündchen gesteckt wird, nachdem sie von der Wärterin gut vorgekaut ist ..." 94/87

J. Kuczynski weist in seinem fundierten Werk „Geschichte des Alltags des deutschen Volkes" (93) darauf hin, dass aus den wenigen Dokumenten über jene Zeit, die von den Essgewohnheiten berichten, der Eindruck entsteht, dass das herrschaftliche Gesinde (Mägde, Knechte, Diener) nicht selten besser gegessen habe als die einfachen Bauern.

Da bei den Luthers bei Tisch nicht sortiert wurde zwischen „Herrschaft" und „Gesinde", scheinen die Untersuchungen „Über das Gesindeessen auf den Domänen der kursächsischen Herrscher" (93/313) anwendbar zu sein auf die Tischsitten der Luthers: „Die Speiseordnung war folgende: An den Fleischtagen – Sonntag,

Dienstag, Donnerstag – gab es zu Mittag eine Suppe, ein Essen Fleisch, ein Essen Zugemüse. Als Ersatz für Fleisch galten Eierspeisen, Hering, Stockfisch, Halbfisch, Grünfisch. An allen übrigen Tagen der Woche gab es zu Mittag zwei Essen, abwechselnd Erbsen oder Hirse mit Rüben oder Kraut. Zum Frühstück gab es eine warme Konventsuppe [nach Vereinbarung] und ein paar Frönerbrote ... und im Sommer Käse, im Winter einen Hering. Zur Vesperzeit gab es ein paar Frönerbrote und Hering. Das Abendbrot war warm und bestand aus zwei Zugemüsen; das eine von Heidegrütze oder Hafergrütze, Gerste, Graupen; das zweite von Möhren, gebackenem Obst, welke oder weiße Rüben. Zu den Mahlzeiten wurden Molken und Buttermilch getrunken, außerdem ... ein leichtes Bier genugsam ... Nach Gelegenheit der Zeit waren die Zugemüse mit grünem Kraut, Obst, Schwämmen [Pilze] zu vermehren und zu verbessern. An hohen Festtagen gab es etwas Besseres: Braten, Kuchen, Fladen [flacher (Honig-)Kuchen] und ziemlich Bier ..." Ebenda

Was nun Luthers *Domina*
daraus so alles gezaubert hat,
das mundete Kind und Kegel
und machte alle satt!

*

Martin Luthers Essgewohnheiten waren bescheiden, wie er uns selbst verrät: „An Delikatessen finde ich keinen Geschmack. Ich lobe mir eine reine, gute Hausspeise." 46/136

Hering mit Erbsen war sein Leib- und Magengericht. Ansonsten galt für ihn: „Ich esse, was ich mag und sterbe, wann Gott will." Ebenda

Und damit das nicht vor der Zeit geschehe, empfahl er sich (und allen anderen) Mäßigung: „Ein Christ soll auch im Essen und Trinken seinen Leib mäßigen und nüchtern halten und ihn nicht mit übermäßigem Fressen und Völlerei beladen und verderben ..." 36/97

Summa summarum hielt sich Doktor Martinus an die weise Empfehlung seines altgriechischen Vertrauten Sokrates:

> „Wir leben nicht, um zu essen,
> wir essen, um zu leben!" 82/171

„Das Essen", so meinte der französische Philosoph Montesquieu, „ist einer der vier Zwecke des Daseins. Welches die drei anderen sind, darauf bin ich noch nicht gekommen." 70/212
Das galt für Martin Luther nicht, auch wenn man das dem wohlgenährten Hausvater nicht ansah.

ERZIEHUNG

„Niemand kann mit Schlägen die Erziehung eines Kindes erzwingen. Den man zum ehrenwerten Menschen bilden kann, für den hat ein Wort dieselbe Wirkung wie ein Schlag." 90/91
Das sagte Walther von der Vogelweide rund drei Jahrhunderte bevor Martin Luther zu Wort kam und trotz Schlägen zu einem höchst ehrenwerten Menschen wurde.

*

Wenn wir Heutigen erfahren, wie unbarmherzig im Mittelalter in Elternhaus und Schule oftmals erzogen wurde und wie hart man Kinder bestrafte, dann kommen einigen schnell solche Vokabeln wie *inhuman* und *grausam* über die Lippen.
Dabei wird allzu leicht vergessen oder verdrängt, was heutzutage jeder im Internet (siehe z. B. wikipedia.org/wiki/Kindesmisshandlung) über dieses traurige Kapitel der Gegenwart nachlesen kann.

In Deutschland gilt nach dem Gesetz seit dem Jahre 2000 jede körperliche Bestrafung eines Kindes – unabhängig von der Härte – als eine körperliche Misshandlung.
10 bis 15 % aller deutschen Eltern setzen ihre Kinder häufig und schwerwiegend

einer körperlichen Misshandlung aus. Jährlich müssen rund 25 000 Heran-
wachsende im Alter von 12 bis unter 18 Jahren zum Schutz vor Misshandlungen durch ihre Eltern in die Obhut des Staates übernommen werden.
Rund 1 500 000 Kinder unter 12 Jahren sind einer Hochrechnung nach
Zahlen des Statistischen Bundesamtes von schweren Züchtigungen (körperliche Bestrafungen und seelische Verletzungen) oder Misshandlungen durch
ihre Eltern betroffen.

„Wissenschaftliche Untersuchungen haben inzwischen jedoch
gezeigt, dass diese keineswegs die erwünschten positiven Folgen
hatten, dass sie im Gegenteil beim Kind Angst und Unsicherheit
erzeugen ... Die Reaktionen nach außen sind Trotz und Hass-
gefühle, die dann häufig zu einem feindseligen Misstrauen
gegen die Außenwelt führen." 91/5343

*

Vor diesem Hintergrund relativiert sich manches, was wir von
Martin Luther selbst über seine Erziehung als Heranwachsender
erfahren haben. Das macht es aber auch nicht besser.
Seine Eltern hätten ihn so hart erzogen, dass er dadurch ganz
schüchtern geworden sei, und seine Mutter habe ihn einmal
wegen einer einzigen Nuss so geschlagen, dass ihm das Blut
gekommen sei. „Durch ihre strenge Erziehung trieben sie mich
schließlich ins Kloster, wiewohl sie es herzlich gut mit mir
meinten." 75/135
Allgemein empfahl Doktor Martinus Folgendes zur Kindererziehung: „Das sollen Eltern wissen, daß sie Gott, der Christenheit,
aller Welt, sich selbst und ihren Kindern kein besseres Werk
und Nutzen schaffen können, als wenn sie ihre Kinder gut er-
ziehen ... So ist wiederum die Hölle nicht leichter verdient, als
an seinen eigenen Kindern; können auch nicht leicht ein schädlicheres Werk tun, als daß sie die Kinder vernachlässigen, sie
fluchen lassen, schwören, schändliche Worte und Liedlein lehren und sie nach ihrem Willen leben (lassen)." 1/II 169
Und zu der Frage, wie nach seiner Auffassung richtig zu strafen
sei, meinte er im Alter: „Man muß so strafen, daß der Apfel bei

der Ruten sei. Es ist übel, wenn Kinder und Schüler zu Eltern und Lehrern den Mut [das Vertrauen] verlieren." 36/47

Gute Worte und Strafe sollten zusammengehören, meinte der gestrenge Herr Papa. Man müsse freundlich sein zu den jungen Menschen, nichtsdestotrotz aber daneben auch immer im richtigen Maße strafen. (31/293) Und er kommt zu der wesentlichen Erkenntnis: „Man muß Kinder stäupen, aber gleichwohl soll man sie auch lieb haben." 41/33

Sein Rat an das starke Geschlecht lautet: „Ein Vater soll sein Kind strafen wie ein Richter, lehren wie ein Doktor, ihm predigen wie ein Pfarrer oder Bischof." 36/47

Martin Luther vertrat auch die Meinung, dass man beim Strafmaß sehr wohl differenzieren müsse; man solle das Maß der Strafe vom Maß des Vergehens abhängig machen. „Diebstahl soll man den Kindern nicht hingehen lassen, aber doch Milde walten lassen, wenn es sich um Kirschen und Äpfel handelt. Solche Kinderreien sind nicht so streng zu bestrafen. Wenn man aber Geld, Röcke, Kasten [Geld- und Schmuckbehältnis] will angreifen, da ist Zeit zu strafen." 36/49

Keinesfalls aber soll man Kinder durch Essen- und Getränkeentzug strafen (was nach seiner Erfahrung damals eben auch praktiziert wurde).

Aber er führte auch extreme Ansichten zur Kindererziehung ins Feld. Der weise israelische König Salomo habe gesagt: „Züchtige deinen Sohn ..., aber laß deine Seele nicht bewegt werden, ihn zu töten." 31/293

Dazu lesen wir bei Luther selbst: „Ich will lieber einen toten Sohn, denn einen ungezogenen haben. Paulus hat nicht umsonst gesagt, daß ein Bischof ein solcher sein müßte, der seinem Hause wohl vorstünde und seine Kinder gut erzöge, damit andere sich daran erbauten und nicht ärgerten ... und unsere aus der Art geschlagenen Kinder sind anderen zum Ärgernis ... Daher müssen sie gezüchtigt werden, und man darf nicht durch die Finger sehen [nicht Nachsicht üben]". 36/48 f.

Die prinzipiell harte Erziehung Martin Luthers im Elternhaus setzte sich dann – mehr oder weniger – auch beim Besuch der fünfjährigen Mansfelder Lateinschule, der einjährigen Ordensschule in Magdeburg und der dreijährigen Pfarrschule zu St. Georgen in Eisenach fort, denn ein Teil der Lehrer sei dort so grausam gewesen wie die Henker. 31/293.

Der Reformator hat später kein gutes Wort über die „Teufelsschulen" gesprochen, die von „Tyrannen und Stockmeistern" beherrscht wurden. Er bezeichnete diese Schulen als „Hölle und Fegefeuer, in der wir gemartert wurden mit casus und tempora und wir doch nichts und ganz und gar nichts gelernt haben mit soviel Prügeln, Zittern, Angst und Jammer." 24/97

Und zum Beweis führte er eines von vielen Beispielen an: „Auch ich wurde einmal vormittags fünfzehn Mal ohne alle Schuld geschlagen; ich sollte deklinieren und konjugieren und hatte es nicht gelernt." 31/293

Wie sich zeigt, enthält Luthers reformatorisches Gesamtwerk auch viele wichtige pädagogische Ideen und Forderungen, die teilweise noch heute auf der Tagesordnung stehen! Fazit:

> Erziehung war in früherer Zeit
> eine knüppelharte Angelegenheit.
> Wir wissen das vom kleinen und vom großen Luther,
> und trotzdem fand er es in Butter,
> verabreichte man die (un)pädagogischen Hiebe
> mit wohldosierter Liebe. mawo

EUNUCHENNOT

Nichts Menschliches war dem Martin Luther fremd, und so ließ er bei seiner der Welt zugewandten Art kaum ein Thema aus – auch nicht die Not der Eunuchen, also der kastrierten und somit zeugungsunfähigen Männer.

In seinem Umfeld gab es einen mittelalterlichen Mann, der hatte sich in jungen Jahren verschneiden lassen, bereute es nun und wandte sich in seiner sexuellen Not an Doktor Martinus, der in seinem Wittenberger Domizil eine Art Sexual- und Eheberatungsstelle nebenbei und kostenfrei unterhielt.

Als Bibelübersetzer beherrschte er das Griechische und wusste von daher, dass solcherart präparierte Männer schon Jahrhunderte vor Christi Geburt in den arabischen Ländern als Haremswächter ihren Dienst verrichtet hatten und vor allem mit der diffizilen Aufgabe betraut worden waren, die schon seinerzeit beliebte Sportart des Seitensprunges, die die Ehefrauen einflussreicher Sultane und Kalifen mit Hingabe betrieben, möglichst zu verhindern oder wenigstens in dezenten Grenzen zu halten.

Klar war Professor Luther auch schon seit Langem, weshalb man diese entmannten Männer als Eunuchen bezeichnete, denn dieses griechische Wort bedeutet nicht anderes als „Betthüter"!

Dem geplagten Manne vermochte er freilich nicht zu helfen, und auch sein Kommentar tröstete ihn wohl kaum: „Eunuchen brennen mehr als alle, denn mit der Verschneidung vergeht nicht das Verlangen, sondern nur das Können. Ich wollte mir lieber zwei Paar ansetzen, als eins ausschneiden." 14/149

FEHLTRITT

Martin Luther war unzweifelhaft ein äußerst bescheidener Mensch. Längst hatte es sich herumgesprochen, dass er alle seine Schriften ohne Honorar veröffentlichte, für seine Predigten kein Geld nahm und jede seiner Vorlesungen an der Wittenberger Universität unbezahlt hielt. (Ausführungen zu seinen Einnahmen siehe: 75/61 ff.!)

Sehr zum Verdruss seiner *Domina*, die als perfekte Hausfrau schon bald zu spüren bekam, dass sich die Großzügigkeit ihres

Herrn Doktor umgekehrt proportional zum Inhalt ihrer Haushaltskasse verhielt.

Das wertvollste an der Hochzeit seien die Geschenke! Einen so materialistischen Gedanken findet man bei Luther nirgendwo geschrieben, gesprochen und bestimmt nicht einmal heimlich gedacht. Auch seiner Käthe war es nicht in den Sinn gekommen, deshalb ihren Martin zu heiraten. Trotzdem dachte sie über materielle Geschenke anders als ihr Göttergatte. Ein Geschenk müsse zwei Eigenschaften haben: nutzlos solle es sein und kostbar zugleich. Martinus hatte darauf nicht geantwortet; er handelte auch weiterhin nach seiner Maxime: „Reichtum ist das allergeringste Ding auf Erden; die kleinste Gabe, die Gott einem Menschen geben kann." 36/III

Und Geldgeschenke, meinte einer seiner Gäste, seien ohnehin phantasielos, insbesondere die kleinen. Auch das ließ Doktor Martinus unkommentiert.

Als die entlaufene Nonne und der geächtete Mönch am 13. Juni 1525 geheiratet hatten, nahmen sie selbstverständlich, nachdem die Aufregung vorüber war, die Geschenke zur Eheschließung genauer unter die Lupe. Schon bald zogen dunkle Wolken und das erste Ehegewitter über dem *Schwarzen Kloster* auf.

„Die Universität hatte einen Silberbecher, der Wittenberger Rat 20 Gulden [umgerechnet rd. 300 €] und ein Faß Einbecker Bier gestiftet ..." (12/459), so Luther später.

Von ihrem neuen Landesherrn, Kurfürst Johann, waren 100 Gulden [rd. 1500 €] als Hochzeitsgeschenk eingegangen und für die Zukunft – anstatt der 100 Gulden – ein monatliches Gehalt von 200 Gulden fest zugesagt.

Gespannt war Martin Luther darauf gewesen, wie sich der erklärte Reformationsgegner, sein Vorgesetzter und Intimfeind, der Mainzer Kurfürst und Magdeburger Erzbischof Albrecht, den er hinter vorgehaltener Hand schon mal als „Scheißbischof" tituliert hatte, aus der Affäre ziehen würde: Er tat es mit viel beachteten 20 Gulden!

Für die junge Ehefrau hatte dieses überwältigende Geldgeschenk die Eigenschaft „kostbar", auch wenn es zwangsläufig mit ihrem ersten „Fehltritt" in der blutjungen Ehe verbunden sein würde.

Von dem prinzipientreuen Ehemann erhielt es das Prädikat „nutzlos".

Doktor Martinus lehnte das Geld rundweg ab, denn für ihn galt noch immer der Spruch des altgriechischen Dichters und Schatzmeisters Sophokles: „Das Geschenk des Feindes ist keines und bringt auch keinen Gewinn." 70/348

> Katharina, die rechnende Hausfrau
> ließ den lieben Martinus einen frommen Mann sein
> und verleibte das Geld (hinter seinem Rücken)
> ihrer kleinen Familienkasse ein! mawo

FLUCHTMOTIV

Mit Martin Luthers 1520 veröffentlichter Schrift: „Von der Freiheit eines Christenmenschen" begann der aufklärerische Odem auch durch das sächsische Nonnenkloster Marienthron zu wehen.

Dieser frische Wind öffnete schließlich – mit indirekter Beihilfe des Reformators und aktiver Fluchthilfe seines Torgauer Freundes Leonhard Koppe – auch für Katharina von Bora und weitere acht der *Bräute Christi* die mittelalterlichen Klosterzellen in eine freie Welt mit einem ungewohnt aufregenden Leben.

Alle ihre Namen sind uns heute noch bekannt. Sie hießen: Ave Grosse, Ave und Margarethe von Schönfeld, Elisabeth von Canitz, Laneta von Gohlis, Magdalena von Staupitz sowie Margarethe und Verena von Zechau.

Ob später Martin Luther oder seine Gemahlin zuerst auf die Idee gekommen ist, so etwas wie ein Ex-Nonnen-Treffen in ihrem Wittenberger Domizil, dem *Schwarzen Kloster,* zu veranstalten, weiß Gott allein. Jedenfalls hatten sich acht Leute zu einer mun-

115

teren Schnatterei um den großen Stubentisch zusammengefun-
den, und einer der ständig verfügbaren Mitschreiber notierte
diesen Dialog (14/151): „Doktor Lutherus fragte: *Laneta, wollt ihr
wieder ins Kloster und Nonne werden?* Sie antwortete erschrocken,
derweil die anderen kicherten: *Nein, nein! Um Gottes willen!* Die
Frau Lutherin wollte wissen: *Warum willst du denn nicht wieder
zurückgehen?* Darauf antwortete der Herr Doktor: *Und ich frage,
warum die Frauen nicht wieder Jungfrauen werden möchten!* Da
schwiegen alle still und hörten auf zu lachen." Ebenda

GEWOHNHEITEN

Johannes Mathesius, einst Student in Wittenberg, dann Rektor
der Lateinschule und Pfarrer in Joachimsthal, während seines
zweiten Studiums Tischgenosse der Luthers, hielt später 17 Predigten über das Leben des Reformators, die im Jahre 1566 zusam-
mengefasst als erste Lutherbiographie veröffentlicht wurden.
Mathesius war also einer jener beneidenswerten Köpfe, die Martin
Luther noch persönlich erleben und über ihn berichten durften.
Er ist auch der Verfasser der folgenden anekdotischen Erzählungen über Luthers Leben in der Altersperiode.
„Obwohl er in seinem Alter Schwachheit und Schwindels halber
oft mußte daheim bleiben, feiert er doch nicht ... Sonst ging er
gern zur Kirche und trug allezeit ein Buch bei sich; denn es kam
ihm das Beten, wie er sich vernehmen ließ, in der Gemein[d]e
viel sänfter an, denn im Hause. Seinen Stuhl hatte er beim hohen
Altar, doch wenn man predigte, trat er in die Universitätsstühle
und hörte fleißig und mit Andacht zu. Auf eine Zeit fuhr er über
Land an einem Sonntag, und wie man in einem Dorf zur Predigt
läutete, stieg er mit seinen Gefährten ab und ging zur Kirche
und höret die ganze Predigt aus. Auf dem Wege redete man
über die Predigt. Über das ging er auch oft zur Beichte und hei-
ligem Abendmahl, tröstete sich in Anfechtungen herzlich seiner

Absolution. Er wartete auch allweg [allemal] in der Kirche, bis alles aus war. Obwohl er einen ziemlichen Leib hatte, aß und trank er wenig und selten was Besonderes; ließ sich an gemeiner Speise genügen. Auf den Abend, wenn er nicht wohl schlafen konnte, mußte er ein Schlaftrünklein tun, wie er sich deswegen oft entschuldigte: ‚Ihr jungen Gesellen, unserem Kurfürsten und mir altem Mann müßt ihr ein reiches Trinklein zugute halten; wir müssen unser Polster und Kissen im Kännlein suchen.'" 41/231 f.

GUTSBESITZER

Die Luthers führten ein offenes Haus, und viele hungrige Mäuler wollten bei Tisch gestopft sein. An einen Supermarkt war noch nicht zu denken. Selbstversorgung war angesagt.

Die Lutherin wünschte sich seit Langem etwas Landbesitz, aber nahe Wittenberg war nichts aufzutreiben. Als sich 1540 die Gelegenheit bot, das Gut Zulsdorf bei Lippendorf zu erwerben, wo Katharina von Bora – unweit von Leipzig – geboren worden war, da griff Martin Luther zu, kratzte an die 600 Gulden zusammen, erhielt von seinem Landesfürsten noch einmal 600 Gulden dazu (Summa summarum also umgerechnet rund 18 000 €), ließ das Gutshaus renovieren, schenkte das Anwesen seiner Frau – auch für ihre Altersabsicherung – und machte sie so doch noch zu einer glücklichen Gutsbesitzerin.

Schon bald hatte sie dem toten Inventar Leben eingehaucht. Eine stattliche Anzahl Rinder, Schweine, Ziegen, Nutzgeflügel und sogar Pferde bildeten den Tierbestand, über dessen Produkte und Leistungen sich die vielköpfige Familie samt Tischgästen im 100 km entfernten Wittenberg immer aufs Neue freute.

Von da an titulierte Doktor Martinus seine bienenfleißige Haus-, Hof-, Garten- und Landfrau mit „Die gnädige Frau von Zulsdorf" und gelegentlich noch avancierter als „Ihro Gnaden Frau von Bora und Zulsdorf". 59/126

HILFSBEREITSCHAFT

Ein namenloser Weiser, der lange Zeit nach Martin Luther lebte, meinte einmal: Menschen zu helfen, sei doch der einzig wirkliche Gottesdienst, den es gibt. Mit nichts sonst könne der Mensch Gott einen Dienst erweisen! Luther kannte diesen Mann natürlich nicht, und wir wissen logischerweise auch nicht, ob er ihm zugestimmt hätte. Aber hat er nicht ständig nach dessen Maxime gehandelt? Das müssen wir uns fragen, wenn wir die folgenden exemplarischen Anekdoten durchdenken.

*

Menschen aus allen Schichten des deutschen Volkes, aber auch anderer Völker, fanden in dem offenen Haus des Reformators in Wittenberg Unterkunft, Bewirtung oder Asyl.

Ein österreichischer Pfarrer wurde in seiner Heimat als Lutheraner verfolgt. Nachdem er bereits sieben Monate bei den Luthers kostenfrei Zuflucht gefunden hatte, bat er, um seinem Gastgeber nicht länger auf der schmalen Tasche liegen zu müssen, eine Bekannte in seinem Land um eine milde Gabe. Als Luther davon erfuhr, schrieb er an die Frau: „Es ist nicht notwendig, daß Ihr ihm etwas schickt, so er doch bei mir wohl haben mag, was nötig ist, was ich ihm befohlen habe zu fordern. Dennoch ist er vor mir scheu, daß ich es ihm muß aufdringen, was er bedarf." 41/201

*

Man könnte das *Schwarze Kloster* beinahe als Studentendomizil bezeichnen. Die Studierenden gehörten dazu, wie die Bibel zu Luther. Eines Tages haute wieder einmal ein Studiosus seinen gastgebenden Professor um ein kleines Reisesalär an. Wie schon so oft, hätte er sich auch diesmal – wie weiland Lukas in der biblischen Erzählung (Lk 17,11–19) – als barmherziger Samariter gegeben, doch seine Schatulle war leer. Als er aus der hauseigenen Geschenksammlung einen Silberbecher hervorkramt, wird seine Göttergattin missmutig. Luther aber drückt den wertvollen

Becher kurzerhand zusammen „und gibt ihn dem Studenten, damit er ihn beim Goldschmied zu Geld machen kann". 38/92

*

Im Februar 1532 ging das Arbeitsverhältnis von Luthers fleißigem, demütigem und treuem Diener Johannes Rischmann zu Ende. Weil sich der Reformator zu dieser Zeit dienstlich in Torgau aufhielt, bat er seine „herzliebe Hausfrau Katherin Lutherin" (9/251) brieflich, sie möge es bei der Verabschiedung des frommen Dieners an nichts mangeln lassen, weil er, wie es sonst Usus war, am Ende nicht neu eingekleidet worden, aber doch sonst ein gottgefälliger Mann sei. Dann war dem lieben Martinus die Sache wohl doch nicht ganz koscher vorgekommen, denn er schrieb weiter: „Ich weiß wohl, daß wenig da ist, doch ich gäbe ihm gerne 10 Gulden [umgerechnet rd. 150 €], wenn ich sie hätte. Aber unter 5 Gulden sollst du ihm nicht geben. Was du darüber hinaus geben kannst, das tue, da bitte ich darum!" 27/X 231

*

Not lehrt betteln, sagt ein altes Sprichwort, und so mancher arme Student, der bei Luther anklopfte, war ein gelehriger Schüler. Oftmals war es Doktor Martinus auch selbst. Dann schrieb er (Bettel-)Briefe, beispielsweise diesen an den Stadtrat in Wittenberg: „Liebe Herren, es muß dieser arme Geselle aus Hungers wegen davon. Er hat keine Zehrung wie die anderen; weil er aber ein frommer, gelehrter Student ist, muß man ihm helfen. Ihr wisset, daß ich gern gebe, ohne daß ich viel habe, doch ich kann nicht alles erschwingen. Deshalb wollt ihm 30 Gulden [rund 450 €] geben; wenn nicht so viel da ist, gebet 20, so will ich 10 geben." Und mit tröstender Hoffnung hatte er als P. S. vermerkt: „Gott wird's wohl wiedergeben." 41/164

*

Martin Luther besuchte seit seinem 15. Lebensjahr die Pfarrschule zu St. Georgen in Eisenach, die in einem guten Ruf stand. Bis dahin hatte er während seiner Schulzeit überwiegend Angst und Schrecken verbreitende Prügelpädagogen kennen gelernt.

Eine der wenigen Ausnahmen war sein Eisenacher Lehrer Wiegand Güldenapf, der später seine kleinen Brötchen als Pfarrer in Waltershausen verdiente. Aus dieser Zeit stammt auch eine vertragliche Vereinbarung über eine Art Altersruhegeld, welcher der Kurfürst von Sachsen höchstpersönlich zugestimmt hatte.

Später kam der brave Mann (wir würden heute sagen, als „Pensionär") unverschuldet in materielle Not. Da entsann er sich seines mittlerweile berühmt gewordenen Schülers und bat Martin Luther, der inzwischen in Acht und Bann geschlagen worden war, ihm zu helfen.

Obwohl der Reformator – wie fast immer – bis über beide Ohren in Arbeit steckte, setzte er sich postwendend hin und schrieb „Euer Fürstlichen Gnaden" (E. F. G.), dem Kurfürsten von Sachsen, einen Brief, um dem Ex-Lehrer zu seinem bescheidenen Ruhegehalt von jährlich 30 Gulden zu verhelfen. „Nun gibt es Schwierigkeiten", schreibt Luther weiter, „so daß ihm dieses Geld nicht [zuteil] wird ... Deshalb muß der arme alte Mann so um seine Nahrung laufen. Weil es denn mein Schulmeister gewesen und ich wohl schuldig wäre, ihm alle Ehre zu tun, bitte ich E. F. G. gar untertänig, E. F. G. wollen meinem Schulmeister solch ihm zustehndes Geld nicht verfallen lassen, sondern ihm gnädiglich dazu verhelfen, daß er in seinen alten Tagen nicht betteln gehen müsse. Hiermit Gott befohlen, Amen." 27/X 168

*

Martin Luther predigte nicht nur Nächstenliebe, sondern er lebte sie auch vorbildlich als tätige Hilfsbereitschaft. Beide waren für ihn Evangelium gewordene Zwillingsschwestern.

Er war sowohl ein Mann des Wortes als auch der Tat und blieb darin seiner eigenen Forderung treu: „Achte nur darauf, was Christus für dich und für alle getan hat; damit du auch lernst, was du für andere zu tun schuldig bist!" 70/687

Von der Gesamtausgabe der so genannten Luther-Bibel (Altes und Neues Testament) wurden im Laufe der Zeit um die 100 000 Exemplare verkauft. Die Kommerzmenschen hatten schon bald ausgerechnet, dass das dem Bibelprofessor etwa 5 000 Gulden (umgerechnet etwa 75 000 €) eingebracht hätte. Das Erstaunliche liegt im Konjunktiv, denn Doktor Martinus lehnte – zum Ärger seiner Frau Käthe – für *alle* seine Publikationen die Honorare ab. Mehr noch: Als ihn 1540 – es war kurz vor Bartholomäi – jemand zu Hause aufsuchte, um sich eine Stelle in der Bibel peinlich genau auslegen zu lassen, riet die Lutherin, sich scherzend an ihren Herrn und Gebieter wendend: „Herr Doktor, lehrt sie nicht ständig umsonst. Sie schreiben gleich alles mit (und machen's dann zu Geld)." (14/32) Darauf Luther: „Ich habe 30 Jahre gratis gelehrt und gepredigt. Warum sollte ich jetzt, da ich alt und schwach bin, damit Handel anfangen. Ich bin kein theologischer Schankwirt!" Ebenda

Ob er denn für nichts und wieder nichts arbeite, wurde er später einmal gefragt, und hat darauf geantwortet: „Ich habe ein Leben lang kein Manuskript verkauft oder als Professor eine Vorlesung für Geld gehalten. Den Ruhm will ich bei Gott mit ins Grab nehmen." 1/XXII 489

Martin Luther gehörte nicht zu denen, die öffentlich Wasser predigen und heimlich Wein trinken!

LEBENSBERATUNG

Martin Luther war vieles auf einmal, auch ein oft und gern von Christen und Nicht-Christen in Anspruch genommener Berater für schwierige Lebenssituationen.
Seine Antworten gab er mündlich vor Ort im Wittenberger Augustinerkloster – wo er seit 1511 wohnte – oder schriftlich per Post.

Dabei fand er zumeist eine passende Lösung, auch dank seines allwissenden Vaters im Himmel. Aber Gottes Allmacht reichte wohl nicht aus, um seinem gehorsamen Diener bei jedem Kleinkram Beistand leisten zu können (schließlich hat auch ein Himmelstag nur 24 Stunden!).

Das Dilemma ist aus Luthers Zeilen herauszulesen, die er im Jahre 1524 an seinen Mitstreiter Martin Brucer schrieb: „Ich kann kaum alle Briefe bestreiten [beantworten], so viel Sachen und Fälle liegen bei mir auf dem Halse ..." 78/95

Einer dieser „Fälle" war der eines Wittenberger Organisten, der ihm seine „Sache" mündlich vorgetragen hatte. Ihn plagte seit Langem eine verteufelte depressive Melancholie.

Der Hausherr fragte, wie sich das äußere. Der Ratsuchende nannte Appetitlosigkeit, Unlustgefühle, Grübelneigung, gedrückte Stimmung, ja sogar Selbstmordgedanken und wollte nun von dem hochgestellten Gottesmann wissen, was er ihm rate.

Doktor Martinus hatte für diesen schweren Fall eine scheinbar leichte Empfehlung: „Guter Mann, greif hinein in dein Klavier! Etwas Besseres weiß ich dir nicht zu raten!" 26/338

LEIDEN

Martin Luthers Leben war Glaube, Arbeit und Leiden. Selbst wenn diese verknappte Formulierung riskant erscheint, macht sie doch den brisanten Stellenwert seiner Krankheiten erkennbar.

Die Geschichte seiner schweren Erkrankungen beginnt mit dem Jahr 1521 (also der Zeit seines Auftretens vor dem Reichtag in Worms sowie des Wartburg-Asyls) und endet mit seinem Tod 1546; ein Vierteljahrhundert fast permanenten Krankseins. Eine solche Anamnese kann hier nur stichpunktartig dargestellt werden, indem Wesentliches aus dem fundierten Werk eines Arztes unserer Zeit partiell referiert wird.

(Der weitergehend interessierte Leser sei auf die Quelle 30: „Luthers Leiden. Die Krankengeschichte des Reformators" verwiesen.)

Seit 1515: allgemeine Erschöpfungszustände durch Überanstrengungen;

Seit 1518: an Heftigkeit zunehmende Nieren- und Blasensteinleiden; am schwersten 1521, 1526 und 1537;

1521: sechsmonatige Verdauungsbeschwerden, Beginn der später zunehmenden vegetativen Verstimmungen;

Seit 1521: Herz- und Kreislauf- sowie Magen-Darm-Beschwerden mit extremer Hartleibigkeit; auch optisch-akustische Halluzinationen;

Seit 1523: nervöse Kopfschmerzen, die zunehmend heftiger und schließlich chronisch werden;

Seit 1526: zunehmende Koliken der ableitenden Harnwege;

Seit 1527: schwere Herzattacken, Schwächeanfälle, Drehschwindel-Anfälle mit Ohnmachten sowie Gehör- und Gleichgewichtsstörungen, epileptische Anfälle mit (Wein-) Krämpfen und Wälzbewegungen;

Seit 1529: schwere Mittelohrentzündung mit zeitweiliger Schwerhörigkeit;

Seit 1530: Unterschenkelgeschwüre mit folgenden offenen Beinen, zunehmend physische und psychische Erschöpfungserscheinungen, Niedergeschlagenheit und Resignation;

Seit 1533: Fettleibigkeit, Bluthochdruck, Gicht;

Seit 1535: verstärkt Nierenstein-Koliken, zunehmend Gichtanfälle (mit Schmerzen wie bei einem Hundebiss);

1536: mehrere Angina Pectoris-Anfälle, anhaltend heftige Nierensteinbeschwerden;

1537: eitrige Ohrenentzündungen, im Februar extreme Nierensteinkoliken mit einwöchigem Harnverhalten;

1538: lebensbedrohliche Ruhr;

Seit 1539: häufige Schwindelanfälle, beginnende Lebensmüdigkeit;

1541: Hals- und Nasenkatarrh, eitrig-blutige Mittelohrentzündung, starke Schwerhörigkeit;

Seit 1543: verstärkte Dauerkopfschmerzen;

    1545: Klagen über „Einäugigkeit" (sicherlich Grauer Star), Schwindel, Ohrgeräusche, Lebensunlust;

    1546: (Jan.): zunehmende „Erstickungsnot", Brustbeklemmungen (Angina Pectoris);

    (18. Febr.): in der 3. Stunde: Tod, wahrscheinlich durch Herzinfarkt, keine Obduktion.

*

Wie verhielt sich nun Martin Luther gegenüber seinen krankheitsbedingten Leiden?

Manchmal selbstironisch, wie am 8. September 1530 in einem Brief von der Veste Coburg an seine Frau, dabei seine Krankheiten und Arbeitsergebnisse relativierend: „Wer dir gesagt hat, daß ich krank sei, wundert mich fast sehr, und du siehst ja die Bücher vor Augen, welche ich schreibe ..." 30/108

Manchmal verzweifelt und betend, wie im März 1537 während der qualvollen Nierenstein-Attacken, einwöchigem Harnverhalten und Todesängsten: „O Herr, höre doch mein Seufzen und schreien und hilf mir!" 30/125

Manchmal klagend und hoffnungslos, wie fünf Jahre vor seinem Tod im Frühjahr 1541 in einem Brief an seinen Freund Melanchthon nach seinen schweren Hals-, Nasen- und Ohreninfektionen: „Ich fange an, etwas weniger taub zu sein, doch sehe ich, daß ich ein kalter und unnützer Cadaver bin, dem allein das Grab übrig bleibt." 30/133

Manchmal, wie am 26. Juni 1531 in einem Brief an den Pfarrer und Generalvikar Wenzeslaus Linck, wenn sich schwerste Leiden überlagerten und die Schmerzen potenzierten, beklagte er sich über seinen vermeintlichen Hauptquälgeist: „Mich peinigt der Satan mit verschiedenen Faustschlägen, so daß er meine körperliche Gesundheit unsicher macht und mich seine Nichtswürdigkeit behindert, obgleich es sehr viel zu schreiben und zu schaffen gäbe, daß ich nur sehr wenig tue und schreibe; das wird mich wohl in Kurzem noch töten." 30/180

Wenngleich Martin Luther fest davon überzeugt war, dass seine Leiden Teufelswerk und Gottesstrafe seien, so hat er doch – auch wenn in Wort und Schrift oft beklagt – seine Krankheiten mannhaft erduldet und (wie noch zu zeigen sein wird) mit bewundernswerter Kraft dagegen angearbeitet. Er selbst stellte fest: „Meine Leiden waren für mich eine gute Lehre; sie haben mich demütig gemacht." 37/125

Im Übrigen kann man dem Arzt Dr. Neumann – jüngster Verfasser von Luthers Krankengeschichte – nur beipflichten, wenn er feststellt: „Eine Darstellung Luthers aus medizinischer Sicht nimmt dem Reformator möglicherweise etwas von seinem Nimbus, schmälert aber nicht sein Werk. Daß er trotz seiner vielen schweren Krankheiten epochemachende Leistungen vollbrachte und ein neues Zeitalter einläutete, nötigt uns noch mehr Respekt und Achtung ab." Ebenda

*

Martin Luther steckte mit seiner breit gefächerten Skala an Krankheiten (physischen und psychischen, leichten und schweren, heilbaren und – damals – unheilbaren) in einem unlösbaren Dilemma, das sich aus dem damaligen Erkenntnisstand der Medizin ergab.

Es hätte, um seinen multiplen Leiden erfolgreich zu Leibe rücken zu können, des heutigen Niveaus der medizinischen Wissenschaft und ärztlichen Praxis bedurft.

Der mittelalterlichen Medizin aber fehlte – ganz wesentlich bedingt durch den niedrigen Stand der Naturwissenschaften – überwiegend das Wissen über den Aufbau des menschlichen Körpers (Anatomie) sowie dessen Funktionsweisen (Physiologie).

Das setzte der praktischen Heilkunst von Luthers behandelnden Ärzten, ihrer Diagnose und Therapie, also dem Erkennen und Behandeln seiner Krankheiten, enge Grenzen. Ihnen waren gleichsam die Hände gebunden: Sie wollten ihm subjektiv mit viel persönlichem Engagement helfen, doch ihnen fehlten objektiv die wissenschaftlichen Voraussetzungen. „Die mittelalterliche

Medizin", so der Wissenschaftshistoriker Prof. Störig, „war zunächst nicht wissenschaftlich, sie war Volksmedizin." (96/ I 216) Deren Praktiker seien Quacksalber aller Art und auch Kleriker [Priester] gewesen. Das Kräuterweib habe die rechten Mittel und Sprüche gekannt. Eine Unmenge von Arzneimitteln – teils aus uralter Volksweisheit, teils aus purem Aberglauben stammend – seien verwendet worden, ebenso wie (Wunder-)Heilmittel aus pflanzlichen und tierischen Stoffen. „Geistliche und Mönche, zunächst die einzigen Gebildeten, auch Nonnen, hatten einen wichtigen Anteil an der Bewahrung und Sammlung dieses medizinischen Wissens. In den Klostergärten wurden die Heilkräuter gezogen. Später verbot die Kirche zu wiederholten Malen die Ausübung der Heilkunst durch den Klerus, und diese ging langsam in weltliche Hände über. In der Einrichtung und Unterhaltung von Hospitälern behielten Orden und Klöster noch lange die führende Rolle." Ebenda

Das waren die Rahmenbedingungen, innerhalb derer Martin Luther für seine Leiden Hilfe erwarten oder sich selbst helfen konnte.

*

Welche alltäglichen Konsequenzen hatte das nun für den leidgeplagten Doktor Lutherus? Hier nur einige Beispiele.

Luthers Zuflucht von Mai 1521 bis März 1522 auf der Wartburg war sowohl eine reiche Schaffenszeit (vor allem Übersetzung des Neuen Testaments) als auch eine schmerzhafte Leidenszeit wegen seiner monatelangen Stuhlverstopfung und Hämorrhoidalbeschwerden, die heute mit modern Mitteln und Methoden relativ kurzfristig zu behandeln wären. Was bei dem geplagten „Junker Jörg" – so sein Deckname im „Reich der Vögel" – hinten nicht mehr ging, das floss ihm vorne wehklagend mit Tinte reichlich aus der Feder. So entstand seine eigene Anamnese für diese Zeit.

An seinen Freund Melanchthon schrieb er am 12. Mai: „Der Herr schlug mich mit heftigem Schmerz in der Posteriobus; mein

Stuhl ist so hart, daß ich gezwungen werde, ihn mit großer Kraft bis zum Schweißausbruch herauszustoßen. Je länger ich es aufschiebe, desto mehr verhärtet er sich. Gestern habe ich nach vier Tagen einmal ausgeschieden. Dadurch habe ich die ganze Nacht weder geschlafen, noch habe ich bis jetzt Ruhe. Bete – bitte! – für mich, denn dieses Übel wird unerträglich, wenn es so weiter-geht, wie es angefangen hat." 1/II 1 f.

An seinen Vertrauten Spalatin am 10. Juni: „Noch hat mich das Übel, das mich schon in Worms plagte, nicht verlassen; ja, es ist eher stärker geworden: ich leide an zu harten Exkrementen." 30/78

Und er betrachtet sich – typisch für derartige Situationen, weil er keine andere Erklärung finden kann – als von seinem Gott gestraft: „Wie noch nie in meinem Leben, leide ich unter hartem Stuhlgang, so daß ich an einer Heilung zweifle. Damit sucht der Herr mich heim, daß ich nicht ohne Kreuz lebe." 30/80

Von Spalatin erhielt er bald ein Naturheilmittel in Form von Aleopillen, wofür er sich Mitte Juli brieflich bedankte: „Ich habe nun alles erhalten und die Pillenmixtur nach Vorschrift versucht und bald darauf ohne Blut und ohne gewaltsames Pressen laxiert." 1/II 16

Der Pillenmix war nicht nachhaltig, denn schon am 31. Juli klagte er in einem Brief an Melanchthon erneut sein Leid mit bemerkenswerter Fehleinschätzung der wirklichen Ursache: „Meine Hartleibigkeit wird, wie ich sehe, andauernd und muß ich immer mit Mitteln nachhelfen; alle vier, ja alle fünf Tage habe ich nur einmal Stuhl. Ein merkwürdiger Magen." 30/81

Wie hilf- und hoffnungslos er seinem unerträglichen Leid ausgeliefert war, zeigt ein Brief vom 9. September an Spalatin: „Heut hatte ich endlich nach sechs Tagen Stuhl, aber so hart, daß ich mir fast die Seele auspresste. Nun sitze ich da mit Schmerzen, wie eine Wöchnerin: aufgerissen, verletzt und blutig und werde in dieser Nacht keine oder nur mäßige Ruhe finden ... Ich würde von allen Verletzungen heil sein, wenn ich nur leichten Stuhl hätte; denn wenn ich erst in vier Tagen wieder gehe, geht die Verletzung wieder von neuem beim Stuhle an. Noch bin ich schläfrig und träge, so daß ich mir sehr missfalle und verdrießlich bin." 1/II 8

Trotzdem vollbrachte Martin Luther in einer Zeit schlimmster körperlicher Qualen mit der Bibelübersetzung eine geistige Höchstleistung von Weltgeltung.

Am 7. Februar 1537 war der 54-jährige Reformator bei strengem Frost zu Verhandlungen mit den protestantischen Reichsständen in Schmalkalden eingetroffen. Schon einen Tag später plagte ihn eine Nierenstein-Kolik so heftig, dass er nicht daran teilnehmen konnte.

Als ab Mitte Februar ein achttägiges Harnverhalten einsetzte und auch „die Leibärzte der zu Schmalkalden versammelten Fürsten sein Schicksal nicht abzuwenden vermochten" (30/123), sah der todkranke Patient sein Lebensende gekommen und wünschte sich nur noch, im nahen Gotha oder fernen Wittenberg zu sterben. Die von den Ärzten nicht zu therapierenden Schmerzen müssen barbarisch gewesen sein, denn der Leidende rief aus: „Wenn nur ein Türke [damals Inbegriff seiner weltlichen Feinde] vorhanden wäre, der mich schlachtete, derweil ich doch mit starkem, gesundem Leibe in meinem eigenen Wasser verderben muß." 38/108

Bei den Methoden der behandelnden Ärzte war das kein Wunder, denn – so Luther selbst Jahre später in einer Tischrede: „Als ich in Schmalkalden darniederlag, reichten mir die Ärzte so viel Getränke, als ob ich ein großer Ochs wäre. Sie versuchten viele Mittel, saugten auch an den Schamteilen, und ich parierte, damit es nicht scheine, als wollte ich bei meiner Wiederherstellung etwas vernachlässigen. Unglücklich ist der Mensch, der von der Hilfe und dem Consil [Rat] der Ärzte abhängt ..." 30/126

Die ganze Prozedur war dann doch ohne Todesfolge abgegangen, denn die Reise nach Gotha auf holprigen Landstraßen in einem eisenbereiften, rumpeligen Wagen führte in Thambach zu spon-

tanem Urinlassen in großen Mengen und in der Nacht zum
1. März zum Abgang von sechs steinigen Quälgeistern.
Welch eine Erleichterung! Doch die Verfassung des Steinleiden-
den blieb desolat, wie Melanchthon am 3. März berichtete: „Ich
hörte, daß Luther zu Anfang ziemlich heiter war. Später litt er
wiederum recht lange unter Harnverhalt, aber gestern berichteten
sie, daß wieder Urin abgeflossen sei, aber nur beschwerlich. Die
Steinmasse scheint daran zu hindern, die wegen der allgemeinen
körperlichen Schwäche weniger mit Medikamenten bewegt werden kann, denn die Diarrhoe [Durchfall] hat noch nicht nach-
gelassen, und er ernährt sich nur ganz spärlich." 30/125

*

Doktor Martinus bekam den niedrigen Entwicklungsstand der
medizinischen Wissenschaft quasi auf Schritt und Tritt am eigenen
Leibe zu spüren. So kann es nicht verwundern, dass ein leidge-
prüfter und hochintelligenter Mensch wie er zur Selbsthilfe griff
nach dem Motto: *Hilf dir selbst, dann hilft dir Gott!*
Während der Leidende in Schmalkalden daniederlag, bestand
seine Selbstmedikation gegen die Schmerzen aus seinem angeb-
lichen Lieblingsgericht: Erbsen mit Brathering. Auch das alte Klo-
sterrezept seiner Käthe, ein Gesöff aus durchgeseihtem Pferdemist und Knoblauch, wurde ergebnislos versucht, weshalb er ihr
nach Wittenberg schrieb: „Dein Mist hilft mir auch nicht." 20/548
Nach einem Jahr teilte Luther rückblickend über die ihm zuteil
gewordene (medizinische) Hilfe mit: „Ach, lieber Gott, wäre ich
zu Schmalkalden am Stein gestorben, so wäre ich schon ein
Jahr lang im Himmel, frei von allem Übel. Ich bin damals genug von den Ärzten traktiert worden; sie gaben mir Getränke,
als ob ich ein großer Ochse wäre; sie haben meinen Körper so
geschunden, daß all meine Glieder eiskalt wurden. Ich musste
ihnen gehorsam sein, und ich beugte mich dieser Notwendigkeit, damit ich nicht den Eindruck erweckte, meinen Körper zu
vernachlässigen. Ein armer Mensch ist, wer von der Hilfe der
Ärzte abhängt. Ich leugne ja nicht, daß die Medizin eine Gabe

Gottes und eine Wissenschaft ist, aber wo gibt es vollkommene Ärzte? Eine vernünftige Lebensweise ist viel wert. So fühle ich mich völlig erschöpft; wenn ich trotzdem in meiner Lebensweise fortfahre, um neun Uhr ins Bett gehe und gut schlafe, dann fühle ich mich erfrischt. Komme ich aber nicht zur Ruhe, so werde ich es nicht mehr lange treiben, wie es denn auch Zeit mit mir wäre." 31/295

Aus dem uralten medizinischen Erfahrungsschatz der Völker empfahl Doktor Martinus gegen bestimmte Leiden auch warme Tücher und Kissen auf die Brust und um die Füße, denn: „Ich fühle, gottlob, Besserung; die Ohnmacht lässt nach, und die Kräfte finden sich allmählich wieder. Wenn ich nur schwitzen könnte, so hoffe ich, es sollte auf diesmal ferner keine Not mit mir haben." 9/591 Er habe in einem heißen Schwitzbad gesessen und erfahren: „Der Herr führt in die Hölle und wieder heraus. Der Herr tötet und macht lebendig, denn er ist der Herr des Todes und des Lebens. Ihm sei Lob, Ehr und Preis in Ewigkeit. Amen." Ebenda

Gegen so manche Krankheit empfahl Doktor Lutherus besonders den Rotwein. Dazu erzählte er eines Tages die Anekdote von einem kranken Edelmann, der bettlägerig und appetitlos war, weder schlafen noch essen und trinken wollte. Nur nach Rotwein habe er verlangt, obwohl ihm den sein Arzt streng untersagt hätte. Man habe ihm aber von dem edlen Getränk trotzdem ein Glas gebracht und noch eins und so fort. Danach habe er geschlafen wie ein Murmeltier. Nachdem am anderen Morgen sein Arzt den Urin beurteilt hatte, habe er gesagt: „Ja, wenn ihr euch immer so [ver]hieltet, würde es wohl besser mit euch werden!" 31/296

Die krankheitsbedingte Not machte erfinderisch. Von Käthes „Mist" aus der sogenannten „Drecksapotheke" war bereits zu lesen. Ihr Göttergatte zeigte sich darüber erstaunt, dass „Gott so hohe Arznei in den Dreck gesteckt hat: Schweinemist stillt das Blut, Pferdemist in Wein ist gut gegen den Husten, Menschen-

kot gegen Körperwunden." (20/548) Und gegen Kopfschmerzen, die ihm jahrelang heftig zusetzten, empfahl er das Bibelwort des Johannes: „Ihr müßt von neuem geboren werden ..., das ist das Beste, das ich hab." Ebenda
Wir Menschen sind eben ohne Ausnahme und in jeder Beziehung die Kinder unserer Zeit!

*

Der Zusammenhang zwischen krankheitsbedingten Leiden und menschlichem Leistungsvermögen ist nicht nur von allgemeinem Interesse, sondern erhält geradezu dramatische Züge, wenn beide Komponenten extrem auftreten.

Bevor wir uns diesbezüglich Martin Luther zuwenden, soll ein kurzer Exkurs zu unserem Weltliteraten Friedrich Schiller verdeutlichen, dass der genannte Zusammenhang zwar phänomenal, aber nicht einmalig, also nicht nur auf Luther beziehbar ist.

Schiller, der am 10. November 1759 geboren wurde und am 9. Mai 1805 starb, hat die weltliterarischen Werke seines letzten Lebensjahrzehnts, die Dramen *Wallenstein, Maria Stuart, Jungfrau von Orleans, Braut von Messina* und *Wilhelm Tell* seinem todkranken Körper abgezwungen, der ihm schon vorher oftmals den Dienst an seinem schöpferischen Werk versagt hatte. Wie aber ist es nachvollziehbar zu machen, was das wirklich bedeutet, was da ein Mensch Übermenschliches geleistet und ausgehalten hat? Am ehesten wohl durch den Bericht der Leichenöffnung (Obduktion) zur Aufklärung der Todesursache, die einen Tag nach Schillers Ableben vom Leibarzt Dr. Huschke und dem Mediziner Dr. Herder (Sohn des Dichters) vorgenommen wurde. Sie unterzeichneten danach folgendes Obduktionsprotokoll:

1. *Die Rippenknorpel waren durchgängig und stark verknöchert.*
2. *Die rechte Lunge war mit der Pleura [dem Rippenfell] ... so verwachsen, daß es kaum mit dem Messer gut zu trennen war. Diese Lunge war faul und brandig, breiartig und ganz desorganisiert. Der rechte Lungenflügel war ganz angewachsen und kaum*

sichtbar. Die Teile der rechten Seite konnten keine Funktion mehr leisten.

3. *Die linke Lunge war besser, marmoriert mit Eiterpunkten ... Nur mit dem linken Lungenflügel atmete er, und dieser fing sich schon an zu verwachsen.*

4. *Das Herz stellte einen leeren Beutel vor und hatte sehr viel Runzeln, war häutig, ohne Muskelsubstanz. Diesen häutigen Sack konnte man in kleine Stücke zerflocken.*

5. *Die Leber natürlich, nur die Ränder brandig.*

6. *Die Gallenblase noch einmal so groß als im natürlichen Zustande und strotzend von Galle.*

7. *Die Milz um zwei Drittel größer als sonst.*

8. *Der vordere konkave Rand der Leber mit allen nahe liegenden Teilen bis zum Rückgrat verwachsen.*

9. *Die rechte und linke Niere in ihrer Substanz aufgelöst und völlig verwachsen.*

10. *Auf der rechten Seite alle Därme mit dem Peritonäum [Bauchfell] verwachsen.*

11. *Urinblase und Magen waren allein natürlich.*

Unter dem Obduktionsprotokoll fand sich ein Nachsatz von Dr. Huschke: „Bei diesen Umständen muß man sich wundern, wie der arme Mann solange hat leben können." 81/67

Das trifft im Prinzip auch auf Martin Luther zu, der mit einem Lebensalter von 62 Jahren ohnehin weit über der damaligen durchschnittlichen Lebenserwartung von etwa 40 Jahren lag. Über ein Vierteljahrhundert hinweg litt er, mit kurzen Unterbrechungen, unter oftmals schwersten Krankheiten und vollbrachte trotzdem in dieser Zeit seine wichtigsten Lebensleistungen: die Übersetzung des Neuen und Alten Testaments sowie sein reformatorisches Gesamtwerk.

Der Lutherexperte Alfred Dieck (97) hat einmal die (literarischen) Leistungen des Reformators in Beziehung gesetzt zu seinen Krankheiten. Hier einige Beispiele:

Im Jahre 1527 verfasste Luther trotz achtmonatiger Krankheit 15 Schriften [gedruckte Texte], 100 Briefe und 60 Predigten;

1530 entstanden bei zehnmonatiger Krankheit 30 Schriften, 170 Briefe und 60 Predigten;

1545 – ein Jahr vor seinem Tod – verfasste er trotz zehnmonatiger Krankheit noch einmal 15 Schriften, 80 Briefe und 35 Predigten.

Dieck würdigte die enorme Selbstüberwindung und schier übermenschliche Leistungsfähigkeit Martin Luthers prägnant mit den Worten: „Mir ist kein Großer dieser Erde bekannt [außer Schiller!], der mit so unerbittlicher Strenge durch Jahrzehnte hindurch seinem oft versagenden Körper diese Leistung abzwang." 30/166 f.

POPULARITÄT

Woran lässt sich messen, ob jemand populär, also volksverbunden und volkstümlich ist? Der DUDEN nennt eine Persönlichkeit populär, wenn sie bei der großen Masse Interesse, Anklang, Beifall und Zustimmung findet; beim Volk weitgehend bekannt, beliebt, anerkannt, bewundert, verehrt und deshalb landauf landab willkommen ist.

Wie sah es diesbezüglich bei unserem fast 40-jährigen Martinus Lutherus aus?

Machen wir die Probe aufs Exempel anhand der Ereignisse des Jahres 1521 um und in Worms. Luther, über den bereits im Januar durch die päpstliche Bulle der Kirchenbann verhängt worden war, sollte vor dem Reichstag in Worms seine ketzerischen Lehren widerrufen; ansonsten werde der Kaiser die Reichsacht über ihn verhängen. Da war Zoff angesagt. Und Gefahr – auch für Leib und Leben des Reformators – im Verzug!

Wie würde sich das einfache Volk dazu verhalten? Ein Kurz-Szenario:

Martin Luther hat – trotz vielerlei mahnender Stimmen seiner Mitstreiter und Freunde – keinen Augenblick gezögert: Er will und wird seine Sache da unten im Süden mutig verteidigen; koste es, was es wolle.

Da geschieht bereits im Vorfeld der Worms-Reise Außerordentliches: Der junge, neu gewählte Kaiser Karl V. lädt in einem offiziellen Schreiben „den ehrsamen, unseren lieben, andächtigen Doktor Martin Luther, Augustinerordens usw." (13/I 203) nach Worms ein, damit er sich vor Kaiser und Reich rechtfertige. Unterzeichnet ist die Botschaft eigenhändig, mit Datum vom 26. März 1521, und wird, mit der kaiserlichen Zusicherung des freien Geleits versehen, vom Reichsherold Kaspar Sturm nur wenige Tage später dem gebannten Erzketzer in Wittenberg übergeben.

Ein Historiker wertete diese Erstaunlichkeit später zutreffend so: „Daß ein vom Papst gebannter Ketzer zu einem Verhör vor Kaiser und Reich erscheinen durfte, etwas Derartiges war bis jetzt noch nicht vorgekommen!" 80/35

Dazu bedurfte es einer gewaltigen Portion Popularität, die Doktor Martinus für sich wohl ahnt, aber bei seiner Reise vom 2. bis 16. April 1521 nach Worms am Rhein, die ihn über Leipzig, Naumburg, Weimar, Erfurt, Frankfurt und Mainz führt, schon bald in ungeahntem Maß erleben darf.

Der Magistrat zu Wittenberg hat seinen berühmtesten Bürger für das lange und gefährliche Unternehmen mit einem „Rollwäglein", drei Pferden und etwas Zehrgeld für ihn und seine drei Begleiter ausgestattet.

Dieses Fähnlein der vier Aufrechten begibt sich Anfang April auf die 14-tägige Holper-Tour, angeführt von dem berittenen, mit Wappenrock, Reichsadler und Reichsflagge ausstaffierten kaiserlichen Herold.

„Am meisten wird die Reise durch die Aufenthalte in fast allen Städten und Dörfern behindert. Jeder will Luther sehen, ihm zurufen, zujubeln oder ihn einfach nur anstarren. Abordnungen reiten ihm entgegen, die Ratsherren empfangen ihn wie einen regierenden Fürsten; Luther wird gefeiert wie ein Held und ein Heiliger zugleich.

In Leipzig kredenzt ihm der Rat einen Ehrentrunk, in Naumburg ist Luther Ehrengast des Stadtoberhaupts, in Weimar wird ihm ein Zehrgeld des Herzogs überreicht. Am 6. April, einem Sonnabend, kommt der kleine Zug nach Erfurt. Die Universität, an der Spitze Rektor Crotus Rubeanus, hat beschlossen, Luther einen großen Empfang zu bereiten. Eine gewaltige Delegation, vierzig Professoren und Studenten zu Pferd, angeführt von Crotus Rubeanus, geht Luther entgegen und holt ihn ein. Die Stadt bietet ihm Asyl an, eine großzügige, wenn auch unnötige, weil durchaus symbolische Geste, wie die Herren wohl wissen." 16/223

In Erfurt, wo er vor 20 Jahren sein Studium begonnen, sich später auch zum Magister artium promoviert hatte, ins Kloster eingetreten war, die Priesterweihe erhielt und Theologie studierte, sind nun die Straßen „voller begeisterter Menschen. Sie säumen den ganzen Weg bis zum Augustinerkloster. Für Luther ist es ein wahrer Triumphzug, der gekrönt wird von dem Empfang durch den Prior, seinen alten Freund und Mitstreiter Johannes Lang. Luther wird von allen Seiten gebeten, am nächsten Tag, dem Weißen Sonntag, in der Kirche zu predigen. Die Kirche ist überfüllt ..." (16/224) – ebenso wie schon bald in Gotha und Eisenach.

Worms, die freie Reichsstadt mit ihren 7 000 Einwohnern, 10 Klöstern und 50 Kirchen ist während des Reichstages wie ein großer Schmelztiegel von Vielen und Vielem.

Ein schreibender Zeitzeuge berichtet: „Es sind hier nämlich 80 Fürsten, 130 Grafen, 15 treffliche Botschaften von Königen und Herren fremder Lande, viele Reichsstädter und ein unzählig groß Volk von Rittern, Edelleuten und Reisigen [berittenen Söldnern],

auch treffliche Kaufleute und Händler aus Spanien, aus Nieder-
land, aus Italien und aus deutschen Landen ..." 41/93

2 000 Einwohner von Worms drängen sich dem ankommenden
Luther-Gefährt entgegen, das der Domwächter mit seinen Trom-
petenklängen weithin hörbar angekündigt hatte.

Besonders dicht zwängt sich dann die enthusiastische Menge
am Rathaus: „Viele steigen sogar auf die Dächer und Häuser,
um Doktor Martin zu sehen. Ein Priester schließt den Wittenberger in seine Arme, berührt dreimal ehrfurchtsvoll das Gewand Luthers und ist im Weggehen so angetan, als hätte er eine
Reliquie der allergrößten Heiligen in Händen gehalten. Manche
vermuten, es wird über Luther bald heißen, er könne Wunder
vollbringen." 38/42

   Die Allermeisten sind dem mutigen Manne, der sich da in die
Höhle des Löwen wagt, mit Leib und Seele zugetan. Nur Hieronimus Aleander nicht, der Gesandte des Papstes. Er depeschierte
schon bald nach Rom in den Vatikan: „Aus dem hastigen Rennen
des Volkes entnahm ich, daß der große Ketzeroberste seinen
Einzug hielt. Ich schickte selbst einen meiner Leute aus, der mir
hinterbrachte, daß ihm gegen hundert Reisige, vermutlich die
Sickingens [des Reichsritters], bis an das Stadttor das Geleit gaben.
Mit drei Genossen in einem Wagen sitzend, zog er in die Stadt
ein, umgeben von etwa acht Berittenen, und nahm seine Her-
berge in der Nähe seines sächsischen Fürsten ... Dieser Luther,
als er vom Wagen stieg, blickte mit seinen dämonischen Augen
im Kreise umher und sagte: ‚Gott wird mit mir sein!' Dann trat
er in eine Stube, wo ihn viele Herren aufsuchten, mit deren
zehn oder zwölf er auch speiste; und nach der Mahlzeit lief alle
Welt hin, ihn zu sehen." 41/92

Was Wunder, dass Luthers Schriften, deren Inhalt abzuschwören
er hierher vor Kaiser und Reich zitiert worden ist, in der freien
Reichsstadt von Hand zu Hand gehen, sehr zum Verdruss des
päpstlichen Nuntius Aleander: „Nichts anderes wird hier ge-
kauft, sogar am kaiserlichen Hofe. Bilder Luthers, die neulich

hier feilgeboten wurden, waren im nu abgesetzt, so daß ich keins mehr bekommen konnte." 15/164

Der arme Mann muss wirklich Höllenqualen ausgestanden haben, denn die Popularität dieser „lutherschen Pest" plagte den beflissenen Botschafter der römischen Kurie bis zuletzt: „So ist denn der ehrwürdige Schurke gestern bei drei Stunden vor Mittag abgereist, nachdem er sich eigenhändig und in Gegenwart vieler Personen, viele Brotschnitten geröstet und manches Glas Malvasier [süßen, schweren Weißwein], den er außerordentlich liebt, getrunken." 38/47

Man schreibt den 26. April, als sich Luther und seine Begleiter auf die lange Heimreise begeben. Der Geächtete und nun auch von den Kaiserlichen Verfolgte, war zuvor – wie auch sein Kurfürst Friedrich der Weise – in den Plan eingeweiht worden, ihn im Glasbachgrund, nahe Bad Liebenstein, in einer Nacht- und Nebel-Aktion scheinbar zu überfallen, um ihn auf die Wartburg zu entführen und so dem Zugriff der kaiserlichen Häscher zu entziehen.

Nach dieser Geheimaktion entstand in deutschen Landen nicht nur der Eindruck, als sei der berühmte Gottesmann wie vom Erdboden verschwunden, sondern auch das Gerücht, man habe ihn in einer Silbermine des Thüringer Waldes ermordet aufgefunden.

Die Papisten bekommen kalte Füße, und einer von ihnen schreibt: „Luther sind wir nach unsrem Willen los. Aber das Volk ist so aufgebracht, daß ich fürchte, wir kommen schwerlich mit dem Leben davon, wenn wir ihn nicht mit angezündeten Kerzen überall suchen und zurückrufen." 38/50

Luther hatte sich nach Worms begeben, um (auch als Schriftsteller) den Inhalt seiner Schriften zu verteidigen.

Als der weltweit geschätzte Friedrich Schiller einmal gefragt wurde, worin er den Unterschied zwischen *bekannt* und *berühmt* sehe, antwortete er: Bekannt sei ein Schriftsteller, wenn er mehr gelesen als zitiert, berühmt dann, wenn er mehr zitiert als gelesen werde. 81/96

Martin Luther ist bis heute beides in einem: er ist populär!

*

Zu Martin Luthers Lebzeiten gab es weder Autos noch Eisenbahnen und schon gar keine Flugzeuge. Doch im 16. Jahrhundert tauchten in Deutschland – ausgehend von dem ungarischen Ort Kocs – die ersten Kutschen auf. Das waren von Pferden gezogene, zumeist wenig bequeme Reisewagen zur Personenbeförderung, versehen mit einem erhöhten Sitzbock für den Kutscher.

Mit solch einem Vehikel hatten sich Mitte der 30er Jahre mehrere Personen aus der weiteren Umgebung nach Wittenberg kutschieren lassen, um die durch den Reformator berühmt gewordene Schlosskirche in Augenschein zu nehmen.

Der Kutscher war mittlerweile zum Schwarzen Kloster, dem Domizil der Luthers, gepilgert. Er klopfte an, bat den öffnenden Diener untertänigst, den Herrn Doktor Luther sprechen zu dürfen, und wurde nach Rücksprache mit dem Hausherrn vorgelassen. Der einfache Kutschersmann verharrte zurückhaltend, ehrerbietig und fast scheu zwischen Tür und Angel. Martin Luther ging, ganz offensichtlich gut gelaunt, dem Fremden entgegen, schüttelte ihm Vertrauen erweckend kräftig die Hand, hieß ihn am Tisch Platz nehmen, trank ihm dann als freundschaftlichen Willkommensgruß aus seinem gewichtigen Bierhumpen zu und unterhielt sich mit ihm, überwiegend monologisch, über Gott und seine Sorgen.

Dann verabschiedete er sich von dem eigenartigen Mann mit den Worten: „Wenn du heim kommst, so sage, ich habe Doktor Luther, den größten Erzketzer, bei seiner Hand gehabt." 41/207

Der etwas einfältige Kutscher – er kannte die Lateinschulen bestimmt nur vom Vorüberfahren – war noch lange beeindruckt von der ihm widerfahrenen Ehre und rühmte sich später, er habe im Schwarzen Kloster mit dem wahren und rechten Papst gesprochen.

Die beiden berühmten Köpfe des ausgehenden Mittelalters, der Wittenberger Martin Luther und der Nürnberger Albrecht Dürer, waren Zeitgenossen und schätzten einander sehr wegen ihrer epochalen Leistungen. Doch es ergab sich keine Gelegenheit, um die etwa 350 km zu überbrücken und einander persönlich kennen zu lernen.

Der Nürnberger Maler, Zeichner und Kupferstecher zeigte ein nie erlöschendes Interesse, mit seiner Kunst den Reformator zu porträtieren und so der Nachwelt bildhaft vor Augen zu führen.

Seine Briefbitte aus dem Jahr 1520 blieb leider unerhört: „Hilf mir Gott, daß ich zu Doktor Martinus Luther komme, so will ich ihn mit Fleiß konterfeien und in Kupfer stechen zu einem langen Gedächtnis des christlichen Mannes, der mir aus großen Ängsten geholfen hat." 38/105

SATZBAUER

Man nennt jemanden, der literarische oder wissenschaftliche Werke (Schriften) verfasst, Schriftsteller oder auch Texter, Dichter, Lyriker, Erzähler, Schreiber, Literat, Autor.

Martin Luther war von allem etwas und noch etwas mehr, deshalb erheben wir ihn zum Satzbauer.

Manche Literaturwissenschaftler meinen, er sei einer der gedanken- und formenreichsten gewesen. Na ja. Wer will das schon auseinander posamentieren. Fragen wir doch einfach: Weshalb war Martin Luther ein erfolgreicher Satzbauer, ein großer deutscher Satzbaumeister?

*

Der „Baumeister" Doktor Martinus verfügte in Perfektion darüber, was Marx letztlich so beschrieb: „Wir unterstellen die Arbeit in einer Form, worin sie dem Menschen ausschließlich angehört. Eine Spinne verrichtet Operationen, die denen des Webers ähneln, und eine Biene beschämt durch den Bau ihrer Wachszellen manchen menschlichen Baumeister. Was aber von vornherein den schlechtesten Baumeister vor der besten Biene auszeichnet, ist, daß er die Zelle in seinem Kopf gebaut hat, bevor er sie in Wachs baut. Am Ende des Arbeitsprozesses kommt ein Resultat heraus, das beim Beginn desselben schon in der Vorstellung des [Geistes-] Arbeiters, also schon ideell vorhanden war." 71/193

Das gilt auch für den Reformator, der erst seine drei programmatischen Hauptwerke verfasste, bevor er damit seine neue (Kirchen-)Welt baute.

Keinesfalls aber traf auf Luther zu, was Wilhelm Busch Jahrhunderte später so reimte:

> „Gedanken sind nicht stets parat,
> man schreibt auch, wenn man keine hat." 99/56

*

Der Reformator handelte in Übereinstimmung mit seinem Herrn strikt nach dem geflügelten Wort des altgriechischen Dichters Hesiod: „Vor den Erfolg haben die Götter den Schweiß gesetzt." (71/28) Also schwitzte er so manches Mal beim Schreiben seiner 350 Druckschriften, 2585 Briefe, ungezählten Verse und Liedertexte; ohne Unterlass erschienen allein in seiner Wittenberger Zeit (35 Jahre) – seinen häufig schweren Krankheiten zum Trotz – im Durchschnitt 10 Werke pro Jahr. Und manchmal ging es bei ihm zu wie auf einem Postamt. Wegen der ankommenden und von ihm zu bearbeitenden Briefe lamentierte er gegenüber seinem Freund Wenzeslaus Linck: „Ich werde täglich mit Bitt-, Belehrungs- und Klagbriefen so überhäuft, daß der Tisch, die Bank, die Fußschemel, Pulte, Fenster, Kasten, Stangen und alles voller Briefe liegt." 41/225

Greifen wir als Beispiel für seinen Schreibfleiß seine rund 170 Tage Aufenthalt auf der Veste Coburg heraus (vom 16. April bis 5. Oktober 1530); da verfasste er 12 Druckschriften, darunter den bekannten *Sendbrief vom Dolmetschen,* mehrere Predigten –

140

auch die *Predigt, daß man Kinder zur Schule halten sollte* – übersetzte Teile des Alten Testaments, schuf 13 Nachdichtungen Äsop'scher Fabeln, schrieb 123 Briefe (auch gutachterliche) – und trotzdem war er mit seinem Geschaffenen unzufrieden: „Ich konnte keinen Buchstaben ansehen, noch wollte ich es ... Ich muß mäßig arbeiten, stark ausruhen ...“ (30/106) Grund dafür waren vor allem heftige Kopfschmerzen, Ohrengeräusche und Schwindelanfälle. Im August schrieb er an Melanchthon: „Mein Kopf ist eigensinnig ..., weil mich der Satan zwingt, wider meinen Willen zu feiern [mit Schreiben auszusetzen] und die Zeit zu verlieren. 30/ 107 f.

Wenngleich sich Doktor Martinus immer wieder beklagte, dass er durch seine Krankheiten an einer größeren Schreibproduktivität gehindert werde, so stellte er doch jahrein, jahraus seine außergewöhnliche Leistungsfähigkeit als Satzbauer unter Beweis.

So auch 1521, da verfasste er neben einer Vielzahl von Briefen und Predigten 20 Druckschriften (das sind in der Weimarer Gesamtedition seiner Werke 985 Buchseiten), übersetzte ein Buch seines Mitstreiters Melanchthon, begann auf der Wartburg mit der Übersetzung des Neuen Testaments und schrieb u. a. die *Stücke der deutschen Kirchenpostille.*

Schon ein Jahr zuvor hatte Luther seine drei reformatorischen Hauptwerke verfasst: *An den christlichen Adel deutscher Nation,* wovon 2 Wochen nach Erscheinen im August 1520 bereits 4 000 Exemplare verkauft waren; im Oktober erschien die Schrift *Von der babylonischen Gefangenschaft der Kirche,* und im November *Von der Freiheit eines Christenmenschen.*

In ihnen legte der Reformator die Grundgedanken seiner Lehre programmatisch dar.

*

Schriftsteller haben ihre Eigenheiten beim und nach dem Satzbauen.

Goethe beispielsweise schrieb am liebsten frühmorgens und in „absoluter Einsamkeit“; Schiller war nachts am kreativsten. Und wodurch erreichte Luther seine hohe Schreibproduktivität? „Ich habe eine rasche Hand und ein promptes Gedächtnis. Wenn ich schreibe, so fließt mir's nur so zu; ich brauche nicht zu pressen und zu drücken." 15/143

Es gibt tatsächlich Schriftsteller, die bringen ihre geistigen Kinder zur Welt und kümmern sich dann nicht weiter um sie. Als Schiller einmal nach der ersten Ausgabe seiner *Räuber* gefragt wurde, sagte er: „Sie müssen von einem Autor keines seiner Werke leihen wollen ... Von seinen eigenen hat man nicht eines auf dem Brett." 81/33

Ähnlich verhielt sich Martin Luther zu seinen Schriften. Im Jahre 1539 erschienen diese erstmals als seine gesammelten deutschsprachigen Werke. Nachdem er sich zuvor überhaupt gegen die Veröffentlichung gesträubt hatte, schrieb er schließlich im Vorwort zum ersten Band: „Gerne hätte ich's gesehen, wenn meine Bücher allesamt verborgen geblieben und untergegangen wären. Unter anderem ist ein Grund dafür, daß es mir vor dem Vorgang graut; denn ich sehe wohl, was für ein Nutzen in der Kirche geschafft wurde, daß man angefangen hat, außer und neben der Heiligen Schrift viele Bücher und große Bibliotheken zu sammeln ..." 13/II 258

Und er begründete weiter: „Damit ist nicht nur die edle Zeit und das Studium in der [Heiligen] Schrift versäumt worden, sondern auch die reine Erkenntnis des göttlichen Wortes für immer verloren gegangen, bis die Bibel ... unter der Bank im Staub vergessen wurde." Ebenda

Wortakrobaten sollen später gefragt haben, ob das von Martin Luther kluge Bescheidenheit oder bescheidene Klugheit gewesen sei.

*

Genau genommen lautet die Gretchenfrage: Weshalb konnte Martin Luther Deutschlands erster großer Satzbaumeister werden?

Reiners meint: „Luther hat nicht, wie mancher glaubt, die neuhochdeutsche Sprache erfunden; er hätte kein volkstümlicher Schriftsteller werden können, wenn er sich erst eine eigene Sprache angefertigt hätte. Er hat viel mehr getan: einen neuen deutschen Prosastil hat er geschaffen; einen Stil, dessen Bedeutung nicht nur in der Vergangenheit liegt, sondern in der Zukunft; denn wenn es je eine große deutsche Prosa geben wird: Luther muß ihr [Satzbau-]Lehrmeister sein." 98/192

Worin bestand nun das Besondere am Lutherstil, wenn der Meister seine Sätze baute?

„Nie hat ein Professor die gelehrte Vornehmlichkeit so gründlich verleugnet wie Luther. Daß er trotz Schule, Universität, Kloster und Katheder innerlich ein Mann aus dem Volke geblieben war, das machte ihn zum Helden des Volkes." Ebenda Das prägte zugleich seinen Stil, seine ganz typische Art und Weise, sich auszudrücken: volkstümlich, allgemeinverständlich, fasslich, gefühlsbetont (zornig und polternd!), derb (einen groben Keil auf einen groben Klotz setzend), lebendig, bildhaft, phantasievoll, zuspitzend ... „Luther hat geschrieben, wie er gesprochen hat: in der bewegten, leidenschaftlichern Sprache des Alltags, die sachlichen Probleme immer wieder in Probleme der Menschen umwandelnd." Ebenda Gerade so, wie Sie es an vielen Luther-Textstellen in diesem Buch erleben können!

Um sich anschaulich und verständlich ausdrücken zu können, ging er z. B. beim Übersetzen des Alten Testaments zum Schlachter und ließ sich die verschiedenen Körperpartien der Haustiere fachmännisch erklären. Das berichtet sein Schüler, der spätere Pfarrer Mathesius: „Er ließ sich etliche Schöpse abstechen, damit ihm ein deutscher Fleischer berichte, wie man ein Jedes am Schaf nennet." 38/63

Prägend für Luthers Ausdrucksstärke war auch sein Suchen nach sinnverwandten oder bedeutungsähnlichen Wörtern und Bezeichnungen. Er selbst erklärte das am Adjektiv *lieb(e)* so: „Wer Deutsch kann, der weiß wohl, welch ein herzlich feines Wort das ist: die liebe Maria, der liebe Gott, der liebe Kaiser, der liebe Fürst, der liebe Mann, das liebe Kind; und ich weiß nicht, ob man das Wort *liebe* auch so herzlich und genugsam in lateinischer oder andern Sprachen reden möge, daß es also dringe und klinge ins Herz durch alle Sinne, wie es tut in unserer Sprache." 38/62

In einem heutigen Synonymwörterbuch findet man für *lieb*: artig, angenehm, teuer, vergöttert ... und weitere 38 sinnverwandte Wörter. Aber zu Luthers Zeit gab es ein solches hilfreiches Wörterbuch noch nicht, und deshalb lässt er uns wissen: „Es ist uns wohl oft begegnet, daß wir vierzehn Tage, drei, vier Wochen haben ein einziges Wort gesucht und gefragt, haben's dennoch zuweilen nicht gefunden. In vier Tagen konnten wir zuweilen kaum drei Zeilen fertigen." 75/28

Der Bibel-Professor war auch ein schöpferischer Satzbauer. „Für seinen deutschen Bibeltext fand Luther neue Wortschöpfungen, wie die heute allgegenwärtigen Begriffe: der Lückenbüßer, die Friedfertigen, das Machtwort, die Herzenslust, nacheifern oder deuteln." 38/66

Und ein weiteres stilistisches Plus: Der Reformator hat seine Sätze nur sehr sparsam mit Fremdwörtern gebaut. „Kein ernsthaftes Gebet wird Fremdwörter enthalten. Luther hat die Bibel fast ohne Fremdwörter übersetzt; selbst *Religion* und *Orient* ersetzt er durch *Glaube* und *Morgenland*. Es gibt auch kein heiliges *S*, nur ein heiliges *Abendmahl*." 98/375

Ist es nicht ein Zeichen geistiger Armut, wenn heutzutage unsere schöne deutsche Luther- und Muttersprache geradezu ausgehöhlt wird durch den immer mehr zunehmenden gedankenlosen und unnötigen Gebrauch von Wörtern aus dem amerikanischen Englisch?

Luthers wichtigstes Arbeitsmittel beim kunstvollen Satzbauen war die Feder, die ihm wert und teuer war, wie er uns gottgefällig und selbstbewusst mitteilt: „Ich bin durch die Schreibfeder so weit gekommen, daß ich jetzt nicht mit dem türkischen Kaiser tauschen möchte, daß ich sein Gut haben und meiner Kunst entbehren soll. Ja, ich wollte der Welt Gut, viermal gehäuft, nicht dafür nehmen." 38/66

Martin Luther war ein Mann des Wortes. Die Wörter baute er mit sprachlicher Meisterschaft zu Sätzen. Er war ein Satzbauer. Aus Sätzen baute er seine Schriften, mit denen er das geistige Rüstzeug schuf, um (s)eine neue Welt zu bauen. So wurde aus dem Satzbauer ein Welten(um)bauer.

SCHLAGFERTIGKEIT

Es gab unter den Zeitgenossen des Reformators solche, die ihn ob seiner außergewöhnlichen Leistungen achteten, liebten und verehrten, und solche, die ihn wegen seiner Kirchenspaltung hassten, bekämpften und bei (un)passender Gelegenheit auch provozierten.

Als einer den Doktor Martinus nach seiner Predigt in der Stadt-kirche zu Wittenberg fragte, was denn der Herrgott so den lieben langen Tag angestellt habe, bevor er die Welt erschuf, war unser Kirchenmann um eine Antwort nicht verlegen: „Gott saß in einem Buchenwald und schnitt Ruten, um sie bei denen anzu-wenden, die solch einfältige Fragen stellen." 77/31

TIERFREUNDSCHAFT

Martin Luther war im Allgemeinen ein Tier- und im Besonderen ein Hundefreund.

Sein erster Hund war klein, frech, ziemlich ungehorsam und zer-fledderte schon mal die heiligen Manuskriptseiten seines Herrn und Gebieters; dem ging das gottlose Tun zu weit, weshalb er ihn schließlich fortjagte.

Ganz anders sein Nachfolger, den sie *Tölpel* (also Tollpatsch) getauft hatten, obwohl *Freudenspender* treffender gewesen wäre.

Sein ihm zugetanes Herrchen musste ihn wohl richtig ins Herz geschlossen haben, denn er stellte seiner gelungenen Promenadenmischung gegenüber jedermann, der es hören wollte – oder auch nicht – nur das beste Zeugnis aus: Man solle sich ihn doch nur mal genau ansehen, er habe nicht einen Fehler an seinem ganzen Leibe, sondern feine, frische Augen, starke Beine, weiße Zähne sowie einen guten Magen, also die höchsten körperlichen Vorzüge, und kein Bauer harre sehnlicher auf den Schluss der Predigt, als sein *Tölpel* auf die Glocke, die ihn zum Futternapf rufe.

Da klingt es fast ein wenig futterneidisch, wenn sein Besitzer verlauten ließ: „Und [diese Vorzüge] gibt Gott einem solchen unvernünftigen Tier." 12/500

Doch es sollte noch besser kommen. Freund Tölpel saß eines Tages, als es sich die Luthers schmecken ließen, wieder einmal brav neben dem Tisch, erwartete begehrlich seinen Anteil und blickte unentwegt mit bittenden Augen schwanzwedelnd zu seinem Herren auf. Der kommentierte nach einer Weile das Verhalten des Vierbeiners so: „O, daß ich doch so beten könnte, wie der Hund auf das Fleisch sehen kann! Seine Gedanken steh'n allein auf das Stück Fleisch, sonst denkt, wünscht, hofft er nichts!" 14/59

VORWARNUNG

Im Fürstentum Anhalt, mit der Hauptstadt Dessau, wurde zwischen 1526 und 1534 die Reformation eingeführt. „Bei den Fürsten von Anhalt stand Luther in besonderem Ansehen und hoher Gnade. Durch Predigten in der *Schloss- und Stadtkirche* [Dessau] setzte Luther die Reformation in Dessau durch." 22/103 f.

Martin Luther war von den drei Fürsten Georg, Joachim und Johann eingeladen worden, im November 1532 vor dem Anhaltinisch-Dessauischen Hofe in der *Stadtkirche St. Peter* in Wörlitz zu predigen. Zwei Jahre später, im Juni und Juli, weilte der Reformator wegen der Erkrankung von Fürst Joachim in Dessau.

Als Fürst Georg 1542 Wittenberg zu besuchen wünschte, gedachte er im *Schwarzen Kloster* beim vertrauten Prediger Quartier zu nehmen. Sicherheitshalber beauftragte seine Hoheit, da er vom „bunten Treiben" im Domizil der Luthers gehört hatte, den in seinen Diensten stehenden Magister Georg Helt, die Lage genauer zu sondieren und ihm Bericht zu erstatten. Magister Helt warnte seinen Fürsten: „Das Haus Luthers ist bewohnt von einem Durcheinander junger Studierender und Mädchen, von Witwen, Greisinnen und keuschen Knaben; deshalb ist viel Unruhe dort. Viele gute Männer sind wegen des hochwürdigen Vaters betrübt darüber. Wenn Luthers Geist in allen wäre, dann würde sein Haus Euch ein bequemes und angenehmes Unterkommen für einige Tage bieten, damit Ihr Euch zum Beispiel an seinen familiären Reden [Tischgesprächen] ergötzen könntet; aber wie jetzt Zustand und Lage seines Hauswesens ist, würde ich nicht raten, daselbst Quartier zu nehmen." 23/132

Seine Hoheit Fürst Georg folgte dem Rat seines Lakaien.

WORTGEFECHTE

Als Reformator hatte Martin Luther eine stattliche Zahl Gegner – alle mehr oder weniger kluge Köpfe. Einer der hartnäckigsten und bedeutendsten war der Theologe Prof. D. Eck, Prokanzler der Ingolstädter Universität sowie Domherr in Eichstädt, ein im philosophischen Denken und wissenschaftlichen Streitgespräch versierter Anhänger des Katholizismus und der römischen Kurie.

Während der Leipziger Disputation vom 27. Juni bis 17. Juli 1519 prallten in einer dreiwöchigen Redeschlacht die völlig widersprüchlichen theologischen Grundpositionen der beiden Professoren Luther und Eck deutlich vernehmbar aufeinander, wobei es letztlich zum endgültigen Bruch der Lutheraner mit dem Papsttum kam.

Bei dem Rededuell war mit einer scharfen Klinge gefochten worden, die deutliche Blessuren hinterlassen hatte, denn es war auch von ganz persönlichen Angriffen nicht frei.

Noch einige Zeit später hatte D. Eck gestichelt, man brauche bei dem Namen Lutherus nur das r wegzulassen, dann heiße er so, wie er tatsächlich sei, nämlich Lutheus – der Kotige.

Da man damals den Doktortitel nicht mit Dr., sondern nur mit D. abkürzte, konnte Luther kontern: „Das mag man tun, aber man setze das meinem Namen entrissene r zu seinem Namen, so heißt auch er, was er ist: Dreck!" 35/105

148

4. Der postalische Luther

Doktor Luther war ein geschätzter Schreiber und Empfänger schriftlicher Mitteilungen; doch aus verschiedenen Gründen sind schon zu seinen Lebzeiten – und erst recht über die Jahrhunderte hinweg bis heute – nicht alle geschriebenen und empfangenen Briefe erhalten geblieben.

Trotzdem gibt es noch insgesamt 3 511 private Lutherbriefe, darunter 2 585 von ihm selbst geschriebene und 926 an ihn gerichtete Nachrichten, gesammelte Erlebnisse, Erfahrungen und Anschauungen in 11 Bänden. So weist es die Weimarer Ausgabe seiner gesamten Werke aus (siehe Quelle 1). Insofern sind diese Angaben wissenschaftlich verbrieft.

„Der Brief ist für Luther geschriebene Verkündigung und gleichzeitig Mittel seiner liebevollen, bis ins Einzelne gehenden Teilnahme an allem, was die Herzen der Freunde und Mitarbeiter, bedrohter und geängstigter Glaubensgenossen, in Bedrängnis geratener Gemeinden bewegte." 13/I 6

An wen schrieb nun der Reformator vorrangig? Die meisten Briefe, nämlich über 400, sandte er an den Hofprediger, Geheimrat Georg Spalatin, den Verbindungsmann zwischen ihm und seinem Kurfürsten Friedrich III., dem Weisen. Von Spalatin an Luther sind nur 12 Briefe erhalten.

Mit rund 110 Briefen folgt an 2. Stelle (aber durchaus nicht zweitrangig) sein Freund und Mitarbeiter, der Naumburger Bischof Nikolaus von Amsdorf (von dem aber nur 3 Briefe an Luther erhalten sind). An dritter Stelle dann sein Freund, Mitreformator und Wittenberger Hochschulkollege Philipp Melanchthon, an den er aus der Ferne 83 Briefe sandte; doch leider ist keiner von Philippus an Martinus erhalten geblieben.

Die Liste der weiteren Adressaten ist lang und reicht von Kaiser Friedrich I. Barbarossa bis zu seiner „lieben Hausfrau Katharina Luther von Bora, Predigerin, Brauerin, Gärtnerin und was mehr sein mag!" 27/X 333

Entsprechend vielgestaltig sind die Inhalte der Lutherbriefe. Wir erfahren ganz lebensnah, unverfälscht und höchst authentisch, worüber er sich freute und ärgerte und wunderte; lesen über die Motive seiner Streitschriften und die Reaktionen seiner Gegner, über seine momentane Lebens- und Arbeitssituation, über die Gründe seiner Mönchwerdung, über sein emotionales Verhältnis zum anderen Geschlecht, insbesondere zu seiner in immer neuen originellen Anreden hoch geschätzten „heiligen, ängstlichen Frau Katharina Luther, Doktorin, Zülsdorferin zu Wittenberg, meiner gnädigen, lieben Hausfrau ... zu Händen und Füßen." 27/X 338

Luthers Briefe sind zuverlässige, glaubwürdige und einmalige Schriftzeugnisse eines einmaligen Menschen deutscher Zunge. Mit leider nur wenigen Briefen (und teilweise nur Auszügen) können wir das hier belegen. (Den weitergehend interessierten Leser verweisen wir auf die Quellen 1, 9, 13 und 27.)

ÜBER SEINE LEBENS-
UND ARBEITSSITUATION

An seinen Freund und Mitstreiter Johann Lang
Ich brauche fast zwei Schreiber oder Kanzler. Ich tue den ganzen Tag beinahe nichts weiter als Briefe schreiben. Deshalb weiß ich nicht, ob ich immer wieder dasselbe schreibe; Du wirst es ja sehen. Ich bin Klosterprediger, Prediger bei Tisch, täglich werde ich auch als Pfarrprediger verlangt; ich bin Studien-Rektor, ich bin Vikar, d. h. ich bin elfmal Prior, Fischempfänger in Leitzkau, Rechtsanwalt der Herzberger in Torgau, halte Vorlesungen über Paulus, sammle (Material für) den Psalter, und das, was ich schon

gesagt habe: die Arbeit des Briefschreibens nimmt den größten Teil meiner Zeit in Anspruch. Selten habe ich Zeit, das Stundengebet ohne Unterbrechung zu vollenden und zu halten. Dazu kommen die eigenen Anfechtungen des Fleisches, der Welt und des Teufels. Siehe, welch ein müßiger Mensch ich bin!

... Es nähren sich von unserem schon mehr als überaus armen Vorrate zweiundzwanzig Priester und zwölf junge Leute, im ganzen einundvierzig Personen; aber der Herr wird sorgen. Du schreibst, daß du gestern über das zweite Buch der Sentenzen zu lesen angefangen habest. Ich werde morgen den Brief an die Galater beginnen, obwohl ich zweifle, die Pest [in Wittenberg] werde die Fortsetzung des Begonnenen erlauben. Die Pest bei uns rafft höchstens (doch noch nicht an jedem Tage) drei oder zwei hinweg. Aber der Schmied, unser Nachbar gegenüber, hat heute einen Sohn begraben, der gestern noch gesund war; der andere liegt angesteckt darnieder. Was soll ich sagen? Sie ist da und beginnt gar rau und plötzlich, besonders bei jüngeren Leuten. Und Du rätst mir, und mit Dir Magister Bartholomäus, zur Flucht! Wohin soll ich fliehen? Ich hoffe, daß die Welt nicht zusammenstürzen wird, wenn Bruder Martin stürzt. Die Brüder freilich werde ich bei Ausweitung der Pest in alle Lande zerstreuen. Ich bin hierher gesetzt; aus Gehorsam steht es mir nicht frei zu fliehen, bis der Gehorsam, der da geboten hat, erneut gebietet. Nicht, daß ich den Tod nicht fürchte (denn ich bin nicht der Apostel Paulus, sondern nur jemand, der Vorlesungen über den Apostel Paulus hält). Aber ich hoffe, der Herr wird mich aus meiner Furcht herausreißen. 27/X 18 f.

Wittenberg, 14. Dezember 1516

ÜBER SEINE GESUNDHEIT

An den lutherischen Theologen Georg Spalatin
Wir sind, mein lieber Spalatin, am 7. Oktober nach Augsburg gekommen. Wir sind aber erschöpft angekommen, und ich hätte unterwegs fast die Besinnung verloren, erschöpft durch ich weiß nicht was für ein schweres Magenübel. Aber ich wurde wieder gesund ... 27/X 45   *Augsburg, 10. Okt. 1518*

An seine Ehefrau Käthe
... Die Ursache [der Abreise am 25. 2. 1537] ist, daß ich hier nicht über drei Tage gesund gewesen bin. Bis auf diese Nacht ist vom vorigen Sonntag [18. Februar] an kein Tröpflein Wasser von mir gekommen, ich habe nie geruhet noch geschlafen, kein Trinken noch Essen (bei mir) behalten können. In Summa, ich bin tot gewesen und hab Dich mit den Kindlein Gott befohlen und meinem gnädigen Herrn, als würde ich Euch nimmermehr sehen. Es hat mich Eurer sehr erbarmet, aber ich hatte mich dem Grabe beschieden. Nun hat man so hart für mich zu Gott gebetet, daß vieler Leute Tränen vermocht haben, daß mir Gott diese Nacht der Blase Gang geöffnet hat und in zwei Stunden wohl mehrere Liter von mir gegangen sind und mich dünket, ich sei wieder von neuem geboren ... 27/X7259 f.   *Tambach, 27. Febr. 1537*

An seinen Vertrauten Philipp Melanchthon
Auf der Reise [von Wittenberg nach Eisleben] befiel mich eine Ohnmacht und zugleich auch ein Herzanfall. Ich lief nämlich zu Fuß, aber (es ging) über meine Kräfte, so daß ich schwitzte. Weil danach durch den Schweiß auch das Hemd im Wagen durchkältet war, griff die Kälte einen Muskel des linken Arms an. Daher jene Beklemmung des Herzens und gewissermaßen das Fortbleiben des Atems. Schuld daran ist meine Torheit (zu

Fuß zu gehen). Aber jetzt fühle ich mich wieder ganz leidlich.
Wie lange, das weiß ich nicht, weil dem Alter nicht zu trauen ist,
zumal auch die Jugend nicht ganz sicher ist ... 27/x 336 f.

Eisleben, 1. Febr. 1546

ÜBER SEINE HERKUNFT

An seinen Vertrauten Georg Spalatin

Ich freue mich sehr und danke Gott, mein lieber Spalatin, daß
meine Sache dahin gediehen ist, daß meine Feinde mich nunmehr
sowohl wegen der Lehre von beiderlei Gestalt, auch wegen meiner Herkunft beschuldigen und alles andere fahren lassen ...
Übrigens bin ich zu Eisleben geboren und dort auch in St. Peter
getauft. Darauf weiß ich mich zwar nicht zu besinnen, ich glaube
aber meinen Eltern und anderen Leuten aus meiner Heimat.
Meine Eltern sind nahe von Eisenach dahin übergesiedelt. Denn
in Eisenach hält sich fast meine ganze Verwandtschaft auf, und
ich bin dort von ihnen anerkannt gewesen und bin heute (noch
dort) bekannt. Denn ich bin dort vier Jahre lang zur Schule gegangen, und keine andere Stadt kennt mich besser als diese. Ich hoffe
aber, sie würden nicht so einfältig gewesen sein, daß der eine
Luthers Sohn für seinen Neffen, der andere ihn für seinen Onkel
und noch ein anderer ihn für sein Geschwisterkind (solche Anver-
wandte habe ich dort viel) gehalten hätte, wenn sie geahnt hätten,
daß mein Vater und meine Mutter Böhmen und ganz andere
Menschen als die bei ihnen geborenen wären. Die folgende Zeit
habe ich auf der Universität und im Kloster zu Erfurt zugebracht,
bis ich nach Wittenberg gekommen bin. In Magdeburg bin ich
auch ein Jahr gewesen, allerdings im Alter von 14 Jahren.
Da hast du meinen Lebenslauf und meine Herkunft ... 27/X 70 f.

Wittenberg, 14. Jan. 1520

ÜBER MOTIVE SEINER STREITSCHRIFTEN

An den Prediger Wenzeslaus Linck

Ich will mit meinen Büchern und Flugschriften nicht Ruhm und Ehre einheimsen. Fast jedermann verurteilt an mir meine Heftigkeit, aber ich meine wie Ihr, daß Gott vielleicht eben damit die Lügen der Menschen aufdecken will. Denn was in unsrer Zeit mit Ruhe behandelt wird, das sehe ich bald in Vergessenheit geraten, ohne daß jemand sein achtet ... Unsre Zeit urteilt freilich schlimm davon; das Urteil der Zukunft wird besser sein. Wer kann sagen, ob mich nicht der Geist mit seinem Ungestüm vorwärts treibt, da ich doch gewißlich nicht aus Gier nach Ehre oder Gut, noch nach Beifall so handle. Aber ich suche Rache? Vielleicht. Der Herr verzeihe mir's; denn auch damit gehe ich nicht darauf aus, einen Aufruhr zu erregen, sondern einem allgemeinen Konzil seine Freiheit zu erfechten. 9/22 f.

Wittenberg, 19. August 1520

ÜBER ABSICHTEN SEINER GEGNER

An den Theologen Spalatin

Endlich ist die Bulle [päpstlicher Erlass], die Eck aus Rom mitgebracht hat, auch hier eingetroffen; die Wittenberger Freunde werden an den Fürsten ausführlich darüber schreiben. Ich verachte diese Bulle und befehde sie schon als gottlos und lügnerisch und ganz und gar eckisch. Ihr werdet sehen, daß es erstens Christus selbst ist, den sie verdammt, daß sie zweitens kein Wort der Begründung beibringt und daß sie mich endlich nicht zum Verhör, sondern zum Widerruf vorladet. So könnt Ihr erkennen, wie sie in Rom voll Wut, Blindheit und Torheit sind, unfähig zum Sehen und unfähig zum Denken. Doch will ich vorläufig den Namen des Papstes ungenannt lassen und die Bulle als unecht und erlogen angreifen, obwohl ich sie für echt halte.

O, wäre Kaiser Karl ein Mann und schritte zum Kampfe für Christi Sache wider diese Teufel!

Für meine Person bin ich ohne Furcht; des Herrn Wille geschehe. Wie sich der Kurfürst verhalten soll, weiß ich nicht zu sagen, doch scheint es mir das beste, die Sache mit Schweigen zu übergehen.

Von ganzem Herzen aber freue ich mich, daß ich für so eine herrliche Sache leiden darf, und ich fühle mich unwert einer so heiligen Prüfung. Ich fühle mich jetzt viel freier, da ich nun gesehen habe, daß der Papst der Antichrist ist und der Satan in seinem Herzen wohnt. Nun bewahre nur Gott die Seinen, daß sie sich nicht durch sein teuflisches Gebaren vom Glauben abwenden lassen. Erasmus [von Rotterdamm] schreibt mir, der kaiserliche Hof wimmle so von den herrschsüchtigen Bettelmönchen, daß von Karl nichts zu hoffen sei; und das ist in der Ordnung; denn es heißt: „Verlasset Euch nicht auf Fürsten, sie sind Menschen, die können ja nicht helfen." 9/24

Wittenberg, 11. Okt. 1520

ÜBER SEIN PERSÖNLICHES BEFINDEN

An Spalatin

... Ich befinde mich hier wohl, nur bin ich träg und schlaff, und so erkalte ich geistig und fühle mich unglücklich. Heute hab ich endlich seit fünf Tagen wieder Stuhlgang gehabt, doch so hart, daß ich fast den Geist dabei ausgehaucht habe. Nun sitze ich wie ein Weib, das geboren hat, voller Schmerzen, Blut und Wunden, mit der traurigen Gewissheit, diese Nacht keinen oder bestenfalls für kurze Zeit Schlaf zu finden.

Doch ich danke Christus, der mir ein Restchen des heiligen Kreuzes zugeteilt hat. Ich könnte von allen Wunden genesen, wenn nur mein Leib offen wäre. Die Verletzungen, die in vier Tagen zuheilen, reißt der neue Stuhlgang wieder auf. Deshalb

will ich aber von Euch nicht bedauert, sondern vielmehr beglück-
wünscht sein, und Ihr sollt beten, daß ich würdig werde, brünstig im Geist zu sein. Denn es ist Zeit, mit aller Kraft gegen den
Satan zu beten, mit solch furchtbarem Leid bedroht er Deutschland, und ich fürchte, der Herr möge ihm dazu Gewalt geben.
Immer noch bin ich schläfrig und faul zu Gebet und Widerstand. So bin ich mit mir selbst unzufrieden und mir selber zur
Last, vielleicht weil ich so allein bin und keiner von Euch mir
helfen will. Ach, laßt uns beten und wachen, daß wir nicht in
Anfechtung fallen. 9/25   *Wartburg, 9. Sept. 1521*

An den Juristen Nikolaus Grebel

Ihr fragt besorgt und freundschaftlich nach meinem Ergehen.
Darüber werdet Ihr inzwischen von andern unterrichtet sein. Ich
bin abgetreten von der öffentlichen Bühne, nach dem Rat der
Freunde, gegen meinen Willen, ungewiß, ob ich's Gott zu Dank
täte. Ich meinte, meinen Hals darbieten zu müssen öffentlich
dem Haß, aber anders dachten, die mich durch Ritter auf der
Reise in einem verstellten Überfall fangen und an einen sicheren Ort setzen ließen, wo ich jetzt liebreich gehalten werde.
Aber glaubt mir: tausend Teufeln bin ich ausgesetzt in diesem
meinem einsamen Nichtstun. So viel leichter ist es, wider den
leibhaftigen Teufel, d. i. gegen Menschen, zu kämpfen, als mit
den bösen Geistern unter dem Himmel. Des öftern falle ich,
aber es richtet mich auf die Rechte des Erhabenen; in seinem
Namen sehne ich mich auch wieder in die Öffentlichkeit, aber
ich will es nicht, es rufe mich denn der Herr.
(Angaben über neue Schriften:) ... alles deutsch. Für meine Deutschen bin ich geboren, ihnen möchte ich auch dienen. Mich
juckts, gegen die Akademien öffentlich vorzugehen, aber ich
habe es noch nicht in Angriff genommen ... 9/25 f.

Wartburg, 1. Nov. 1521

An seinen Mitstreiter Justus Jonas

Ich bin vom Saufen im Kopf noch immer nicht frei, und das Kratzen im Hals mehrt sich. Aber ich habe genug gelebt und getan. Mein Stündlein mag kommen, wenn es dem wohlgefällig ist, den ich von Herzen begehre zu sehen, der sein Leben und sein Blut dahingegeben hat für den armen Sünder Luther. Lebt wohl. 9/62

Veste Coburg, 28. Aug. 1530

ÜBER GRÜNDE SEINER MÖNCHWERDUNG

An seinen Vater Hans Luther

Ich bin jetzt an die sechzehn Jahre Mönch und bin's damals wider deinen Willen und ohne dein Wissen geworden. In deiner väterlichen Liebe fürchtetest du für meine Schwachheit, weil ich ein junger Mensch war, kaum einundzwanzig Jahre alt, das ist „in hitziger Jugend" (daß ich Augustins Worte brauche), und du hattest mancherlei Exempel, daß es mehr denn einem mit dieser Lebensart übel geraten war. Hingegen hattest du mir eine ehrenvolle und reiche Heirat zugedacht. Dieser Furcht wegen hattest du Sorge, ja eine Weile unversöhnlichen Groll wider mich, und vergebens redeten dir die Freunde zu: wenn du Gott etwas opfern wollest, dann sollte es das Liebste und Beste sein. Derweil ließ der Herr in deine Gedanken des Psalmisten Wort hineinklingen, aber du warst taub: „Gott kennt der Menschen Gedanken, daß sie eitel sind."

Endlich gabst du nach und unterwarfst dich dem Willen Gottes, ließest aber keineswegs von der Sorge meinetwegen. Es gedenkt mir allzu wohl: du warst (grundsätzlich) versöhnt und sprachst mit mir (über Tafel), ich aber bestand darauf, ich sei durch einen Schrecken vom Himmel berufen. Denn ich bin nicht gern und nicht aus Eifer ein Mönch worden, viel weniger des Bauchs wegen, sondern da mich eine Angst und Todesschreck unver-

157

sehens überfiel, tat ich ein erzwungen und erdrungen Gelübde. Da sagtest du: „Gott gebe nur, daß es kein Teufelsgespenst gewesen sei!" Das Wort durchdrang mich bis ins innerste Herz, gleich als hätte Gott durch deinen Mund geredet; aber ich verstockte mein Herz, so gut ich konnte, wider dich und dein Wort. Da ich dir aber mit kindischer Kühnheit deinen Groll vorrückte, gabst du mir noch eine zweite Antwort, und die traf mich so, daß mich dünkt, ich habe all meiner Lebtage aus keines Menschen Mund ein Wort vernommen, das mir mächtiger geklungen und fester gehaftet habe: „Hast du nicht gehört das Gebot ,Ehre Vater und Mutter?'" Dennoch macht' ich mich sicher in meiner Gerechtigkeit, hielt's nur für Menschenwort und wollt' es kühnlich verachten; denn es von Herzen verachten, das konnt' ich nicht. 9/26 f.

Wartburg, 21. Nov. 1521

ÜBER SEINE ART ZU SCHREIBEN

An einen Unbekannten

Ich habe nun auch , wie Ihr wißt, manches feine Büchlein ohne alle Schärfe, freundlich und sanft geschrieben, dazu mich aufs allerdemütigste erboten, ihnen nachgezogen, erschienen mit vieler Kost und Mühe, und ihre Lügen und Lästerungen über die Maßen viel ertragen. Aber je mehr ich mich gedemütigt habe, je mehr sie toben, mich und meine Lehre lästern, bis daß sie verstockt sind, weder hören noch sehen können. Wer nun des Sinnes ist, daß er solche meine viele Geduld und Erbieten nicht auch ansieht und verachtet, was soll's mich bewegen, ob er sich ärgert an meinem Schelten? Sintemal [zumal] er selbst damit anzeigt, daß er kein Gutes an mir kenne, sondern nur Ursache sucht zu verachten. Dieselben müssen ihm denn auch begegnen, auf daß sein falsch Herz offenbar werde. Denn wer meine Lehre mit rechtem Herzen aufnimmt, würde sich an meinem Schelten nicht ärgern. 9/30 *Wittenberg, 28. Aug. 1522*

An den sächsisch-kurfürstlichen Rat Hans von der Planitz

Ich weiß auch wohl, daß meine Schriften allesamt der Art gewesen sind, daß sie zuerst angesehen gewesen, als seien sie aus dem Teufel, und man besorgte, der Himmel würde bald fallen; aber hernach ist's bald anders worden. Es ist jetzt eine andere Zeit, daß man die großen Häupter, vorhin ungewohnt, antastet; und was Gott im Sinn hat, wird man sehen zu seiner Zeit. Nicht, daß ich mich damit entschuldige, als sei nichts Menschliches an mir; sondern daß ich mich des rühmen kann mit Sankt Paulo, ob ich gleich zu hart bin, daß ich dennoch je die Wahrheit gesagt habe, und mir niemand kann schuld geben, daß ich geheuchelt habe. Soll ich je einen Fehl haben, so ist's mir lieber, daß ich zu hart rede, und die Wahrheit zu unvernünftig herausstoße, denn daß ich irgend einmal heuchelte und die Wahrheit inne behielt. Verdrießt es aber die großen Herrn, mein frei hartes Schreiben, so (sollen sie) lassen mein Lehre unverworren und warten des Ihren; ich tue ihnen kein Unrecht. Sündige ich was daran, das sollen nicht sie, denen ich nur recht tue, sondern Gott allein, vergeben. 9/30   *Wittenberg, 4. Febr. 1523*

ÜBER NEUN ENTLAUFENE NONNEN

An Luthers Fürsprecher Georg Spalatin

Es sind jene neun abtrünnigen Nonnen zu mir gekommen. Ein beklagenswertes Völklein, aber zu mir gebracht durch ehrbare Torgauische Bürger ... Ihr wollt wissen, was ich mit den Nonnen zu tun gedenke: Zunächst werde ich es den Verwandten anzeigen und sie bitten, sie aufzunehmen. Lehnen diese es ab, werde ich ihnen anderswo Aufnahme verschaffen. Von manchen Seiten ist mir das zugesagt worden; einige will ich auch, wenn möglich, im Ehestand unterbringen. ... Ihr Zustand fordert wahrhaftig das Mitleid heraus, und Ihr werdet Christus in ihnen dienen. Ihre Flucht ist ein wirkliches Wunder. Ich ersuche Euch, auch von Eurer Seite ein Werk der Liebe zu tun und an meiner Statt bei Euren reichen Freunden am Hofe etwas Geld zu sammeln, damit ich sie eine oder ein paar Wochen erhalten kann, bis ich sie ohne Umstände ihren Verwandten oder den genannten Gönnern übergebe. 9/236

Wittenberg, 10. April 1523

ÜBER SEINE FEMININEN VERMITTLUNGSDIENSTE

An Hieronymus Baumgärtner,
einen Mitbewerber um die Hand Katharina von Boras
Übrigens, wenn Du Deine Käthe von Bora halten willst, so beeile Dich mit der Tat, ehe sie einem anderen gegeben wird, der bei der Hand ist. Sie hat die Liebe zu Dir noch nicht überwunden. Ich würde mich gewiß freuen, wenn Ihr beide miteinander verbunden würdet. Gehab Dich wohl. 27/X 146

Wittenberg, 12. Okt. 1524

ÜBER SEINE HEIRATSGEDANKEN VOR DER HOCHZEIT (AM 13.6.1525)

An den lutherischen Theologen Georg Spalatin
Daß mir Argula [Argula von Grumbach, Luthers Briefpartnerin] von Heiratsplänen schreibt, dafür danke ich und wundere mich, daß solche Dinge über mich geschwatzt werden, da auch vieles andere geschwatzt wird. Aber Du danke ihr in meinem Namen und sage ihr, ich sei zwar in der Hand Gottes als eine Kreatur, deren Herz er jede Stunde und jeden Augenblick ändern und wieder ändern, töten und lebendig machen kann. Doch bei der Gesinnung, die ich gehabt habe und noch habe, wird es nicht geschehen, daß ich heirate. Nicht, daß ich mein Fleisch und mein Geschlecht nicht spüre – ich bin weder Holz noch Stein – aber

mein Sinn steht der Ehe fern, da ich täglich den Tod und die verdiente Strafe für einen Ketzer erwarte. Daher werde ich auch Gott keine Grenze seines Werks in mir setzen, noch mich auf mein Herz verlassen. Ich hoffe aber, daß er mich nicht lange leben lassen wird. Gehab dich wohl und bete für mich. 27/X 146 f.

Wittenberg, 30. Nov. 1524

ÜBER SICH ALS LIEBHABER

An Spalatin

Weiter fragt Ihr, warum ich nicht heirate. Darüber dürft Ihr Euch nicht wundern, da ich doch ein so berüchtigter Liebhaber bin. Da ich so viel von der Ehe schreibe und so viel mich mit Weibern bemenge, ist es eigentlich vielmehr wunderbar, daß ich nicht selbst eins geworden bin. Warum also davon reden, daß ich keine gefreit! Fordert jedoch Ihr, daß ich Euch ein Beispiel geben soll, so könnt Ihr sogleich ein sehr durchschlagendes vernehmen.

Habe ich doch gleich drei Weiber auf einmal gehabt und so tapfer geliebt, daß ich zwei davon wieder eingebüßt habe, die andere Freier zu nehmen gedenken. Die dritte hält auch nur ein schwaches Band, und auch sie wird mir vielleicht bald entrissen. Ihr dagegen seid mir ein träger Liebhaber, der nicht einmal eine einzige zu nehmen wagt. Immerhin hütet Euch, daß ich Euch nicht zuvorkomme, so nahe Euch und so fern mir jetzt der Wunsch zur Ehe liegt. Pflegt doch Gott zu wirken, was wir am wenigsten erwarten. Dies, um Euch ohne Scherz an Euer Vorhaben zu gemahnen. Lebt wohl. 9/33

Wittenberg, 16. April 1525

ÜBER DIE HANDELNDEN IM BAUERNKRIEG

An den kursächsischen Rat Johann Rühel

Denn obgleich der Bauern noch mehr tausende wären, so sind es dennoch allzumal Räuber und Mörder, die das Schwert aus eigener Vermessenheit und Frevel nehmen und Fürsten und Herren und alles vertreiben, neue Ordnung in der Welt machen wollen, wozu sie von Gott weder Gebot, Macht, Recht noch Befehl haben, wie es Herren jetzt haben. Dazu sind sie an ihren Herren treulos und meineidig. Darüber hinaus führen sie den Namen des göttlichen Worts und Evangeliums zu Schanden und Unehren, zu ihren solchen großen Sünden. Wenn ihnen Gott aus Zorn gleich gestattet, mit der Tat, ohne alles Recht und Befehl Gottes, ihr Vornehmen auszuführen, so müsste mans leiden, wie wenn sonst jemand Unrecht leidet oder leiden muß und doch nicht drein willigt, daß sie recht daran täten.

Ich hoffe aber noch fest, es soll keinen Fortgang oder doch wenigstens keinen Bestand haben, obwohl Gott durch die allerheillosesten Leute zuweilen die Welt plagt, wie er mit den Türken getan hat und noch tut.

Daß sie aber vorgeben, niemand zu beschädigen noch Leid zu tun, ist des Teufels Spott. Heißt das nicht Schaden tun: Herren verjagen und totschlagen? Wollen sie niemand schaden, warum versammeln sie sich denn und gebieten, man solle ihrem Vornehmen weichen? Niemand Schaden tun und doch alles nehmen, so täte der Teufel auch wohl, wenn man ihn machen ließe, wie er wollte, und „schadete niemand" ...

In Summa: Will Gott seinen Zorn über uns gehen und Deutschland verwüsten lassen, so sind die Gottesfeinde und Lästerer, Räuber und Mörder, wie diese treulosen meineidigen Bauern, gut dazu ...

Wohlan komme ich heim, so will ich mich mit Gottes Hilfe zum Tode bereiten und meiner neuen Herrn, der Mörder und Räuber, warten, die mir sagen, sie wollen niemand etwas tun. Gleichwie jener Straßenräuber tat, der zu dem guten Fuhrmann sprach: „Ich will dir nichts tun, gib mir aber, was du hast, und fahre, wie ich will; wo nicht, so sollst du sterben." O, eine schöne Unschuld! Wie schön schmückt der Teufel sich und seine Mörder! Aber ehe ich wollte billigen und für recht erklären, was sie tun, wollte ich eher hundert Hälse verlieren, auf daß mir Gott in Gnaden helfe ... 27/X 149 f.   *Seeburg, 4. Mai 1525*

ÜBER SEINE HEIRAT

An seinen Vertrauten Georg Spalatin
Ich habe denen das Maul gestopft, die mich mit Katharina von Bora in üblen Ruf bringen, lieber Spalatin. Kommt es dazu, daß ich ein Festmahl mache, meinen Ehestand damit zu bezeugen, dann mußt Du nicht allein dabei sein, sondern auch mithelfen, wenn etwas an Wildbret nötig sein sollte. Indessen wünsche uns Glück und Gottes Segen.
Ich habe mich durch diese Heirat so verächtlich und gering-schätzig gemacht, daß ich hoffe, es sollen die Engel lachen und alle Teufel weinen. Die Welt und ihre Weisen verstehen dieses göttliche und heilige Werk nicht, ja sie machen es an meiner Person gottlos und teuflisch. Deshalb habe ich größeren Gefallen daran, daß aller derer Urteil durch meinen Ehestand verurteilt und beleidigt wird, die in der Unkenntnis Gottes zu bleiben fort-fahren wollen. Gehab Dich wohl und bete für mich. 27/X 158
Wittenberg, 16. Juni 1525

An seinen Freund Wenzeslaus Linck
... Gott hat mich, obwohl ich ganz andere Gedanken hatte, unver-sehens mit Katharina von Bora, jener Klosterjungfrau, wunder-bar in den Ehestand getrieben. Das Hochzeitsmahl beabsichtige ich, wenn möglich, am 27. Juni zu geben. Ich will aber nicht,

daß Du Dich mit Unkosten beladen sollst, sondern als Einladung befreie ich Dich mit Zustimmung meiner Herrin von der schuldigen Gabe eines Bechers. Wenn Du jedoch zur Hochzeit kommst, so will ich, daß Du auf keinen Fall einen Becher oder sonst irgend etwas mitbringst. Nur wünsche mir zu diesem christlichen Werk, um dessentwillen ich geschmäht und gelästert werde, Glück und Gottes Segen. Gehab Dich wohl und bete für mich. 27/X 159   *Wittenberg, 20. Juni 1525*

ÜBER DIE BESTÄTIGUNG
UND GRÜNDE SEINER HEIRAT

An seinen Freund Nikolaus Amsdorf

Das Gerücht ist wahr, daß ich mit Katharina plötzlich verehelicht worden bin, ehe ich genötigt würde, über mich lärmende Mäuler zu hören, wie es zu geschehen pflegt. Denn ich hoffe, daß ich noch eine kurze Zeit leben werde, und ich habe diesen letzten Gehorsam meinem Vater, der in der Hoffnung auf Nachkommenschaft dazu aufforderte, nicht abschlagen wollen. Zugleich wollte ich auch das mit der Tat bekräftigen, was ich gelehrt habe, denn so viele Kleinmütige finde ich bei so großem Lichte des Evangeliums. So hat Gott es gewollt und gemacht. Denn ich empfinde nicht fleischliche Liebe noch Hitze, sondern ich verehre meine Frau. Ich will daher am nächsten Dienstag ein Gastmahl geben zum Zeugnis meiner Ehe, wo meine Eltern zugegen sein werden. Deshalb habe ich gewollt, daß Du auf jeden Fall dabei bist, darum lade ich Dich jetzt ein, wie es beschlossen war, und bitte Dich, sage nicht ab, wenn Du irgend kannst ... 27/X 159 f.

Wittenberg, 25. Juni 1525

ÜBER SEIN SOZIALES ENGAGEMENT

An Kurfürst Johann den Großmütigen von Sachsen

Dieser Herr [Güldenapf = Luthers Lehrer in Eisenach], Vorzeiger dieses Briefes, hat die Pfarre zu Waltershausen dem Rat zurückgegeben, und zwar laut einem Vertrag, den E. F. G. [Euer Fürstlicher Gnaden] selbst aufgerichtet hat, so daß sie ihm jährlich 30 Gulden (Ruhegehalt) von den Pfarrgütern reichen sollten. Nun gibt es Schwierigkeiten, so daß ihm solches Geld nicht wird, weil vielleicht der Rat die Pfarre nicht hat, wie E. F. G. weiter Bericht hören wird. Deshalb muß der arme alte Mann so um seine Nahrung laufen. Weil er denn mein Schulmeister gewesen und ich wohl schuldig wäre, ihm alle Ehre zu tun, bitte ich E. F. G. gar untertänig, E. F. G. wollen meinem Schulmeister solch ihm zustehendes Geld nicht verfallen lassen, sondern ihm gnädiglich dazu verhelfen, daß er in seinen alten Tagen nicht betteln gehen müsse. Hiermit Gott befohlen, Amen. 27/X 168

Wittenberg, 14. Mai 1526

An seine Ehefrau

Weil Johannes [Luthers Diener J. Rischmann] wegzieht, so will's die Notwendigkeit und Ehre fordern, daß ich ihn anständig von mir kommen lasse. Denn Du weißt, daß er treu und fleißig gedienet und sich wahrlich dem Evangelium nach demütig gehalten und alles getan und gelitten hat. Darum denke Du daran, wie oft wir bösen Buben und undankbaren Schülern gegeben haben, da alles umsonst gewesen ist: so streng Dich nun hier an, und laß es einem solchen frommen Gesellen auch nicht mangeln, da Du weißt, daß es wohl angelegt und Gott gefällig ist. Ich weiß wohl, daß wenig da ist; aber ich gäbe ihm gerne 10 Gulden [etwa 150 €], wenn ich sie hätte. Aber unter 5 Gulden sollst Du ihm nicht geben, weil er nicht (zum Abschied neu) gekleidet ist. Was Du drüber hinaus geben kannst, das tue, da bitte ich darum.

Es könnte zwar der gemeine Kasten einem solchen meinem Diener mir zu Ehren wohl etwas schenken, mit Rücksicht darauf, daß ich meine Diener auf meine Kosten zu ihrer Kirchen Dienst und Nutzen halten muß, aber wie sie wollen. Laß Du es ja an nichts fehlen, solange ein Becher da ist. Denke (darüber nach), wo Du es herkriegst. Gott wird wohl anderes geben; das weiß ich. Hiermit Gott befohlen, Amen ... 27/X 231   *Torgau, 27. Febr. 1532*

ÜBER DAS VERHÄLTNIS
ZU SEINER EHEFRAU

An den Augustinermönch Michael Stiefel
Gott hat mich nach seiner großen Güte mit einem gesunden und munteren Sohn, Hänschen Luther, gesegnet. Es grüßt Dich Käthe, meine Rippe, und sagt Dir Dank, daß Du sie mit Deinem so angenehmen Briefe beehrt hast. Sie fühlt sich, Gott Lob, wohl und folgt meinem Willen und ist in allen Dingen gehorsam und nachgiebig; mehr, als ich es je zu wagen gehofft hätte (Gott sei Dank!), so daß ich meine Armut nicht gegen die Reichtümer eines Krösus eintauschen möchte. Grüß Deine Herrin und Herren meinerseits in Christus und gehab Dich wohl. 27/X 170
Wittenberg, 11. August 1526

ÜBER SEINE FINANZIELLEN VERHÄLTNISSE

An den Prior des Wittenberger Klosters Eberhard Brisger
Du bittest, daß ich für Dich acht Gulden [etwa 120 €] auslegen soll, lieber Eberhard, aber wo soll ich sie hernehmen? Wie Du weißt, werde ich durch einen teuren Haushalt erdrückt. Weiter bin ich selbst durch meine Unvorsichtigkeit an verschiedenen Stellen mehr als beinahe 100 Gulden [etwa 3 000 €] schuldig; sie sind in diesem Jahre fällig. Drei Pokale stehen an einem Orte als

Unterpfand für 50 Gulden. Der Herr aber, der meine Unvorsichtigkeit so straft, wird mich wiederum befreien. Dazu kommt, daß Lukas [Cranach] und Christian [Döring] mich nicht mehr als Bürgen zulassen wollen, weil sie aus Erfahrung wissen, daß sie auf diese Weise entweder nichts mehr bekommen oder ich völlig entblößt werde. Ja, ich habe einen vierten Pokal für 12 Gulden hingegeben, welche sie dem „fetten Hermann" auf meine schriftlich geleistete Bürgschaft hin liehen. Wozu aber soll das dienen, daß ich einer ganz und gar so ausgesogen werde; ja nicht bloß ausgesogen, sondern auch in so große Schulden gestürzt werde? Das heißt schon nicht mehr von eigenem, sondern von fremdem Gut Almosen geben. Ich meine, daß man mir Knauserei oder Geiz nicht nachsagen kann, da ich auch mit fremdem Gut so verschwenderisch umgehe. Daher will ich dies tun: ich will mit jenen Leuten reden, ob ich sie auf irgendeine Weise begütigen kann, dann auch des Rates Reiners mich bedienen. Wenn mir nun Geld in die Hände kommt, würde es mir nichts ausmachen, es einstweilen auszulegen. Ja, ich wollte, daß Du selbst kämest und einmal mit jenen Leuten redetest, Deine Sache ordnetest und auch Dein Haus vermietetest. Denn weshalb steht es so leer da, da es Dir in diesem Jahre eine erkleckliche Summe hätte einbringen können? Gehab Dich wohl im Herrn. 27/X 403 f.

Wittenberg, 1. Febr. 1527

An Eberhard Brisger

Was soll ich, lieber Eberhard, über den Verkauf Deines Hauses schreiben? Du weißt doch, daß ich solche Dinge weder taxieren kann noch ein geeigneter Käufer bin. Du hingegen hast reichlich Leute, die Dir in dieser Sache besser als ich raten können, ganz davon zu schweigen, daß Du selbst hierin geschickter und erfahrener bist. Wenn ich darauf nicht geantwortet habe, so liegt das vielleicht an Deinem Angebot, es mir zu verkaufen. Aber ich wollte nicht gern meine Armut zur Schau tragen, zumal es mir unmöglich ist, die Hälfte einer so großen Summe jemals zusammenzubringen. Dem Schein nach zeige ich herrliche Schätze, aber ich möchte nicht, daß Du oder auch andere in meiner Lage wären. Daher kannst Du mich nicht als Käufer haben, wenn Du auch zweihundertmal verkaufen wolltest. Ich disputiere aber mit Dir über Bruno: wenn Dir meine Bitten etwas bedeuten, so wünschte ich, daß Du ihm es für vierhundertundvierzig Gulden [etwa 13 500 €] verkaufst, denn ich höre, daß es so von Deinen Verwandten geschätzt ist ...

Ich sollte wirklich auch für die Meinigen sorgen, da ich bis jetzt an Besitz ärmer bin als Du. Aber ich sehe, daß die Sorge vergeblich ist. Daher befehle ich es dem, der alles bis auf diesen Tag genug gegeben hat. Er wird mir in Zukunft geben, wenn ich dessen würdig bin oder er wird die hinwegraffen, denen er nicht geben will. Der Herr stärke Dich und lehre Dich, daß für das Unsere sorgen nichts mehr als Mangel im Gefolge hat, und daß nichts weniger [den Mangel] verhindern kann [als das Sorgen]. 27/X 244 f.   *Wittenberg, 20. Dez. 1534*

ÜBER GELD(BESCHAFFUNG)

An Wenzeslaus Link

Nikolaus Enderisch [Sekretär Herzog Georgs] grüße vielmals und sage ihm, daß er ruhig so dreist sein soll, Freiexemplare irgend welcher Bücher von uns zu verlangen. Denn an Geld sind auch wir sehr arm, aber ich bediene mich eines gewissen, wenn auch mäßigen Rechts gegen die Buchdrucker, daß ich, da ich für meine mancherlei Arbeit von ihnen nichts bekomme, bisweilen, wenn es mir beliebt, ein Exemplar für mich nehme. Ich glaube, daß man mir dies schuldig ist, da andere Schriftsteller, ja auch die Übersetzer, für einen Bogen [1 Druckbogen = 16 Druckseiten] einen Gulden bekommen. Daher habe ich meinem Wolf [Sieberger] den Auftrag gegeben, daß er dem armen Enderisch alles, was er nur immer an Exemplaren haben will, bald verschaffen soll; das soll er zuversichtlich glauben. Gehab Dich wohl mit allen den Deinen. 27/X 182　　　　　　　　*Wittenberg, 5. Juli 1527*

ÜBER SEINE KORRESPONDENZ

An den lutherischen Theologen Wenzeslaus Link
Du beklagst Dich im letzten Brief, daß ich Dir auf Deine Fragen nicht geantwortet habe. Wundere Dich nicht darüber: wenn Du Antwort haben willst, musst Du nochmals schreiben und mahnen. Denn ich werde täglich so mit Briefen überschüttet, daß Tisch, Bänke, Schemel, Pulte, Fenster, Kästen, Borde und alles voller Briefe liegt mit Fragen, Händeln, Klagen, Bitten usw. Auf mich stürzt die ganze Last des Kirchen- und Gemeindewesens ein, so schlecht versehen die Geistlichen und die öffentlichen Stellen ihr Amt. 27/X 194　　　　　*Wittenberg, 20. Juni 1529*

ÜBER SEINE VÄTERLICHE FÜRSORGE

An seinen vierjährigen Sohn Hans (Hänschen)
Gnade und Friede in Christo! Mein herzliebes Söhnchen! Ich sehe gern, daß du wohl lernst und fleißig betest. Tue also, mein Söhnchen, und fahre fort! Wenn ich heimkomme, so will ich dir einen schönen Jahrmarkt [schönes Geschenk] mitbringen.
Ich weiß einen lustigen hübschen Garten, da gehen viel Kinder innen, haben goldene Röcklein und lesen schöne Äpfel unter den Bäumen und Birnen, Kirschen und Pflaumen, singen, springen und sind fröhlich, haben auch schöne kleine Pferdlein mit goldenen Zäumen und silbernen Sätteln. Da fragt ich den Mann, des der Garten ist, wes die Kinder wären. Da sprach er: „Es sind die Kinder, die gern beten, lernen und fromm sind." Da sprach ich: „Lieber Mann, ich hab auch einen Sohn, heißt Hänschen

Luther, könnte er nicht auch in den Garten kommen, daß er auch solche schönen Äpfel und Birnen essen möchte und solche feinen Pferdlein reiten und mit diesen Kindern spielen?" Da sprach der Mann: „Wenn er gern betet, lernt und fromm ist, so soll er auch in den Garten kommen, Lippus und Jost [Sohn von Melanchthon bzw. Jonas, beide 5-jährig] auch, und wenn sie alle zusammenkommen, so werden sie auch Pfeifen, Pauken, Lauten und allerlei Saitenspiel haben, auch tanzen und mit kleinen Armbrüsten schießen."

Und er zeigte mir dort eine feine Wiese im Garten, zum Tanzen zugerichtet, da hingen eitel goldene Pfeifen, Pauken und feine silberne Armbrüste. Aber es war noch früh, daß die Kinder noch nicht gegessen hatten. Darum konnte ich des Tanzes nicht erharren [abwarten] und sprach zu dem Mann: „Ach lieber Herr, ich will flugs hingehen und das alles meinem lieben Söhnlein Hänschen schreiben, daß er ja fleißig bete, wohl lerne und fromm sei, auf daß er auch in diesen Garten komme; aber er hat eine Muhme Lene [Schwester von Luthers Ehefrau], die muß er mitbringen." Da sprach der Mann: „Es soll ja sein, gehe hin und schreibe ihm also!"

Darum, liebes Söhnlein Hänschen, lerne und bete ja getrost und sage es Lippus und Jost auch, daß sie auch lernen und beten, so werdet ihr miteinander in den Garten kommen. Hiermit bist dem allmächtigen Gott befohlen und grüße Muhme Lenen und gib ihr einen Kuß von meinetwegen. Dein lieber Vater Martinus Luther 9/248 f.   *Veste Coburg, 19. Juni 1530*

ÜBER SEINE AUTORITÄT

An den Mitreformator Philipp Melanchthon

Ich habe Eure Apologie [Rechtfertigung] bekommen und wundere mich, was Du wohl willst; Du fragst danach, was und wieviel den Päpstlichen nachgegeben werden solle. In Bezug auf den Fürsten ist das eine andere Frage; was er zugeben darf, wenn ihm Gefahr droht. Für meine Person ist in dieser Apologie mehr als genug nachgegeben worden. Wenn sie die so zurückweisen, dann sehe ich nichts, worin ich noch nachgeben könnte; es sei denn, ich sähe ihre Gründe oder klarere Schriftstellen, als ich sie bisher gesehen habe. Ich beschäftige mich Tag und Nacht mit dieser Sache: ich bedenke sie, erwäge sie, erörtere sie und durchsuche die ganze Schrift, und es wächst in mir ständig die völlige Glaubensgewissheit in dieser unserer Lehre, und ich werde mehr und mehr darin bestärkt, daß ich mir (so Gott will) nun nichts mehr werde nehmen lassen, es gehe darüber, wie es wolle.

... An Deinem Brief mißfällt mir, daß Du schreibst, Ihr seiet in dieser Sache meiner Autorität gefolgt. Ich will für Euch in dieser Sache nicht der Urheber sein oder so genannt werden; obwohl dies recht gedeutet werden könnte, will ich doch nicht einmal dies Wort. Wenn es nicht zugleich und in gleicher Weise Eure Sache ist, dann will ich nicht, daß gesagt werde, sie sei mein und Euch auferlegt. Ich würde sie selbst führen, wenn es allein meine Sache wäre. 27/X 208　　　　　　　　　　　*Veste Coburg, 29. Juni 1530*

WIE MAN DER VERSUCHUNG
WIDERSTEHEN KANN

An seinen Hausgenossen Hieronymus Weller

In dieser Art der Anfechtung und des Kampfes ist die Verachtung die beste und leichteste Weise, den Teufel zu besiegen. Verlache den Widersacher und suche jemand auf, mit dem Du vertraulich plaudern kannst. Die Einsamkeit mußt Du auf jede Weise fliehen, denn so fängt er dich am sichersten und stellt dir nach, wenn Du allein bist. Durch Spott und Verachtung wird dieser Teufel überwunden, nicht durch Widerstand und Disputieren. Daher sollst Du mit meiner Frau und den anderen scherzen und spielen, damit Du diese teuflischen Gedanken zu Fall bringst, und sei darauf bedacht, daß Du guten Mutes bist. Diese Anfechtung ist Dir notwendiger als Speise und Trank. Ich will Dir erzählen, was mir einst widerfahren ist, als ich ungefähr in Deinem Alter war: Als ich frisch ins Kloster gekommen war, geschah es, daß ich immer traurig und betrübt einherging, auch diese Traurigkeit nicht ablegen konnte. Deshalb suchte ich Rat und beichtete Doktor Staupitz (dieses Mannes tue ich gern erwähnen) und eröffnete ihm, was für greuliche und schreckliche Gedanken ich hätte. Darauf sagte er: „Du weißt nicht, Martin, wie nützlich und notwendig dir diese Anfechtung ist, denn Gott plagt dich nicht umsonst so; du wirst sehen, daß er dich als einen Diener gebrauchen wird, um große Dinge auszurichten." Und so geschah es. Denn ich bin (dies darf ich von mir mit Recht sagen) ein großer Lehrer geworden, was ich freilich damals, als ich unter diesen Anfechtungen litt, niemals geglaubt hätte, daß ich es würde. So wird es ohne Zweifel auch Dir gehen: Du wirst ein großer Mann werden; siehe nur zu, daß Du unterdessen guten und starken Mutes bist, und sei davon überzeugt, daß solche Aussprüche vornehmlich so gelehrter und großer Leute nicht ohne Weissagung und Vorbedeutung sind. Denn ich erinnere mich, daß einst ein Mann, den ich über den Verlust seines Sohnes tröstete, zu mir sagte: „Du wirst sehen, Martin, daß du ein großer Mann werden wirst." Dieses Ausspruchs habe ich mich sehr oft erinnert, denn solche Worte haben, wie ich gesagt habe, etwas von einer Vorbedeutung und Weissagung an sich. Darum sei guten und starken Mutes und wirf diese schrecklichen Gedanken gänzlich von Dir. Und sooft Dich der Teufel mit diesen Gedanken plagt, suche sofort die Unterredung mit Menschen oder trinke etwas reichlicher oder treibe Scherz und Possen oder tue irgend etwas anderes Heiteres. 27/X 214 f.   *Veste Coburg, Juli 1530*

ÜBER GRÜNDE SEINER LEBENSART

An seinen Hausgenossen Hieronymus Weller
Sooft Euch der Teufel mit solchen Gedanken plagt, sucht die Unterhaltung mit Menschen, trinkt mehr, scherzt, treibt Kurzweil und heitere Dinge. Man muß jeweils reichlicher trinken, spielen, scherzen und also eine Sünde tun wider des Teufels Haß und Hohn, auf daß wir ihm nirgends Raum geben, daß er uns ob solch geringer Dinge das Gewissen beschweren mag. Wo nicht, so werden wir überwunden, wenn wir uns allzu ängstlich darum sorgen, daß wir nur nicht sündigen. Derhalben, wenn der Teufel sagt: „Trink nicht!", so gib ihm zur Antwort: „Gerade darum will ich stark trinken, weil du mich hinderst, und deshalb trinke ich noch mehr." So müssen wir immer das Gegenteil dessen tun, was uns der Teufel verbietet. Aus welcher andern Ursache meint Ihr, daß ich mehr trinke, freier plaudere, öfter esse, als nur darum, daß ich mit dem Teufel Spiel treiben und ihn quälen will, der mit mir solches treiben wollte. Ach, könnte ich doch eine besondere Sünde aufweisen, den Teufel damit zu reizen, auf daß er erkenne, ich wisse von keiner Sünde und sei mir keiner Missetat bewußt. 9/57 f.
Veste Coburg, Ende Juli 1530

ÜBER VERWUNDERLICHE NATURERSCHEINUNGEN

An den sächsischen Juristen Gregor Brück
Ich habe neulich zwei Wunder gesehen: Das erste, da ich zum Fenster hinaussah, die Sterne am Himmel und das ganze schöne Gewölbe Gottes und sah doch nirgends Pfeiler, darauf der Meister solch Gewölb gesetzt hatte; dennoch fiel der Himmel nicht ein

und steht auch solch Gewölb noch fest. Nun sind etliche, die suchen solche Pfeiler und wollten sie gern greifen und fühlen. Weil sie denn das nicht vermögen, zappeln und zittern sie, als werde der Himmel gewißlich einfallen aus keiner andern Ursache, denn daß sie die Pfeiler nicht greifen noch sehen. Wenn sie dieselbigen greifen könnten, so stünde der Himmel fest.

Das andere: ich sah auch große, dicke Wolken über uns schweben mit solcher Last, daß sie möchten einem großen Meer zu vergleichen sein, und sah doch keinen Boden, darauf sie ruhten oder fußten, noch Kufen, darin sie gefaßt wären. Dennoch fielen sie nicht auf uns, sondern grüßten uns mit einem sauren Angesicht und flohen davon. Da sie vorüber waren, leuchtete herfür beides: der Boden und unser Dach, der sie gehalten hatte, der Regenbogen. ... Dennoch sind etliche, die des Wassers und der Wolken Dicke und schwere Last mehr ansehen, achten und fürchten, denn diesen dünnen, schmalen und leichten Schemen. Denn sie wollten gern fühlen die Kraft solches Schemens; weil sie das nicht können, fürchten sie, die Wolken werden eine ewige Sintflut anrichten. 9/58 *Veste Coburg, 5. Aug. 1530*

ÜBER SEINEN BEISTAND FÜR ARME

An den Torgauer Richter Anton Unruhe

Ihr wißt, Doktor Martinus ist nicht Theologus und Verfechter des Glaubens allein, sondern auch Beistand des Rechts armer Leute, die von allen Orten und Enden zu ihm fliehen, Hilfe und Vorschrift [Fürbitte] an Obrigkeiten von ihm zu erlangen, daß er genug damit zu tun hätte, wenn ihm sonst keine Arbeit mehr auf der Schulter drückte. Aber Doktor Martinus dient den Armen gern, wie Ihr es auch gewohnt seid ... 27/X 268

Wittenberg, 13. Juni 1538

ÜBER BORDELLE

An seinen Hausgenossen Hieronymus Weller

Habe Du nichts, lieber D. Hieronymus, mit denen zu schaffen, welche wollen, daß die Bordelle wieder hergestellt werden. Es wäre erträglicher gewesen, wenn man den Teufel nicht ausgetrieben hätte, als daß man ihn abermals einläßt und von neuem befestigt. Die, welche die Bordelle wieder herstellen wollen, mögen zuerst dem Namen Christi absagen und Heiden sein, die Gott nicht kennen. Wir Christen, wenn wir welche sein wollen, haben ein offenbares Wort Gottes (Hebr 13,4): „Die Hurer und Ehebrecher wird Gott richten"; um wieviel mehr (gilt das für) diejenigen, welche sie begünstigen, schützen, ihnen mit Rat und Hilfe beistehen? Wie könnte man sonst öffentlich gegen die Hurerei lehren, wenn man die Obrigkeit loben müßte, welche die Hurerei zulässt? Sie prahlen mit dem Beispiel der Nürnberger, gleichsam als ob sie allein in dieser Sünde stünden. Aber, sagen sie nach den Worten des Augustin, es wird alles mit Unzucht befleckt werden. Dagegen gibt es durch Gottes Gnade ein Heilmittel, nämlich die Ehe oder die Hoffnung auf die Ehe. Was ist aber die Ehe als Heilmittel oder die Hoffnung auf sie nötig, wenn wir die Hurerei ungestraft zulassen? Wir haben es erfahren, als die Bordelle unter dem Satan in Blüte standen, daß diesem Übelstand nicht allein nicht geraten war, sondern vielmehr durch das Beispiel der freien Hurerei Schändung und Ehebruch vermehrt wurde, was auch öffentlich bekannt war. Jetzt, wo Gott sei Dank die Hurerei verboten ist, kommt weniger Schändung und Ehebruch vor, besonders öffentlich. Die Obrigkeit möge (wenn sie christlich sein will) sowohl Hurerei und Schändung als auch Ehebruch bestrafen – zumindest wenn es öffentlich geschieht; wenn es trotzdem heimlich noch oft genug vorkommt, dann ist sie entschuldigt. In Summa: Gegen Gott können wir nichts tun noch zulassen, noch dulden. Was recht ist, muß geschehen, wenn gleich die Welt darüber zugrunde ginge. Gehab Dich wohl. In Eile.

27/X 290 *Wittenberg, 3. Sept. 1540*

ÜBER SICH UND DIE WELT

An seinen Mitstreiter Jakob Probst

Ich bin in der Tat träge, müde, kalt, d. h. ein Greis und unnütz.
Ich habe meinen Lauf vollendet. Es bleibt nur noch, daß mich
der Herr zu meinen Vätern versammle und der Verwesung und
den Würmern ihr Teil übergeben werde. Ich habe genug gelebt,
wenn es ein Leben zu nennen ist. Du bete für mich, daß die
Stunde meines Hingangs Gott gnädig und mir heilbringend sei.
Um den Kaiser und das ganze Reich kümmere ich mich nicht;
außer, daß ich sie im Gebet Gott empfehle. Es scheint mir die
Welt auch zu der Stunde ihres Endes gekommen und ganz und
gar veraltet zu sein wie ein Gewand, und daß sie bald verwandelt
werden muß, Amen. Bei den Fürsten ist nichts mehr von helden-
mütiger Tugend, sondern unheilbarer Haß und Zwietracht, Geiz
und eigene Gelüste. So hat das Reich keine Männer ... Daher kann
man nichts Gutes hoffen; außer, daß der Tag der Herrlichkeit des
großen Gottes und unserer Erlösung offenbart werde. 27/X 326

Wittenberg, etwa 15. April 1544

5. Der poetische Luther

Doktor Luther wäre wohl unzufrieden, möglicherweise sogar zornig, könnte er diese Kapitelüberschrift lesen, denn er zweifelte eigentlich an seiner eigenen dichterischen Begabung: „Ach, daß ich ein guter Poet wäre, so wollte ich gern ein köstlich Lied oder Gedicht machen." 31/10

Er schätzte also durchaus das in Versen und Strophen Gesagte: „Ich gestehe, dass ich einer von denen bin, die Gedichte stärker bewegen, mehr ergötzen, und in denen sie fester haften, als in ungebundener Rede." 7/189

Trotz seiner Selbstzweifel drückte er sich gelegentlich poetisch, also in metrisch gebundener Rede aus, dann aber mehr der Not gehorchend als dem eignen Triebe; getreu der alten Volksweisheit: *Hilf dir selbst, so hilft dir Gott!*

In seiner Funktion als Prediger bemühte sich Martinus Lutherus – besonders in der Zeit von 1523 bis 1524 – intensiv um „volkssprachliche Lieder ..., die das Volk während der Messe sänge". (64/717) Es fehlte zu jener Zeit noch an befähigten Lyrikern, die geistliche Lieder, also für den Kirchengesang zu vertonende Gedichte, hätten verfassen können, „die würdig wären", so Luther, „in der Kirche gebraucht zu werden." Ebenda

Ergo schrieb er an seinen theologischen Kollegen Georg Spalatin: „Ich bin willens, nach dem Beispiel der Propheten und alten Kirchenväter deutsche Psalmen fürs Volk zu machen; das heißt, geistliche Lieder, damit Gottes Wort auch durch den Gesang unter den Leuten bleibe." 35/224

Für die so entstandenen Verse suchte er sich passende Melodien, und fertig waren die geistlichen Lieder Marke Eigenbau.

D. Ahrens weiß zu berichten: „Oft reimte er bei Tische acht bis

zehn Strophen in einer halben Stunde und sang sie sich mit verschiedenen bekannten Melodien und Abwandlungen vor." 35/224
Immerhin entstanden so – oder so ähnlich – an die 600 Kirchen-
lieder, die seinen Ruf als „bedeutendsten Kirchenlieddichter der
Reformationszeit" (64/717) begründeten; zumindest quantitativ,
denn da spricht schon die Zahl für sich! Und qualitativ?
Da spricht für sich, was drei Autoritäten uns dazu zu sagen haben,
und das bezieht sich nicht nur auf Luthers geistliche Lieder,
sondern auch auf seine Alltagslyrik.
Der Reformationshistoriker Prof. Johann Georg Walch attestiert
Martin Luther, dass er „eine gute Gabe besaß, in gebundener Rede
etwas abzufassen, wie nicht nur seine Lieder, sondern auch seine
noch vorhandenen lateinischen [Alltags-]Verse ausweisen." 56/186
Die bedeutende deutsche Lyrikerin Ricarda Huch meint: „Was
Luther vom Dichter unterscheidet ist nur das, daß er niemals absichtlich gestaltete; es kam ihm nur auf Wahrheit, nie auf Schönheit an. Zwar sind seine Werke überreich an Schönheit, aber nur
an zufälliger; er schüttet Edelsteine, Gold und Perlen aus unerschöpflichem Füllhorn, aber ein Geschmeide macht er nicht
daraus. Luther war ganz und gar christlich insofern, als er Dichter, nicht Künstler, daß er Genie war ..." 60/418 f.
Schwer wiegt, was unser großer Poet und Kritiker Heinrich Heine
auf die Urteilswaage legt. Er vertritt die Auffassung, von besonderer Qualität seien „Luthers Gedichte; die Lieder, die in Kampf
und Not aus dem Gemüte entsprossen. Sie gleichen manchmal
einer Blume, die auf einem Felsen wächst, manchmal einem
Mondstrahl, der über ein bewegtes Meer hinzittert." 58/III 30 f.

BEDINGUNGEN

Herrschaft ohne Schutz,
Reichtum ohne Nutz.
Richter ohne Recht,
Lotter und Spitzknecht.
Bäume ohne Frucht,
Frauen ohne Zucht.
Adel ohne Tugend,
Unverschämte Jugend.
Hochmütige Pfaffen,
Buben, die unnütz klaffen.
Böse, eigensinnige Kind,
Leute, die niemands nütze sind. 7/172
...
Je krummer Holz, je besser Krück,
je ärger Schalk, je besser Glück. 7/190

BEISTAND

Gott der Vater wohn uns bei
Und laß uns nicht verderben!
Mach uns aller Sünden frei
und helf uns selig sterben!
Vor dem Teufel uns bewahr!
Halt uns bei festem Glauben
Und auf dich laß uns bauen,
aus Herzensgrund vertrauen,
dir uns lassen ganz und gar,
mit allen rechten Christen
entfliehen Teufels Listen,
mit Waffen Gotts uns fristen!
Amen, Amen. Das sei wahr!
So singen wir Alleluja! 9/438 f.
...

BIBEL

Wie einer liest die Bibel,
so steht in seinem Haus der Giebel. 32/23

DANKBARKEIT

So danken, Gott, und loben dich
Die Heiden überalle,
und alle Welt, die freue sich
und sing mit großem Schalle,
daß du auf Erden Richter bist
und läßt die Sünd nicht walten;
dein Wort die Hut und Weide ist,
die alles Volk erhalten,
in rechter Bahn zu wallen.
Es danke, Gott, und lobe dich
das Volk in guten Taten.
Das Land bringt Frucht und bessert sich,
dein Wort ist wohl geraten.
Uns segne Vater und der Sohn,
uns segne Gott der heilge Geist,
dem alle Welt die Ehre tu,
vor ihm sich fürchte allermeist. 37/33 f.

Es wollt uns Gott gnädig sein
und seinen Segen geben.
Sein Antlitz uns mit hellem Schein
erleucht zum ew'gen Leben,
daß wir erkennen seine Werk
und was uns ihm liebt auf Erden,
und Jesus Christus' Heil und Stärk
bekannt den Heiden werden

und sie zu Gott bekehren.
So danken Gott und loben dich
die Heiden überalle,
und alle Welt die freue sich
und sing mit großem Schalle,
daß du auf Erden Richter bist
und läßt die Sünd nicht walten.
Dein Wort die Hut und Weide ist,
die alles Volk erhalten,
in rechter Bahn zu wallen.
Es danke Gott und lobe dich
das Volk in guten Taten.
Das Land bringt Frucht und bessert sich.
Dein Wort ist wohl geraten.
Uns segne Vater und der Sohn,
uns segne Gott der Heilig Geist,
dem alle Welt die Ehre tun,
für ihm sich fürcht allermeist.
Nun sprecht von Herzen Amen. 9/423

EHE

Er ist gewiß ein frommer Mann,
der sich um ein Weib nimmet an.
Es ist gewiß ein frommes Weib,
wo sie bei einem Manne bleibt.
Ein Ehmann soll geduldig sein,
sein Weib nicht halten wie ein Schwein.
Eine Hausfrau soll vernünftig sein,
des Mannes Weise lernen fein.
Da wird Gott Gnade geben zu,
daß ihn die Eh gar sanfte tu ... 9/261

EMPFEHLUNGEN

Wer was weiß, der schweig.
Wem wohl ist, der bleib.
Wer was hat, der behalte.
Unglück, das kommt balde. 33/65

Rede wenig und mach's wahr,
was du borgest, bezahle bar.
Laß einen jeden sein, wer er ist,
so bleibst du auch wohl, wer du bist. 7/189

Red' was wahr ist, iß was gar ist,
trink was klar ist. 46/157

Schweig, leid, meid und vertrag,
Deine Not niemand klag,
An Gott nicht verzag,
seine Hilfe kommt alle Tag. 37/101

Es ist auf Erden kein besser List,
denn wer seiner Zunge ein Meister ist.
Viel wissen und wenig sagen,
nicht antworten auf alle Fragen. 33/65

Trinken ohne Durst,
studieren ohne Lust,
beten ohn Innigkeit
sind verlorne Arbeit. 9/510

Halt den Kragen warm,
füll nicht zu sehr den Darm,
komm nicht zu nah den Grittenfrauen [Huren],
so wirst du langsam nur ergrauen. 40/53

Hüt dich, hüt dich, mein liebes Kind!
Gar viel der bösen Buben sind,
die leben wie ein Sau und Rind
und bleiben in der Sünden blind.
Doch bald sie Gottes Strafe findt
und machet sie des Teufels Gesind.
Hüt dich vor ihn und folg ihn nicht!
Gedenk an Gott, der alles sieht,
auch alles straft, was Böses geschieht. 28/56
...

ERMAHNUNG

Viel falscher Meister jetzt Lieder dichten.
Siehe dich vor und lern sie recht richten!
Wo Gott hinbauet seine Kirche und sein Wort,
da will der Teufel sein mit Trug und Mord. 9/510

FRIEDEN

Verleih uns Frieden gnädiglich,
Herr Gott, zu unsern Zeiten.
Es ist doch ja kein andrer nicht,
der für uns könnte streiten ... 37/62

Gott, gib Frieden in deinem Lande,
Glück und Heil zu allem Stande. Ebenda

GEBOTE

Dies sind die heil'gen Zehn Gebot,
die uns gab unser Herre Gott
durch Mosen, seinem Diener treu,
hoch auf dem Berge Sinai.
Kyrioleis!
Ich bin allein dein Gott der Herr.
Kein Götter sollst du haben mehr.
Du sollst mir ganz vertrauen dich,
von Herzens Grund lieben mich.
Kyrioleis!
Du sollst nicht führen zu Unehrn
den Namen Gottes, deines Herrn.
Du sollst nicht preisen recht noch gut,
ohn was Gott selbst red' und tut.
Kyrioleis!
Du sollst heiligen den siebenten Tag,
daß du und dein Haus ruhen mag.
Du sollst von deinem Tun lassen ab,
daß Gott sein Werk in dir hab.
Kyrioleis!
Du sollst ehren und gehorsam sein
dem Vater und der Mutter dein
und wo deine Hand ihnen dienen kann,
so wirst du langes Leben han.
Kyrioleis!
Du sollst nicht töten zorniglich,
nicht hassen, noch selbst rächen dich,
Geduld haben und sanften Mut
und auch den Feinden tun das Gut.
Kyrioleis!
Deine Ehe sollst du bewahren rein,
daß auch dein Herz kein ander mein',

und halten keusch das Leben dein
mit Zucht und Mäßigkeit fein.
Kyrioleis!
Du sollst nicht stehlen Geld noch Gut,
nicht wuchern jemands Schweiß und Blut.
Du sollst auftun deine milde Hand
den Armen in deinem Land.
Kyrioleis!
Du sollst kein falscher Zeuge sein,
nicht lügen auf den Nächsten dein.
Seine Unschuld sollst auch retten du
und seine Schande decken zu.
Kyrioleis!
Du sollst deines Nächsten Weib und Haus
begehren nicht noch etwas draus.
Du sollst ihm wünschen alles Gut,
wie dir dein Herz selber tut.
Kyrioleis!
Die Gebot all uns geben sind,
daß du deine Sünd, o Menschenkind,
erkennen sollst und lernen wohl,
wie man für Gott leben soll.
Kyrioleis!
Das helfe uns der Herr Jesus Christ,
der unser Mittler worden ist.
Es ist mit unserm Tun verlorn-
verdienen doch eitel Zorn.
Kyrioleis! 9/451 f.

GOTT

Was Gott tut, das stehet.
Was Gott will, das gehet. 37/199

Ein feste Burg ist unser Gott,
ein gute Wehr und Waffen.
Er hilft uns frei aus aller Not,
die uns jetzt hat betroffen. 9/457
...

Drei Wörtlein laßt uns wohl merken
und allzeit als Christen darauf schaun.
Das ist: Gott fürchten und lieben
Und ihm alleine vertraun. 37/93

Wir glauben all an einen Gott,
Schöpfer Himmels und der Erden,
der sich zum Vater gegeben hat,
daß wir seine Kinder werden.
Er will uns allzeit ernähren,
Leib und Seele auch wohl bewahren;
allem Unfall will er wehren,
kein Leid soll uns widerfahren.
Er sorget für uns, hütet und wacht.
Es steht alles in seiner Macht. 37/90
...

GOTTESFURCHT

Wohl dem, der in Gottes Furcht steht
und der auf seinem Wege geht!
Dein eigen Hand dich nähren soll,
so lebst du recht und geht dir wohl.
Dein Weib wird in deinem Hause sein
wie ein Reben voll Trauben fein,
und deine Kinder um deinen Tisch,
wie Ölpflanzen gesund und frisch.
Sieh, so reich Segen hängt dem an,
wo in Gottesfurcht lebt ein Mann.
Von ihm lässt der alte Fluch und Zorn,
der Menschenkindern angeborn. 9/447
...

GEBORGENHEIT

Christus lässt wohl sinken,
aber nicht ertrinken. 37/69

GROSSZÜGIGKEIT

Laß einen jeden sein was er ist,
so bleibst auch du wohl, wer du bist. 37/105

HAUSORDNUNG

Es gehöret gar viel in ein Haus,
willst du es aber rechnen aus,
so muß noch viel mehr gehn heraus.
Des nimm ein Exempel mein Haus.
Ich armer Mann, so halt ich Haus,
wo ich mein Geld soll geben aus,
da durfst [brauchte] ich's wohl an sieben Ort,
und fehlt mir allweg hier und dort.
Tu, wie [mein] Vater hat getan:
Wo der wollt einen Pfennig han,
da fand er drei im Beutel bar,
damit bezahlet er alles gar.
Kein Heller wollt er schuldig sein,
so hielt er Haus und lebet frei.
Tu, wie [Käthes] Vater hat getan:
Wo der sollt einen Pfennig han,
da mußt er borgen drei dazu,
Bleib immer schuldig Rock und Schuh.
Das heißt denn Haus gehalten auch,
Daß im Hause bleibt kein Feuer noch Rauch. 28/57 f.
...

Der Herr muß selber sein der Knecht,
will er's im Hause finden recht.
Die Frau muß selber sein die Magd,
will sie im Hause schaffen Rat.
Gesinde nimmermehr bedenkt,
was Nutz und Schad im Hause brengt.
Es ist ihm nicht gelegen dran,
weil sie es nicht für eigen han. 28/58

HERZ

Des Christen Herz auf Rosen geht,
wenn's mitten unterm Kreuze steht. 37/83

LIEBE

Es ist kein lieber Ding auf Erden
denn Frauenliebe,
wem sie kann zuteil werden. 37/58

MUSIK

Die beste Zeit im Jahr ist mein,
da singen alle Vögelein;
Himmel und Erden ist der voll,
viel gut Gesang da lautet wohl.
Voran die liebe Nachtigall
macht alles fröhlich überall
mit ihrem lieblichen Gesang,
des muß sie haben immer Dank.
Viel mehr der liebe Herre Gott,
der sie also geschaffen hat,
zu sein die rechte Sängerin,
der Musiken eine Meisterin.
Dem singt und springt sie Tag und Nacht,
seines Lobes sie nichts müde macht;
den ehrt und lobt auch mein Gesang
und sagt ihm ein ewigen Dank. 27/296

Für allen Freuden auf Erden
kann niemand kein feiner werden,
denn die ich geb mit meinem Singen
und mit manchem süßen Klingen.
Hier kann nicht sein ein böser Mut,
wo da singen Gesellen gut.
Hier bleibt kein Zorn, Zank, Haß noch Neid,
weichen muß alles Herzeleid.
Geiz, Sorg und was sonst hart anleit [anliegt]
fährt hin mit aller Traurigkeit.
Auch ist ein jeder des wohl frei,
daß solche Freud keine Sünde sei,
sondern auch Gott viel baß [besser] gefällt,
denn alle Freud der ganzen Welt.
Dem Teufel sie sein Werk zerstört
und verhindert viel böser Mörd.
...
Zum göttlichen Wort und Wahrheit
macht sie das Herz still und bereit.
Solches hat Elisäus bekannt,
da er den Geist durchs Harfen fand.
Die beste Zeit im Jahr ist Maïn,
da singen alle Vögelein.
Himmel und Erde ist der' voll.
Viel gut Gesang da lautet wohl.
Voran die liebe Nachtigall
macht alles fröhlich überall
mit ihrem lieblichen Gesang.
Des muß sie haben immer Dank. 9/507

NUTZLOSES

Herrschaft ohne Schutz,
Reichtum ohne Nutz,
Richter ohne Recht,
Lotter und Spitzknecht,
Bäume ohne Frucht,
Frauen ohne Zucht,
Adel ohne Tugend,
unverschämte Jugend,
Hochmütige Pfaffen,
Buben die unnütz klaffen,
Blöse eigensinnige Kind,
Leute, die niemand nütze sind,
Neidische Mönche, geizige Platten [Tonsuren]
mag man auf Erden wohl entraten. 37/179

PLATTDEUTSCHES

Wer seggt, dat Wucher kein Sünde si,
de hefft kein Gott, dat gläube nur fri. 9/510

REDEN

Es ist auf Erden kein besser List,
denn wer seiner Zungen ein Meister ist. 43/35

SCHEINHEILIGKEIT

Hunde hinken,
Frauen winken,
Kaufleute schwören,
da soll sich niemand daran kehren. 43/35

STERBEN

Mit Fried und Freud ich fahr dahin
In Gottes Wille;
Getrost ist mir mein Herz und Sinn,
sanft und stille. 37/160

UNRECHT

Das Sprichwort bleibt wahr:
Unrecht Gut gedeihet nicht,
kommt an den dritten Erben nicht. 37/188

VATERUNSER

Vater unser im Himmelreich,
der uns alle heißest gleich
Brüder sein und dich rufen an,
und willst das Beten von uns han,
gib, daß nicht bet allein der Mund;
hilf, daß es geh von Herzensgrund.
Geheiligt werd der Name dein;
dein Wort bei uns hilf halten rein,
daß wir auch leben heiliglich,

nach deinem Namen würdiglich.
Behüt uns, Herr, vor falscher Lehr,
das arm verführet Volk bekehr.
Es kommt dein Reich zu dieser Zeit
und dort hernach in Ewigkeit.
Der Heilig Geist uns wohne bei
mit seinen Gaben mancherlei;
des Satans Zorn und groß Gewalt
zerbrich; vor ihm deine Kirche erhalt.
Dein Wille geschehe, Herr Gott, zugleich
auf Erden wie im Himmelreich.
Gib uns Geduld in Leidenszeit,
gehorsam sein in Lieb und Leid;
wehr und steuer allem Fleisch und Blut,
das wider deinen Willen tut.
Gib uns heute unser täglich Brot,
wes man bedarf zur Leibesnot;
behüt uns, Herr, vor Krieg und Streit,
vor Seuchen und vor teurer Zeit,
daß wir in gutem Frieden stehn,
der Sorg und Geizes müßig gehen.
All unsre Schuld vergib uns, Herr,
daß sie uns nicht betrübe mehr,
wie wir auch unsern Schuldigern
ihr Schuld und Fehl vergeben gern.
Zu dienen mach uns allbereit
in rechter Lieb und Einigkeit.
Führ uns, Herr, in Versuchung nicht.
Wenn uns der böse Geist anficht
zur linken und zur rechten Hand,
hilf uns tun starken Widerstand,
im Glauben fest und wohlgerüst
und durch des Heiligen Geistes Trost.
Von allem Übel uns erlös;

es sind die Zeit und Tage bös.
Erlös uns von dem ewgen Tod
und tröst uns in der letzten Not.
Bescher uns auch ein selig End;
nimm unsre Seele in deine Händ.
Amen, das ist: es werde wahr.
Stärk unsern Glauben immerdar,
auf daß wir ja nicht zweifeln dran,
daß wir hiermit gebeten han
auf dein Wort in dem Namen dein.
So sprechen wir das Amen fein. 37/191 ff.

WEIHNACHTSBOTSCHAFT

Vom Himmel hoch, da komm ich her,
ich bring euch gute, neue Mär;
der guten Mär bring ich so viel,
davon ich singen und sagen will.

Euch ist ein Kindlein heut geborn
von einer Jungfrau auserkorn,
ein Kindelein so zart und fein,
das soll euer Freud und Wonne sein.

Es ist der Herr Christ, unser Gott,
der will euch führen aus aller Not.
Er will euer Heiland selber sein,
von allen Sünden machen rein. 37/202 f.
...

WUCHER

In Sachsen sagt man:
„Wer sagt, daß Wucher Sünde sei,
der hat kein Geld, das glaube frei."
Aber ich sage dagegen:
„Wer sagt, daß Wucher keine Sünde sei,
hat keinen Gott, das glaube frei!" 37/213

ZEIT(EN)

Des Morgens lobe deinen Gott,
des Mittags iß in Frieden dein Brot,
des Abends denk an deinen Tod,
des Nachts verschlafe deine Not. 37/218

6. Der rätselhafte Luther

Kaum ein Großer unserer Nation, der sich nicht auch hin und wieder mit verschlüsselten Denkaufgaben beschäftigt oder solche gelegentlich gar selbst zusammengebaut hätte, wie z. B. die Doktores Luther und Goethe.

Danach befragt, ob er ein Rätselfreund sei, antwortete der Dichter: „Nichts übet den Geist mehr, als das Bemühen, Rätselhaftes zu ergründen: man kommt dabei auf Dinge, die man auf gebahntem Wege nach einem klaren Ziel nicht gefunden haben würde ..." 34/77

„Ist denn die Welt nicht schon voller Rätsel genug, daß man die einfachsten Erscheinungen auch noch zu Rätseln machen soll?" Ebenda

So einfach sind die Erscheinungen aus Luthers Leben und Werk gar nicht, die wir hier in die verschiedensten Rätselformen gehüllt haben.

Hinweis: Die Lösungen finden Sie ab Seite 307.

WEISHEIT

Nach dem Umstellen der Bücher können Sie waagerecht eine Lebensweisheit Martin Luthers erkennen.

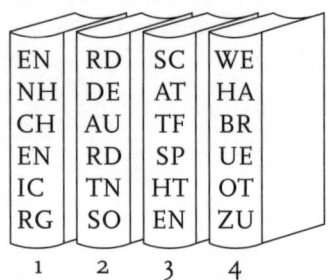

1	2	3	4
EN	RD	SC	WE
NH	DE	AT	HA
CH	AU	TF	BR
EN	RD	SP	UE
IC	TN	HT	OT
RG	SO	EN	ZU

LEBENSRÄTSEL

Das Kreuzworträtsel erfragt bestimmte Gegebenheiten aus dem Leben Martin Luthers. Das Lösungswort in der senkrecht umrandeten Spalte nennt eine seiner großen Lebensleistungen.

```
 1.        _ _ _ _ | _ | _ _
 2.          _ _ _ _ | _ | _ _
 3.  _ _ _ _ _ _ | B | _ _ _
 4.          _ _ | _ | _ _ _ _ _ _
 5.        _ _ _ _ | L |
 6.            _ | _ | _ _
 7.          _ _ _ | E | _ _ _ _ _
 8.          _ _ _ | _ | _ _ _
 9.            _ _ | E | _ _ _
10.            _ _ | _ | _
11. _ _ _ _ _ _ _ | _ | _ _ _
12.        _ _ _ _ | _ | _ _ _ _ _
13. _ _ _ _ _ _ _ | _ | _ _ _
14.      _ _ _ _ _ | _ |
15.          _ _ _ | _ | _ _
16.        _ _ _ _ _ | N | _ _
17.        _ _ | _ | _ _ _ _ _
```

1. Geburtsort, 2. Lateinische Form seines Vornamens, 3. Vom Papst über Luther verhängter ..., 4. Verfasser des Kleinen und Großen ..., 5. Ablassprediger, 6. Erste Studienrichtung, 7. Berater, Freund, Mitreformator, 8. Ort der Übersetzung des Neuen Testaments, 9. Nachschreiber der Tischreden (Ö = OE), 10. Geburtsname seiner Ehefrau, 11. Prof. in Wittenberg für ..., 12. Wohnsitz 1511–1546, 13. Hauptverdienst, 14. Schweizerischer Kirchenreformator, 15. Hauptstudienort, 16. Beruf seines jüngsten Sohnes Paul, 17. Schulbesuch u. a. in ...

EREIGNISORTE

In dem Suchwort-Rätsel finden Sie waagerecht, senkrecht und diagonal, von links nach rechts und von rechts nach links sowie von oben nach unten und von unten nach oben, jene 14 Orte, in denen Luther geboren wurde, die Schule besuchte, (s)ein Grunderlebnis hatte, studierte, wanderte, verhört wurde, disputierte, die Bibel übersetzte, wohnte, arbeitete, predigte, lebte, heiratete und starb.

S	O	R	E	N	E	B	E	L	S	I	E
M	T	C	M	A	H	R	S	O	B	I	O
R	G	O	T	R	C	T	A	N	Z	G	E
O	R	B	T	W	A	R	T	B	U	R	G
W	E	U	F	T	N	A	R	G	T	U	R
A	B	R	A	M	E	O	T	W	R	B	U
S	N	G	S	L	S	R	H	A	U	S	B
L	E	I	P	Z	I	G	N	A	F	G	E
E	T	N	E	R	E	R	O	H	R	U	D
G	T	A	Y	L	G	T	M	R	E	A	G
L	I	R	E	R	N	I	B	E	F	I	A
H	W	A	R	D	L	E	F	S	N	A	M

MOBILITÄT

Die Familie Luther hatte sich 1540 in der Nähe Wittenbergs einen ersten und vier Jahre später einen zweiten Garten nordöstlich der Stadt „Bei der Specke" zugelegt. Das Auto und die Eisenbahn gab es noch nicht. Konnten die Luthers den weiten Weg wenigstens mit ihren Fahrrädern zurücklegen?

a) Ja.

b) Nein, denn zur Lutherzeit war das Fahrrad noch gar nicht erfunden.

c) Nein. Es gab zwar das Fahrrad schon, aber der wenig technikfreundliche Reformator lehnte dieses neumodische „Teufelszeug" für sich und seine Leute rundweg ab.

d) Nein, denn der ehemalige Mönch eines Bettelordens besaß nicht die finanziellen Mittel für solch einen kostspieligen Luxus.

SPEISEPLAN

Martin Luther und seine bienenfleißige Käthe bereicherten den Mittags- und Abendtisch für ihre große Kinder- und Gästeschar mit verschiedenen Gemüsearten aus ihrem eigenen Garten unweit von Wittenberg.

Enthielt ihr Speiseplan auch schon selbst angebaute Kartoffeln?

a) Ja.

b) Nein, denn die Luthers schätzten das aus Südamerika stammende Nachtschattengewächs nicht.

c) Nein, sie schätzten zwar die wohlschmeckenden Erdäpfel, doch ihr Gartenboden war für deren Anbau gänzlich ungeeignet.

d) Nein, da zur Lutherzeit die Kartoffel in Deutschland noch unbekannt war.

MANCHERLEI

Aus den folgenden Silben sind 10 Wörter, die sich alle auf Luther beziehen, mit unten stehender Bedeutung zu bilden!

be – bel – ben – bi – berg – blitz – den – di – ehe – ein – eis – er – ger – furt – le – lu – pre – ra – re – rus – sa – schlag – tan – ter – ten – the – tisch – Wit

a) .... lat. Form seines Familiennamens
b) .... Ort der Beisetzung
c) .... Ort des Klostereintritts
d) .... außergewöhnliche Nebentätigkeit
e) .... Hauptquelle für seine Sprichwortsammlung
f) .... sein natürliches Grunderlebnis
g) .... beliebte Mitteilungsform
h) .... (s)ein Synonym für Teufel
i) .... (s)ein Beruf
k) .... Sterbeort

WEGBEGLEITER

Die Lebensleistung Martin Luthers wäre im Alleingang nicht möglich gewesen. In dem Buchstabenlabyrinth finden Sie waagerecht, senkrecht und diagonal, von links nach rechts und von rechts nach links sowie von oben nach unten und von unten nach oben, die Namen seiner engsten Wegbegleiter.

Einige ergänzende Hinweise sollen Ihnen helfen, die Familiennamen im Labyrinth zu entdecken.

1. Johannes ... (1519–1575) war Luthers Reisebegleiter und erster Herausgeber seiner Tischreden.
2. Matthäus ... (1490–1543) übersetzte mit Luther das Alte Testament.
3. Martin ... (1491–1521) gilt aus bedeutender Mitreformator.
4. Hans von ... (1517–1525) betreute Luther auf der Wartburg.

5. Katharina von ... wurde 1525 Luthers Ehefrau.
6. Johannes ... (1485–1558) Freund, Berater, Mitreformator Luthers.
7. Lukas ... (1472–1553) Luthers Freund und Bürgermeister in Wittenberg.
8. Johannes ... (1486–1543) Luthergegner.
9. Justus ... (1493–1555) Mitreformator und Reisebegleiter Luthers.
10. Andreas ... (1480–1541) Anhänger, später Gegner Luthers.
11. Paul ... (1533–1593) Mediziner, Hofrat.
12. Johannes ... (1504–1565) war Luthers erster Biograph.
13. Philipp ... (1497–1560) Lutherfreund und Mitreformator.
14. Georg ... (1492–1557) Luthers Sekretär und Nachschreiber seiner Tischreden.
15. Georg ... (1484–1545) war Hofkaplan und Förderer Luthers.
16. Johann ... (1465–1519) Ablassprediger und Luthergegner.

K	A	R	L	S	T	A	D	T	B	A
N	I	T	A	L	A	P	S	U	E	R
B	O	R	A	M	N	E	G	R	R	T
U	G	H	E	A	R	E	A	P	L	H
C	A	U	T	T	N	L	U	T	E	C
E	L	U	T	H	E	R	R	E	P	A
R	A	U	A	E	C	K	I	T	S	N
J	S	G	W	S	O	N	F	Z	C	A
O	E	R	Z	I	E	N	A	E	H	R
N	I	M	S	U	A	C	B	L	H	C
A	S	E	N	S	R	O	E	R	E	R
S	U	L	L	A	G	O	R	U	A	M

LEBENSERFAHRUNG

Wenn Sie die Reihenfolge der Bücher verändern, können Sie ein populäres Luther-Sprichwort lesen!

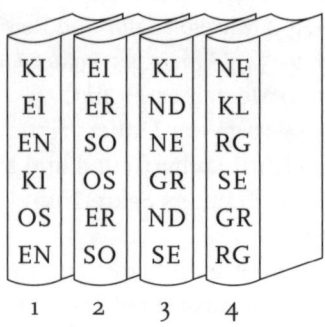

KI	EI	KL	NE
EI	ER	ND	KL
EN	SO	NE	RG
KI	OS	GR	SE
OS	ER	ND	GR
EN	SO	SE	RG
1	2	3	4

FRAGWÜRDIGES

Ist es möglich, dass Prof. Dr. Martin Luther beim Übersetzen des Alten Testaments von 1522 bis 1534 aus dem Hebräischen ins Deutsche mit seiner Expertengruppe (den Hebräisten Prof. M. Anrogallus, J. Forster und B. Ziegler) sowie seinem Freund, dem Prof. für griechische Sprache P. Melanchthon, den Bohnenkaffee schon aus Tassen des berühmten Meißner Porzellans trank?

a) Ja.

b) Nein, denn zu dieser Zeit war ihnen der Bohnenkaffee noch unbekannt.

c) Nein, weil damals das Meißner Porzellan noch nicht erfunden war.

d) Nein, weil seinerzeit weder das eine noch das andere in deutschen Landen vorhanden war.

SCHREIBHILFE

Unter den großen Köpfen der Menschheit war Martin Luther einer der produktivsten. Etwa 2200 Manuskriptseiten hat er in jedem Arbeitsjahr geschrieben, das entspricht rund 6 Seiten Tag für Tag. Und das neben seinen vielfältigen anderen Pflichten. Ein enormer Satzbauer! Konnte er wenigstens schon eine Schreibmaschine (und sei es nur eine einfache Typenhebel-Holzschreibmaschine) zu Hilfe nehmen, als er die Übersetzung des Neuen Testaments auf der Wartburg zu Papier brachte?

a) Ja.

b) Nein, weil zu dieser Zeit die Schreibmaschine noch nicht erfunden worden war.

c) Nein, die einfache Holzschreibmaschine gab es zwar schon, aber Luther (und seine Mitarbeiter) haben „dieses lärmende Monster" gemieden wie der Teufel das Weihwasser.

POSTVERKEHR

Über 2500 Briefe wurden von Martin Luther in oder nach Altenburg, Augsburg, Basel, Bern, Brandenburg, Coburg, Dessau, Dresden, Eisenach, Eisleben, Erfurt, Frankfurt. a. M., Gotha, Halberstadt, Halle, Leipzig, Mainz, Mansfeld, Marburg, Mühlhausen, Nürnberg, Rom, St. Gallen, Torgau, Weimar, Wittenberg, Worms, Zürich und weiß Gott wo(hin) noch geschrieben bzw. empfangen. Hat aber Luther seine Post schon in einen Briefkasten geworfen und von einem organisierten Postverkehr befördern lassen?

a) Ja

b) Nein, denn es gab zwar zu seiner Zeit schon die organisierte Briefbeförderung, doch Doktor Martinus traute ihr nicht über den Weg.

c) Nein, weil es die organisierte, flächendeckende Postbeförderung zur Lutherzeit in Deutschland noch nicht gab.

FAMILIENEINKOMMEN

„Ein jeder soll in der Ehe sein Amt ausrichten", mahnte Luther. Worin er die Pflichten von Mann und Frau bezüglich des Einkommens sah, finden Sie heraus, wenn Sie den Ziffern in dem folgenden Lutherzitat die Buchstaben richtig zuordnen!

„Der Mann soll (1) ..., das Weib aber soll (2) ...
Darum kann das Weib den Mann wohl (3) ... machen
und nicht der Mann das Weib;
denn der (4) ... Pfennig ist besser als der (5) ... .
So ist sparsam sein das beste (6) ..."

(a) anordnen	(d) erarbeitete	(g) ersparte	(j) glücklich
(b) Ehestand	(e) ersparen	(h) erworbene	(k) reich
(c) Einkommen	(f) erwerben	(i) gehorchen	(l) zufrieden

UNGLEICHES

Ein Versrätsel von Doktor Martinus,
für uns noch heute eine harte Nuss:

Ich weiß ein Wort, das hat ein L,
Wer das sieht, der begehrt es schnell;
Wenn aber das L weg und fort ist,
Nichts Besseres im Himmel und Erden ist.
Hast du nun einen weisen Geist,
So sage mir, wie das Wörtlein heißt! 31/42

ZEITRÄTSEL

Luthers Wappen enthält unter Anderem zwei aufgeblühte wilde Rosen. Er machte sich darauf auch einen Reim:

> **D**es Chr**I**sten Herz a**V**f Rosen steht,
> ob's **M**itten **V**ntern Kre**V**ze steht.

In dem Chronodistichon fand man später die Buchstaben (von uns hervorgehoben) für jene römischen Zahlen, die ein entscheidendes Datum im Leben des Reformators und der Menschheit darstellen. Entdecken Sie die Jahreszahl?

WORKAHOLIC

Luther und Melanchthon, beide in Wittenberg ansässig, waren nicht nur enge Freunde sowie Glaubens- und Reformationsgefährten, sondern auch Vorreiter der *Workaholic*bewegung.
Als Luther einmal Melanchthon besuchte, schrieb dieser unaufhörlich weiter an einem Manuskript.
Was meinen Sie, mit welchen Worten Martinus ihm schließlich unwirsch die Feder aus der Hand nahm?

a) „Du schuldest nicht nur unserem Herrgott,
   sondern auch mir Respekt und Anstand."
b) „Man kann Gott nicht allein mit Arbeit,
   sondern auch mit Ruhen dienen."
c) „Der Mensch ist zwar zur Arbeit geboren,
   wie der Vogel zum Fliegen, aber welcher Vogel
   kann schon ununterbrochen fliegen?"
d) „Arbeit schändet wohl nicht, aber ohne Unterlass
   zu arbeiten, ist eine Schande."

7. Der fabelhafte Luther

Die hier wiedergegebenen 13 Lutherfabeln (11/26 ff.) sind der Beginn eines vom Reformator geplanten Fabelbuches mit dem Titel:

> „Etliche Fabeln aus Äsop
> von D.M.L. verdeutscht,
> samt einer schönen Vorrede,
> vom rechten Nutz und Brauch desselben Buchs,
> jedermann, wes Standes er auch ist,
> lustig und dienlich zu lesen.
> Anno 1530."

Das unvollendet gebliebene Vorhaben beschäftigte Luther während seines halbjährigen Aufenthaltes auf der Veste Coburg im Jahre 1530.

Quelle waren die auf den griechischen Dichter Äsop zurückgehenden Fabeln, welche von dem deutschen Arzt Steinhöwel ins Lateinische übertragen und 1476 als Sammlung unter der Bezeichnung *Aesopus Latinus* herausgegeben worden waren.

Luthers schöpferische Leistung bestand nicht darin, diese literarischen Vorlagen stofflich zu verändern. Er hat sie „umgegossen in die Sprache seines Volkes" (11/43) und entsprechend seinen Absichten didaktisch so bearbeitet, dass deren *Lehre* jeweils am Ende in einer volkstümlich formulierten Spruchweisheit zum Ausdruck kam.

Bereits sein Freund und Mitreformer Philipp Melanchthon sah den Nutzen der Fabel, in der redende Tiere anstelle der Menschen agieren, „in dreierlei Gründen: sie fördere die Charaktererziehung, schärfe das Urteilsvermögen und diene dem Verständnis der Bibel." 11/39

Martin Luther stellte diese Potenzen der Fabel gezielt in den Dienst seiner reformatorischen und theologischen Aufgabenstellungen, „denn", so schrieb er in der Vorrede zu seinem fragmentarisch gebliebenen Buch, „man findet darin unter schlichten Worten und einfältigen Fabeln die allerfeinste Lehre, Warnung und Unterricht (wer sie zu brauchen weiß), wie man sich im Haushalten, in und gegen die Obrigkeit und Untertanen schicken soll, auf daß man klüglich und friedlich unter den bösen Leuten in der falschen, argen Welt leben möge." 11/21

ABWÄGUNG

Eine Stadtmaus ging spazieren und kam zu einer Feldmaus, die tat ihr gütlich mit Eicheln, Gersten, Nüssen und womit sie konnte. Aber die Stadtmaus sprach: „Du bist eine arme Maus. Was willst du hier in Armut leben? Komm mit mir, ich will dir und mir genug schaffen von allerlei köstlicher Speise." Die Feldmaus zog mit ihr hin in ein herrlich schönes Haus, darin die Stadtmaus wohnte, und ging in die Kammer, da war vollauf von Brot, Fleisch, Speck, Würsten, Käse und allem. Da sprach die Stadtmaus: „Nun iß und sei guter Dinge; solche Speisen habe ich täglich im Überfluß." Indes kam der Kellner [Kellermeister] und rumpelte mit den Schlüsseln an der Tür. Die Mäuse erschraken und liefen davon. Die Stadtmaus fand bald ihr Loch. Aber die Feldmaus wusste nirgendwohin, lief die Wand auf und ab und hatte ihr Leben aufgegeben. Da der Kellner wieder hinaus war, sprach die Stadtmaus: „Es hat nun keine Not, laß uns guter Dinge sein." Die Feldmaus antwortete: „Du hast gut sagen. Du wusstest dein Loch fein zu treffen, dieweil bin ich schier vor Angst gestorben. Ich will dir sagen, was die Meinung ist: Bleib du eine reiche Stadtmaus und friß Würste und Speck. Ich will ein armes Feldmäuslein bleiben und meine Eicheln essen. Du bist keinen Augenblick sicher vor dem Kellner, vor den Katzen, vor soviel Mausefallen, und dir ist das ganze Haus feind[lich]. Solches alles bin ich frei und sicher in meinem armen Feldlöchlein."

Diese Fabel zeigt: In großen Wassern fängt man große Fische, aber in kleinen Wassern fängt man kleine Fischlein. Wer reich ist, hat viele Neider, Sorge und Gefahr.

BOSHEIT

Eine schwangere Hündin bat mit demütigen Worten einen Hund, daß er ihr wollt ein Häuslein gönnen, bis sie geworfen hätte. Das tat der Hund gern. Da nun die jungen Hündlein erwuchsen, begehrte der Hund sein Häuslein wieder, aber die Hündin wollte nicht. Zuletzt dräute [drohte] ihr der Hund und hieß sie das Häuslein räumen. Da ward die Hündin zornig und sprach: „Bist du böse, so weise uns hinaus."

Diese Fabel zeigt: Wenn die Laus in den Grind kommt, so macht sie sich beschissen [erlangt ein Unwürdiger unverdient Besitz, wird er noch unbarmherziger]. Sieh, wie du des Bösen loswerdest, wenn es überhand kriegt. Der Teufel ist gut zu Gast zu bitten, aber man kann seiner nicht wohl loswerden.

DIEBEREI

Es freite einstmals ein Dieb, und seine Nachbarn waren fröhlich auf seiner Hochzeit, denn sie hofften, er würde hinfort fromm werden. Da kam ein kluger Mann dazu, und als er sie so in Freuden sah, sprach er: „Seht zu, seid nicht allzu fröhlich. Die Sonne wollte auch einmal freien. Darüber erschrak alle Welt und ward so ungeduldig, daß sie auch in den Himmel fluchte und schalt. Es fragte Jupiter aus dem Himmel, was das Fluchen bedeutete. Da sprach alle Welt: „Wir haben jetzt eine einzige Sonne, und die tut uns mit ihrer Hitze so viel zu Leide, daß wir schier alle verderben. Was will werden, wenn die Sonne mehr Sonne zeugen wird?"

Diese Fabel zeigt der Welt: Man darf den Teufel über die Tür nicht malen. Gries schlägt gern nach Gramen [Art lässt nicht von Art]. Ein Dieb zeugt den anderen. Hilf fromme [rechtschaffene] Leute mehren, der Bösen ist sonst zuviel. Mancher Schalk [Possenreißer] wird durch fromme Leute gefördert, der danach seinesgleichen an sich zieht, Land und Leuten sehr schädlich ist. Darum sieh dich vor, wem du raten oder helfen sollst. An fremden Kindern und Hunden, spricht man, ist das Brot verloren.

DOPPELFABEL

Erste Erzählweise

Es gesellten sich ein Rind, eine Ziege und ein Schaf zum Löwen und zogen miteinander auf die Jagd in einen Forst. Da sie nun einen Hirsch gefangen und in vier Teile gleich geteilt hatten, sprach der Löwe: „Ihr wißt, daß ein Teil mein ist als eures Gesellen. Der andere gebührt mir als einem Könige unter den Tieren, den dritten will ich haben darum, weil ich stärker bin und mehr danach gelaufen und gearbeitet habe, als ihr alle drei. Wer aber den vierten haben will, der muß mir ihn mit Gewalt nehmen." Also mußten die drei für ihre Mühe das Nachsehen und den Schaden zum Lohn haben.

Lehre: Fahre nicht hoch. Halt dich zu deinesgleichen. Dulcis inexpertis cultura potentis amici. [Nur dem Unerfahrenen erscheint der Umgang mit dem mächtigen Freund reizvoll.] Es ist mit Herrn nicht gut Kirschenessen, sie werfen einen mit den Stielen. Ulpia L.: Si non fuerint. [Was sie nicht gewesen sind.] Das ist eine Gesellschaft mit dem Löwen, wo einer allein den Genuß, der andere allein den Schaden hat.

Zweite Erzählweise

Ein Löwe, ein Fuchs und ein Esel jagten miteinander und fingen einen Hirsch. Da hieß der Löwe den Esel das Wildbret teilen. Der Esel machte drei Teile. Da ward der Löwe zornig und riß dem Esel die Haut über den Kopf, daß er blutrünstig [blutüberströmt] da stand und hieß den Fuchs das Wildbret teilen. Der Fuchs stieß die drei Teile zusammen und gab sie dem Löwen ganz. Da lachte der Löwe und sagte: „Wer hat dich so teilen gelehrt?" Der Fuchs zeigte auf den Esel und sprach: „Der Doktor da im roten Barett."

Diese Fabel lehrt zwei Stücke: Das erste: Herren wollen Vorteile haben, und man soll mit Herren nicht Kirschen essen, sie werfen einen mit den Stielen. Das andere: Felix quem faciunt aliena pericula cautum. [Derjenige ist glücklich zu nennen, welcher durch fremde Gefahren vorsichtig geworden ist.] Das ist ein weiser Mann, der sich an eines anderen Unfall bessern kann.

GEIZ

Es lief ein Hund durch einen Wasserstrom und hatte ein Stück Fleisch im Maul. Als er aber den Schemen [das Spiegelbild] vom Fleisch im Wasser sah, wähnte er, es wäre auch Fleisch und schnappte gierig danach. Da er aber das Maul auftat, entfiel ihm das Stück Fleisch, und das Wasser führte es weg. Also verlor er beide, das Fleisch und den Schemen.

Lehre: Man soll sich genügen lassen an dem, was Gott gibt. Wer das Wenige verschmäht, dem wird das Größere nicht. Wer zuviel haben will, der behält zuletzt nichts. Mancher verliert das Gewisse über dem Ungewissen.

HASS

Ein Wolf und ein Lämmlein kamen von ungefähr [zufällig] beide an einen Bach zu trinken. Der Wolf trank oben am Bach, das Lämmlein aber weit unten. Da der Wolf das Lämmlein gewahr ward, lief er zu ihm und sprach: „Warum trübst du mir das Wasser, daß ich nicht trinken kann?" Das Lämmlein antwortete: „Wie kann ich dir das Wasser trüben, trinkst du doch über mir und möchtest es mir wohl trüben." Der Wolf sprach: „Wie? Fluchst du mir noch dazu?" Das Lämmlein antwortete: „Ich fluche dir nicht." Der Wolf sprach: „Ja, dein Vater tat mir vor sechs Monden auch ein solches, du willst dich vätern" [es dem Vater gleichtun]. Das Lämmlein antwortete: „Bin ich doch dazumal noch nicht geboren gewesen, wie soll ich meines Vaters entgelten?" Der Wolf sprach: „So hast du mir aber meine Wiesen und Äcker abgenagt und verderbt." Das Lämmlein antwortete: „Wie ist das möglich, habe ich doch noch keine Zähne?" „Ei", sprach der Wolf, „und wenn du gleich viel ausreden und schwätzen kannst, ich will dennoch heute nicht ungefressen [hungrig] bleiben und würgte das unschuldige Lämmlein und fraß es.

Lehre: Der Welt Lauf ist: Wer fromm [rechtschaffen] sein will, der muß leiden, sollte man eine Sache vom alten Zaun brechen. Denn Gewalt geht vor Recht. Wenn man dem Hunde zu will [an den Kragen will], so hat er das Leder gefressen [ist er schuldig]. Wenn der Wolf will, so ist das Lamm im Unrecht.

KLUGHEIT

Der Esel ward auch einmal stolz; und als er einem Löwen begegnete, grüßte er ihn höhnisch und sprach: „Ich grüße dich, Bruder." Den Löwen verdroß der höhnische Gruß, dachte aber bei sich selbst: „Was soll ich mich an dem Schelmen rächen. Schelte oder zerreiße ich ihn, so lege ich keine Ehre ein. Ich will den Narren lassen fahren."

Lehre: Hoc scio pro certo, quod si cum stercore certo. Vino vel vincor, semper ego maculor. Das bedeutet: Wer mit dem Dreck rammelt [zusammenkommt], er gewinne oder verliere, so geht er beschissen davon.

LOBHUDELEI

Ein Rabe hatte einen Käse gestohlen und setzte sich auf einen hohen Baum und wollte zehren. Als er aber – seiner Art nach – nicht schweigen konnte, wenn er ißt, hörte ihn ein Fuchs über den Käse kecken [krächzen] und lief zu und sprach: „O Rabe, nun habe ich meinen Lebtag keinen schöneren Vogel gesehen von Federn und Gestalt, denn du bist. Und wenn du auch eine schöne Stimme hättest zu singen, so sollte man dich zum König krönen über alle Vögel." Den Raben kitzelte solches Lob und Schmeicheln, er fing an und wollte seinen schönen Gesang hören lassen. Und als er den Schnabel auftat, entfiel ihm der Käse. Den nahm der Fuchs behend, fraß ihn und lachte des törichten Raben.

Lehre: Hüt dich, wenn der Fuchs den Raben lobt. Hüt dich vor Schmeichlern, die schinden [quälen] und schaben [scheuern] etc.

NEID

Der Hund sprach ein Schaf vor Gericht an [verklagte es] um Brot, das er ihm geliehen hatte. Da aber das Schaf leugnete, berief sich der Hund auf Zeugen, die mußte man zulassen. Der erste Zeuge war der Wolf, der sprach: „Ich weiß, daß der Hund dem Schaf Brot geliehen hat." Die Weihe sprach: „Ich bin auch dabei gewesen." Der Geier sprach zum Schaf: „Wie wagst du es, so unverschämt zu leugnen?" Also verlor das Schaf seine Sache und mußte mit Schaden zur ungünstigeren Zeit seine Wolle angreifen, damit es das Brot bezahlte, das es nicht schuldig geworden war.

Lehre: Hüte dich vor bösen Nachbarn oder schicke dich in Geduld, willst du bei Leuten wohnen. Denn es gönnt niemand dem andern was Gutes. Das ist der Welt Lauf.

TORHEIT

Ein Hahn scharrte auf dem Mist und fand eine köstliche Perle. Als er dieselbige im Kot so liegen sah, sprach er: „Siehe, du feines Dinglein, liegst hier so jämmerlich. Wenn dich ein Kaufmann fände, der würde deiner froh, und du würdest zu großen Ehren kommen. Aber du bist mir und ich dir nichts Nütze. Ich nehme gern ein Körnlein oder Würmlein und ließe ihm alle Perlen. Magst bleiben, wie du liegst."

Lehre: Diese Fabel lehrt, daß dieses Büchlein [die Fabeln] bei Bauern und groben Leuten unwert ist, wie denn alle Kunst und Weisheit bei denselbigen verachtet ist, wie man spricht: Kunst geht nach Brot. Sie warnt aber, daß man die Lehre nicht verachten soll.

UNDANK

Da der Wolf einstmal ein Schaf gieriglich fraß, blieb ihm ein Bein im Hals überzwerch [quer] stecken, wovon er große Not und Angst hatte, und erbot sich, großen Lohn und Geschenke dem zu geben, der ihm helfe. Da kam der Kranich und stieß seinen langen Kragen [Hals] dem Wolf in den Rachen und zog das Bein heraus. Als er aber den verheißenen Lohn forderte, sprach der Wolf: „Willst du noch Lohn haben? Danke du Gott, daß ich dir den Hals nicht abgebissen habe; du solltest mir schenken, daß du lebendig aus meinem Rachen gekommen bist."

Diese Fabel zeigt: Wer den Leuten in der Welt will wohl tun, der muß auch erwägen, Undank zu verdienen. Die Welt lohnt nicht anders, denn mit Undank, wie man spricht. Wer einen vom Galgen erlöst, dem hilft derselbige gern daran.

UNTREUE

Eine Maus wäre gern über ein Wasser gekommen und konnte nicht und bat einen Frosch um Rat und Hilfe. Der Frosch war ein Schalk und sprach zur Maus: „Binde deinen Fuß an meinen Fuß, so will ich schwimmen und dich hinüberziehen." Da sie aber aufs Wasser kamen, tauchte der Frosch hinunter und wollte die Maus ertränken. Indem aber die Maus sich wehrte und mühte, flog eine Weihe daher und erhaschte die Maus, zog den Frosch auch mit heraus und fraß sie beide.

Lehre: Sieh dich vor, mit wem du handelst; die Welt ist falsch und von Untreue voll. Denn welcher Freund den anderen vermag [überwindet], der steckt ihn in den Sack [lässt ihn den Schaden haben]. Doch schlägt Untreue allzeit ihren eigenen Herrn, wie dem Frosch hier geschieht.

ZUGABE

Vom Vater Luther erzählt für seinen Sohn Johannes

Ein Krebs wollte über Land reisen. Unterwegs kommt er zur Schlange, die wird seine Gefährtin. Nun windet und schlingt sich die Schlange und geht quer und macht sich krumm. Der Krebs, der auf vielen Beinen übel zu Fuß war, folgte seinem schlechten und ungeratenen Wandergesellen und geht sich außer Atem, schindet und mergelt sich bei dieser schweren Reise ab.

Wie es Abend wird, kehren sie beide unter einen Strauch ein. Die Schlange legt sich im Ring und fängt an zu schlafen und zu schnarchen. Der Krebs ist müde, und kein Schlaf will in seine Augen, und das Schnarchen und Zischen tut ihm weh, und er will die Schlange stoßen, daß sie still liegt. Wie sie auffährt und sich wehren will, ergreift er sie mit seiner Schere beim Kopf und drückt hart zu, bis ihr der Atem ausgeht; da streckt sie sich die lange Länge aus und liegt so tot fein gerade. „Ei", sagt der Krebs, „wenn du heute so gerade gegangen wärst, hätte ich auch besser folgen können."

Die Lehre: Ach, wie schwer kommt es einen an und blutleichen-sauer wird's dem, der mit krummen, schlimmen, schlüpfrigen, ungeraden, zweizüngigen, falschen und giftigen Leuten über Land reisen oder in Regimenten mit ihnen Rat schlagen und umge-hen oder mit giftigen oder falschen Predigern und Kollegen und untreuen Weibern und Gesinde haushalten muß.

Lieber Sohn, es ist nicht allein ein schöner Schatz um einen guten Nachbarn, sondern wenn einem Gott auch über Land und mit seinem Amt gute und gerade Leute zugibt. Mit schlimmen und falschen kommt man schwerlich fort und wird einem blutsauer. Denn ein ungeratener und tückischer Freund ist viel ärger, denn ein öffentlicher zorniger Feind.

8. Der legendäre Luther

Es gibt kaum eine literarische Form, die so wenig genau umrissen oder gar definiert ist wie die der *Legende*; deshalb ist es notwendig – fernab jeglicher Didaktisierung – zu sagen, was mit dieser Kapitelüberschrift gemeint ist.

Aus dem Lateinischen stammend, bedeutet *legere* lesen und *legenda* die zu lesenden (Stücke). Gemeint waren ursprünglich die (vor)zulesenden, auf christliche Traditionen zurückgehenden volkstümlichen, religiös-erzieherischen Erzählungen über Heilige und die Wunder, die sie angeblich bewirkt haben sollten.

Es gibt kein Buch des abendländischen Mittelalters, das so oft abgeschrieben, vervielfältigt und übersetzt worden ist wie die Sammlung „Legenda aurea". Diese weit verbreitete Legendensammlung über berühmte Heilige, verfasst von dem italienischen Dominikanermönch Jacobus de Voragine, ist später zu einer bedeutenden Themen- und Motivquelle der europäischen Literatur geworden.

So weit, so gut. Aber nun war ja – bei aller Popularität – unser Martinus Lutherus kein Heiliger, und wirkliche Wunder hat auch er nicht vollbracht, nach eigenem Bekennen auch weder vollbringen wollen noch können, es sei denn im übertragenen Sinne.

Da hat man diesem Riesen an Geistes- und Handlungskraft manchmal gar wunderliche Begebenheiten angedichtet, wenngleich ihnen nicht selten ein historischer Kern zu Grunde lag.

Solche Erzählungen tragen dann oftmals Züge von Sagen oder Märchen und sind von solchen Formen nicht immer genau abzugrenzen, weil die Mitschreiber (z. B. seiner Tischreden), die Erzählenden oder die öffentliche Meinung hier und da schon mal Dichtung und Wahrheit vermengten.

Damit bildet eine solche unverbürgte literarische Mitteilung einen geradezu idealen Rahmen für mancherlei Übertreibungen und Verfälschungen, um eine historische Persönlichkeit, je nach Standpunkt des Informanten, in positiver oder negativer Absicht zu vergöttern oder zu verteufeln, himmelhoch zu erhöhen oder höllentief zu erniedrigen, ihr zumeist mehr oder weniger gerechtfertigt zu nutzen oder zu schaden, sie bewusst herauf- oder herabzusetzen.

Das literarische Produkt solcher Erzählungen sind dann Legenden nicht von, sondern über Martin Luther; beispielsweise darüber, womit er die Nonnen aus dem Kloster entführen ließ, wo und wie er seine 95 Thesen veröffentlichte, welche Rolle Tintenfass und Teufel auf der Wartburg spielten und dergleichen Bedenklichkeiten mehr.

Lassen Sie sich nun einfach überraschen von dem legendären Tun und Lassen unseres Martin Luther! Möglicherweise mit der goethischen Erkenntnis: „So fühlt man Absicht, und man ist verstimmt!" 82/9

ALKOHOLISCHES

Was haben die Anti-Lutheraner dem Doktor Martinus nicht alles angedichtet und unterstellt: Er habe mit dieser Katherina von Bora ein stadtbekanntes Flittchen geehelicht; ein Jungfernschänder und Frauenverführer und Hurenbock sei er; habe ein Kind noch vor der Hochzeit in die Welt gesetzt.

Nun war das aber letztlich für die Verleumder immer wieder ausgegangen wie das Hornberger Schießen.

Doch so schnell gaben die nicht auf. Die Altgläubigen suchten in der Bibel und meinten nun endlich den fundamentalen „Stein des Anstoßes" bei ihrem Erzfeind Luther gefunden zu haben: sein verdammenswertes Verhältnis zu „Teufel Alkohol"! (Röm 9, 32)

Es wäre ja gelacht, wenn sich ausgerechnet bei dem Herrn Bibel-professor das alte Wort aus der Heilige Schrift „Wer sucht, der findet" nicht bewahrheiten sollte! Beweisen nicht seine eigenen Worte, wessen (wein-)geistiges Kind er ist?

An seinen Vertrauten, Justus Jonas, hatte er 1521 in einem Brief von der Wartburg geschrieben: „Ich bin vom Saufen im Kopf noch immer nicht frei, und das Kratzen im Hals mehrt sich." 9/62

Fast 20 Jahre später schrieb er an seine Frau aus der Ferne: „Ich fresse wie ein Böhme und saufe wie ein Deutscher." 83/26

Um seiner Vorliebe für selbst gebrautes Bier zu frönen, weil es besonders gut gegen Steinleiden, Verstopfung und Schlaflosig-keit helfe, hatte er nachweislich seine Frau Katherina veranlasst, die Braurechte vom Wittenberger Kloster zu erwerben, und dann gelobt: „Während ich mein Wittenbergisch Bier trinke, fließt das Evangelium." Ebenda

Zur Not erfand er, um seine eigene Sauferei zu bemänteln, schon mal eine gar seltsame Ausrede wie diese: „Morgen muß ich eine Vorlesung über Noahs Trunkenheit halten. Heute Abend werde ich deshalb kräftig trinken, daß ich danach als Experte von die-ser üblen Sache rede." 40/57

Und selbst Gott bat er um Verständnis für seine himmelschreien-den Gelüste: „Kann mir unser Herrgott das schenken, daß ich ihn wohl zwanzig Jahre gekreuzigt und gemartert habe mit Meß-halten, so kann er mir das wohl auch zugute halten, daß ich bisweilen einen guten Trunk tue, ihm zu Ehren: Gott gebe, die Welt lege es aus, wie sie wolle." 29/69

Einer der verspäteten antilutherischen Eiferer hatte den Ein- und Überblick ganz verloren und schrieb diesen lebensbejahenden Sinnspruch Martin Luther zu:

> „Wer nicht liebt,
> Wein, Weib und Gesang,
> der bleibt ein Narr
> sein Leben lang!" 69/22

Tatsächlich war diese Sentenz aber erst 1775 (also 229 Jahre nach dem Tod des Reformators) in dem von Matthias Claudius herausgegebenen „Wandsbecker Bothen" aufgetaucht und geistert seither fälschlicherweise als geistiges Eigentum Luthers durch die (Welt-)Literatur.

Keine Legende ist es dagegen, dass sich Doktor Martinus in seiner Wittenberger Zeit den sinnvollen Spruch des altgriechischen Philosophen Plutarch zu eigen gemacht hatte: „Der Wein ist unter den Getränken das nützlichste, unter den Arzneien die schmackhafteste und unter den Nahrungsmitteln das angenehmste." 70/947

Der heilsfrohe, fidele Luther war ja nun weiß Gott kein Kostverächter und machte da seinen Herrn (und die Bibel gleich mit) vorsichtshalber schon mal zu seinen Kronzeugen: „Unser Herrgott lobt seine Kreaturen selbst, wenn er spricht: Der Wein erfreut des Menschen Herz und das Brot stärkt ihn. Für die Toten Wein, für die Lebenden Wasser: das ist eine Vorschrift für Fische. Der Wein ist gesegnet und kommt in der Heiligen Schrift vor, das Bier aber gehört zur menschlichen Überlieferung." 36/129

Auch wenn seinerzeit nach Luthers eigenem Bekunden das „Vollaufen ein alt, ehrlich Herkommen" (12/501) war, so gehören doch Mengenangaben von 1 200 Liter Wein (29/69), die er während seines einsamen Asylaufenthaltes von April bis Oktober 1530 auf der Veste Coburg gebechert haben soll (das wären ja rund 6 Liter an jedem Tag gewesen!) zu jenen negativen Legenden, die ihn in den Augen der Öffentlichkeit herabwürdigen und als moralische Instanz beschädigen sollten.

Nur zu gern posaunten die verleumderischen Altgläubigen ihre unzulässige Verallgemeinerung in die Welt: „Große Gläser aussaufen ist der Lutherischen Wunderwerk." 83/28

Dabei war es gerade Martin Luther gewesen, der immer wieder mahnend den Zeigefinger erhoben hatte:

Gegenüber den Bierbrauern: „Wer das Bierbrauen erfunden hat, der ist ein Unheil für Deutschland gewesen." 31/274

„Ich habe oft den ersten Bierbrauer verflucht. Es wird mit dem Bier soviel Gerste verdorben, daß man damit ganz Deutschland erhalten könnte; und soll es also verderben, daß wir so schändliche Jauche daraus machen, welche wir danach an die Wand pissen." 29/69

Gegenüber seinen Landsleuten: „Das Saufen ist in unseren Landen eine Art Pest, welche durch Gottes Zorn über uns geschickt ist." 1/ II 590

„Große gräuliche Schäden, Schande, Mord und alles Unglück, das an Leib und Seele geschieht, sollte uns billigerweise vom Saufen abschrecken." 36/128

„Wer Wein ständig trinkt, kriegt meistens Gicht in die Füße; Bier dagegen fördert die Wassersucht." 40/54

Gegenüber den Höflingen: „Sauft, daß euch das Unglück ankomme! Die werden nicht alt werden, denn das Beste vom Menschen vergeht mit der Trunkenheit.

Neulich war ich am Hof und habe eine scharfe Predigt gegen das Saufen gehalten. Aber es hilft nicht. Wenn ich wieder zum Fürsten komme, will ich nichts mehr tun als bitten, daß er über allen Untertanen gebieten wolle, sich voll zu saufen! Wenn es ein solches Gesetz gäbe, würden sie es vielleicht unterlassen; denn, was verboten ist, dagegen handelt man gern." 31/275

Doktor Martinus wusste es nur zu gut aus der Bibel: Auch er würde ein „Rufer in der Wüste" (Joh 1,23) sein; kaum jemand wollte auf seine Ermahnungen hören, also „predigte er tauben Ohren"!

Die antilutherischen Legendenbildner stellten die Wahrheit auf den Kopf, wenn sie nicht die Tauben, sondern den Prediger beschuldigten.

FLEISCHESLUST

Von dem altrömischen Dichter Terenz stammt der weise Sinnspruch: „Ich bin ein Mensch, nichts Menschliches ist mir fremd." 86/56

Traf das auch auf Martin Luther zu? Der stand im 39. Lebensjahr, als er oben in Sperlingslust auf der Wartburg von Mai 1521 bis März 1522, inkognito als „Junker Jörg" betitelt und bekleidet, sein zölibatisches Dasein zu verbringen gezwungen war.

Da gab es manches, was er stumm und demütig und geduldig ertrug. Nicht dazu gehörte seine nur allzu natürliche Libido, sein drückender und drängender Geschlechtstrieb, den er zeitgemäß als Begierde, Brunst, Geilheit, Kitzel und ähnlich bezeichnete.

Alles, was diesbezüglich für seine Erfurter Klosterzeit typisch war: „Die Begierde kommt ohne besonderen Anlaß, wie Flöhe und Läuse" (I/II 274), das traf nun – fast zwei Jahrzehnte später – noch immer während seiner Wartburgzeit zu. Wir wissen das genau, denn wir wissen es von ihm selbst, dass er damals „brünstig" und „geil" und „fleischeslustig" gewesen ist ... Er hatte es in einem Brief von der Wartburg an seinen Wittenberger Freund Philippus Melanchthon freimütig bekannt: „Ich brenne durch das große Feuer meines ungezähmten Fleisches. Ich, der ich brünstig sein sollte im Geist, bin brünstig im Fleisch, Geilheit, Faulheit, Müßiggang und Schlafsucht. Ich weiß nicht, ob Gott sich von mir gewandt hat, weil Ihr nicht für mich betet ... Es sind nun acht Tage, daß ich nichts schreibe und nicht bete, auch nicht studiere, sondern teils von Versuchungen des Fleisches, teils durch anderen Verdruß geplagt bin. Ich kann das Übel weiter nicht ertragen und wollte lieber zehn große Wunden ausstehen, als das, was man für eine kleine Note erachtet ... Lieber, betet alle für mich, denn ich werde in Sünden versenkt in dieser Einsamkeit." 16/246

Es ist nicht zu weit hergeholt, im Gegenteil, es ist nahe liegend anzunehmen, dass sich Martin Luther mit seinen libidinösen Sorgen gegenüber Hans von Berlepsch, seines Zeichens Schlosshauptmann auf der Wartburg und quasi eingeweihter Gastgeber dieses eigenartigen Asylanten, während eines gelegentlichen Von-Mann-zu-Mann-Gesprächs öffnete.

Ihm war Luther von seinen Getreuen anvertraut, und er vertraute sich dem Chef des Personals (das übrigens damals auf der Wart-

burg ausschließlich aus Männern bestand) mit seinen Alltäglich-
keiten täglich an. Und was lag näher, als dass in die zwischen-
menschlichen Beziehungen, unter dem Mantel der absoluten ehelichen Verschwiegenheit, vom Burgmann hin und wieder auch
seine „Burgfrau" mit eingeschlossen wurde. Die aufgeklärte Gemahlin wird Verständnis (vielleicht auch Mitleid) für den bedräng-
ten Einsiedler gehabt haben; jedenfalls tat Doktor Martinus Jahre
später bei einer seiner offenen Tischreden diese Story dem staunenden Publikum im *Schwarzen Kloster* zu Wittenberg kund:
„Nun kam Hans von Berlepschs Frau gen Eisenach und hatte ge-
rochen, daß ich auf dem Schloß wäre, und sie hätte mich gern
gesehen; es konnte aber nicht sein. Da brachten sie mich in ein
anderes Gemach und hatten dieselbige Frau von Berlepsch in meine
Kammer gelegt; da hat's die Nacht über ein solch Gerumpel in der
Kammer gehabt, daß sie gemeint hätte, es wären tausend Teufel
drinnen. Aber das ist die beste Kunst, ihn zu vertreiben, wenn
man Christum anruft und den Teufel verachtet; das kann er nicht
leiden. Man muß zu ihm sagen: ‚Bist du ein Herr über Christum,
so sei es!' Denn also sagte ich auch zu Eisenach." 3/89
Je nach Lesart handelt es sich hier um eine legendäre Sage oder
sagenhafte Legende oder doch um eine märchenhaft schöne Erzählung!? Zweifelsfrei wahr aber ist: Auch unser lieber Martin
Luther war ein Mensch, dem nichts Menschliches fremd war.

NONNENTONNEN

Etwa 30 km südöstlich von der Messestadt entfernt, im Über-
gangsgebiet zwischen der Leipziger Tieflandbucht und dem
Mittelsächsischen Bergland gelegen, nahe dem 2 000-Seelen-
Städtchen Grimma, gab es zur Lutherzeit in dem Örtchen Nimb-
schen das Zisterzienserkloster St. Marienthron, in dem an die
50 Nonnen mehr oder weniger freiwillig ihr irdisches Dasein
verbrachten (manche sagten: verschmachteten).

Was dort im Jahre 1523 um Ostern herum – genauer am 4. April – geschah, das war für die verantwortliche Klostervorsteherin, Margarete von Haubitz, unglaublich: jede vierte ihrer Bräute Gottes war ihr über Nacht abhanden gekommen, spurlos und unauffindbar verschwunden, als habe sie der Teufel persönlich geholt.

> Sie war als Äbtissin entsetzt und auch gerührt,
> als dann feststand: man hatte
> zwölf ihrer Himmelsbräute entführt!

Auf Nonnenentführung stand damals nach den Reichsgesetzen die Todesstrafe; das wusste die fromme Frau genau, seit vor Kurzem ganz in der Nähe, in Mittweida, ein solcher Nonnenräuber einen Kopf kürzer gemacht worden war.

Das wusste auch der sechzigjährige angesehene Torgauer Ratsherr und Kaufmann Leonhard Koppe, langjähriger Anhänger und Freund des Doktor Martinus.

An ihn wandten sich besagte 12 Nonnen in einem Brief, nachdem sie im Jahre 1520 seine Mut machende Schrift „Von der Freiheit eines Christenmenschen" gleichsam verschlungen hatten. In dem Kassiber baten sie den berühmten Reformator, er möge es doch praktisch bewerkstelligen und sie aus dem Kloster *St. Marienthron* befreien.

Luther war zwar nie in diesem Kloster gewesen, wusste aber, dass das nur einer unbemerkt ausführen könne, weil er ständig unkontrollierten Klosterein- und -austritt hatte – das war sein Vertrauter in Torgau. Als untadeliger Ratsherr und zuverlässiger Kaufmann belieferte Koppe das Nonnenkloster mit allerlei landwirtschaftlichem Gerät, Getränken und Meeresfrüchten, insbesondere mit billigen Heringen.

Ein verwegener Plan wurde geschmiedet und am 4. April 1523 (das Wetter war trübe und regnerisch) in der Nacht zum Ostersonntag mit einem großen Planwagen erfolgreich in die Tat umgesetzt.

Seitdem schossen bis hinein ins 19. Jahrhundert weit über Sachsens Landesgrenzen hinaus die phantastischsten Legenden immer wieder ins Kraut. Man fragte sich, wie es denn gelungen sein möge, dass zwölf ausgewachsene, weltfremde, verängstigte und befangene Ordensschwestern bei Nacht und Nebel aus ihrem dickwandigen Kloster ausreißen konnten.

Schon bald nach dem unerhörten Ereignis erzählte man, jemand habe heimlich die Klosterpforte geöffnet, und hui seien sie auf Nimmerwiedersehen entfleucht.

Andere wollten beobachtet haben, dass die zwölf durchtrainierten Sportskanoninnen (drei von ihnen kehrten übrigens umgehend in den Schoß ihrer Familien zurück) über die hohen Klostermauern geklettert seien; wieder andere konnten noch genau das Fensterchen zeigen, durch welches die akrobatischen Himmelstöchter entsprungen sein sollten.

Bis in unsere Zeit hinein erzählen sich in Sonderheit die Leute am Meer jene Mär (wozu auch ein kunstvoller Stahlstich aus dem Jahre 1840 zu bestaunen ist) die Fluchthelfer hätten Anno dunnemals auf einem mit Planen verkleideten Kastenwagen die zwölf Nonnen in leeren Heringstonnen in die Freiheit bugsiert.

Nun haben ja Legenden oftmals so etwas wie eine wahre Kernaussage. Dieser legendäre Nonnen-Tonnen-Transport könnte aus der etwas anrüchigen Mitteilung eines Torgauer Chronisten am Ende des 16. Jahrhunderts entstanden sein, Koppe habe die Zisterzienserinnen „in einem bedeckten Wagen herausgebracht, gleich als führe er ledige [bewegliche] Heringstonnen." 23/118

Wie dem auch sei, es muss wohl ein verflixt schwieriger Akt gewesen sein, gleich 12 Klosterjungfrauen auf einen Streich zu entführen!

Er hatte es ihnen aber auch wirklich nicht leicht gemacht, der Doktor Martinus den Ewiggestrigen, als er 1519 in seiner Schrift „Von dem ehelichen Stand" mit seiner reformatorischen Axt Hand anlegte an den verknöcherten Baum ehefeindlicher Ansichten. Jeder Satz ein Hieb:

„Die Bornquelle aller Hurerei und Unzucht im Papsttum ist, daß sie die Ehe, den allerheiligsten Stand, verdammen; denn alle, die den Ehestand verachten, müssen in schändliche, gräuliche Unzucht fallen ..." 7/109

Das schändliche und schädliche Zölibat und ehelose Leben der päpstlichen Geistlichen, so schreibt Doktor Luther weiter, habe viel Gutes verhindert, wie Kinder und Hausstand, gräuliche Sünden wie Ehebruch, Hurerei und Blutschande hingegen gefördert. Die natürliche und rechtliche Ehe zu verdammen wäre das Gleiche, wie essen, trinken und schlafen verbieten.

Die Ehe sei für Leib, Seele und Ehre eines jeden nützlicherweise „die Grundlage des Hauswesens, der öffentlichen Ordnung und der Religion." (31/279) Außerdem habe „Gott die Ehe selbst eingesetzt, darum gefällt ihm der Stand an sich mit all seinem Wesen, Werken, Leiden und was darinnen ist". 1/X 294

Dieses humane Gedankengut wurde sowohl von den Christen als auch von den Nicht-Christen angenommen, war aber völlig unannehmbar für die verknöcherten Papisten. Das umso mehr, als der geistige Vater dieser neuen Ideen daran ging, sie exemplarisch mit Leben zu erfüllen und zur Überraschung von Freund und Feind im Juni 1525 in aller Stille die Zisterzienserin Katharina von Bora zu ehelichen.

Ein Mönch heiratet eine Nonne! Wann hatte sich das bisher schon einmal jemand im ganzen großen Heiligen Römischen Reich deutscher Nation gewagt?

Entsprechend schmutzig war der Staub, den die Altgläubigen

und Immergestrigen aufwirbelten. Wieder einmal griffen sie in die antilutherische Trickkiste der verleumderischen Legendenbildung: „Luthers Gegner erklärten seine Hochzeit zum Beweis, dass er die ganze Reformation nur angefangen habe, um das Ausleben seiner ‚niederen' Instinkte und Bedürfnisse zu legitimieren." 83/24 f.

Ausgerechnet der englische König Heinrich VIII. (er heiratete sechsmal und ließ zwei seiner Ehefrauen enthaupten), ausgerechnet der unterstellte Martin Luther, er habe die Reformation nur aus Geilheit angezettelt; und Erasmus von Rotterdam hatte das Gerücht verbreiten lassen, Luther habe schon vor der Heirat sexuelle Beziehungen zum weiblichen Geschlecht gehabt.

Zwei Leipziger Schwarzdrucker verleumdeten 1528 in einem Sendschreiben den Reformator, er hätte mit der Nonne schon vor der Hochzeit „in schnöder und öffentlicher Unzucht" gelebt. (83/25) Und noch 50 Jahre später erdreistete sich ein französischer Kapuzinermönch zu der frechen Lüge, „Katharina sei vor ihrer Hochzeit eine stadtbekannte Wittenberger Studentenhure gewesen". Ebenda

Doch nicht genug mit diesen vorehelichen Diffamierungen. Luther hatte sich wiederholt heftig und tiefgründig mahnend zum Ehebruch geäußert, der „der größte Raub und Diebstahl auf Erden sei". 1/XII 101

Nun meinten seine Feinde den Mahner am einfachsten bloßzustellen, indem sie ihn des Fremdgehens bezichtigten, jenes schmierigen Lasters, dem sie selbst nur allzu gern frönten.

So behauptete 1726 der katholische Theologe Weislinger, Luther habe einen außerehelich gezeugten Sohn namens Andreas gehabt, der knapp einen Monat nach seiner Eheschließung geboren worden sei. Das habe der saubere Herr Professor so gedreht, dass er der Lutherin auftischte, er müsse mit Georg Spalatin seine Vorlesungsreihe besprechen, und wäre dann „nächtlicher Weile aus dem Kloster [seiner Wittenberger Wohnung] hin und wieder spatzenmausen gegangen bei einer Witfrauen Tochter". 83/25

Was der saubere Herr Weislinger unterschlagen, Martin Luther in einer seiner Tischreden aber schon längst kundgetan hatte, war, dass es sich bei „seinem jungen Andreas" nicht um seinen leiblichen Sohn, sondern um Andreas Kaufmann, den Filius seiner Schwester, handelte.

Die Heirat von Martinus und Katharina war tatsächlich wie der (erotische) Blitz aus heiterem Himmel gekommen. So mussten sie sich nicht wundern, dass die anti-lutherische Gerüchteküche quabbelte. Eine der übel riechenden Blasen lautete, das raffinierte Weib, das eigentlich auf den in Wittenberg weilenden Nürnberger Patriziersohn Hieronimus Baumgärtner scharf gewesen sei, ihn aber nicht bekommen konnte, habe sich zu guter Letzt den ahnungslosen Professor geangelt, und als sie von ihm schwanger wurde, hätten sie – schneller als der Teufel die Schuhe anhat – geheiratet.

Luther focht das nicht an; er vertraute auf Gottes Gerechtigkeit und die Rechenregeln seines Zeitgenossen Adam Ries(e). Die Rechnung ging am Ende für die Beiden auf: Martinus hatte seine Käthe am 13. Juni 1525 geheiratet, und Johannes, ihr Erstgeborener, kam am 7. Juni 1526 zur Welt; also ein Zwölf-Monate-Kind. Da hatte doch der Teufel den Ehrabschneidern wieder einen dicken Strich durch die Rechnung gemacht!

Wieder war einem der ungezählten Gerüchte das Lebenslicht ausgepustet worden. Selbst wenn es die Absicht des sprechgewandten Predigers und Professors gewesen wäre, mit so vielen Engelszungen hätte er gegen die bösartigen Legenden gar nicht anreden können.

Doch damit nicht genug. Die Reformgegner hatten noch ganz andere Pfeile in ihrem Sudelköcher, mit denen sie meinten, bei Martin Luther mit Sicherheit ins Schwarze zu treffen.

Der Reformator kümmerte sich einfach nicht um dieses Gekläff seiner Kritikaster, eingedenk des gesegneten Sprichwortes:

Die Hunde bellen, doch die Karawane zieht weiter!

SCHINDERHANNES

Der Schriftsteller Carl Zuckmayer wurde durch seine Tragikomödie „Der Hauptmann von Köpenick" weltweit, aber auch durch das 1927 uraufgeführte Schauspiel „Schinderhannes" bekannt.
Hinter diesem Namen verbarg sich der berüchtigte Räuberhauptmann Johann Bückler, Anführer einer bunt gewürfelten kriminellen Bande, die zu Napoleons Zeit die Gegend im Taunus und Hunsrück unsicher machte, indem sie ihre Opfer – reiche Kaufleute und Geschäftemacher – überfiel und ausraubte.
Das brachte Bückler, alias Schinderhannes, im Herbst des Jahres 1803 in Mainz zusammen mit 19 seiner Spießgesellen an den Galgen.

> Und die Moral von der Geschicht'?
> Solch schlimme Sachen tut man nicht!

Diese wahre Geschichte vom Schinderhannes hat eine so hohe allegorische Aussage, dass sie sich hervorragend als gleichnishaftes Sinnbild auf eine andere Person übertragen lässt.
So kam es, dass seit 1804 bei Faschingsumzügen im katholischen Rheinland, namentlich in Mainz, dem staunenden Volk der ketzerische Luther neben dem kriminellen Schinderhannes vorgeführt wurde!

SELBSTMÖRDER

Martin Luthers Feinde konnten Gott danken, dass der von ihnen bewusst, zielorientiert und fortgesetzt beleidigte Reformator und geistliche Würdenträger ein so toleranter und barmherziger Mensch war.
Er hätte nämlich diese schamlosen Ehrabschneider allesamt verklagen können wegen Verleumdung, vorsätzlicher Kränkung, übler Nachrede oder Verbreitung unwahrer Tatsachen wider bes-

seres Wissen; alles Tatbestände, die schon damals in Form von Buße, Geldzahlung oder Freiheitsentzug unter Strafe gestellt waren.

Aber Doktor Martinus ließ Gnade vor Recht ergehen, und es galt: Wo kein Kläger, da kein Richter.

So gnädig verfuhren Luthers Gegner bis weit über seinen Tod hinaus nicht mit ihm.

Zwei Jahrzehnte nach seinem Ableben machte das Gerücht die Runde, er sei keines natürlichen Todes gestorben, sondern habe Selbstmord begangen; später angeblich bezeugt von einem seiner damaligen Diener, der „unseren Herrn Martin am Bett hängend und elend erwürgt aufgefunden" haben wollte. 35/251

Das widerspricht nun aber völlig der Tatsache, dass am späten Abend des 17. Februar im Obergeschoss seines Eislebener Sterbehauses an die 15 Personen anwesend waren, unter ihnen seine drei Söhne, der Hausbesitzer mit seiner Frau, zwei Stadtärzte, sein Mitreformator Jonas und die beiden Grafen von Mansfeld. Dazu heißt es: „Am 18. Februar 1546, kurz vor drei Uhr am Morgen, verstarb Martin Luther im Haus Johannes Albrechts, umgeben von seinen Freunden ..." 84/126

Was tatsächlich geschah, vermitteln detailliert „Die Berichte über Luthers Tod und Begräbnis. Texte und Untersuchungen". (85)

45 Jahre nach Luthers Tod wurde in einem in Rom erschienenen Buch erneut die Selbstmordlegende wider besseres Wissen aufgetischt. Der Verfasser schrieb: „Ich habe gehört, daß man vor kurzem durch die Aussage eines Zeugen, der damals sein Diener gewesen und in den letzten Jahren zu uns [den Altgläubigen] übergetreten ist, erfahren hat, Luther habe sich selbst einen elenden Tod durch den Strick bereitet. Es seien aber sofort alle Hausleute, die um den Vorgang wussten, eidlich verpflichtet worden, die Sache nicht auszubreiten zur Ehre des Evangeliums, wie man hinzufügte." 41/238

Juristen nennen das die *Verletzung des Andenkens eines Verstorbenen*, eine besonders üble Methode der Verleumdung, denn da kann sich der Verunglimpfte nicht mehr wehren!

Hätte es Luthers starken Glauben an die Leibhaftigkeit des Teufels und seinen eigenen sprichwörtlichen (Luther-)Zorn nicht gegeben, und gäbe es nicht die unstillbare Freude der Satzbauer-Gilde am Fabulieren, wir wären um manche Legende über den Reformator ärmer; beispielsweise um die noch heute weit verbreitete vom Tintenfleck.

Alles Böse, Sündhafte, Gottesfeindliche und Widerwärtige im Leben komme vom Teufel. (S)eine scharfe Waffe dagegen sei sein Zorn, so die Denkungsart Martin Luthers. Das liest sich bei ihm dann so: „Ein einziger Teufel ist mächtiger als alle Menschen ..." 13/II 104

Nach dieser allgemeinen Allmachtsbekundung bezieht er die Teufeleien dann vorsichtshalber einschränkend auf sich selbst: „Und ich (als einer, dem es auch gilt; denn der Teufel will mich schlechterdings tot haben) merke das wohl, daß er zornig ist, weil er bisher weder mit List noch mit Macht etwas ausgerichtet hat; nun denkt er, er wolle mich los werden, und wenn er sein Höchstes versuchen und die ganze Welt durcheinander bringen sollte. Ich muß beinahe glauben, und es will mir fest scheinen, ich sei des Teufels Ursache, daß er solche Dinge in der Welt anrichtet, damit Gott die Welt plage." 13/II 82 f.

Aber unser Doktor hieße nicht Luther, wüsste er gegen so teuflische Anfechtungen nicht auch ein Heilmittel: „Ich habe keine bessere Arznei als den Zorn, denn wenn ich gut schreiben [wie auf der Wartburg], beten und predigen will, dann muß ich zornig sein; da erfrischt sich mein ganzes Gemüt, mein Verstand wird geschärft und alle Anfechtungen [des Teufels] weichen." 31/157

Mit solcherlei Gedankengut bezog Martin Luther – so könnte man meinen – wohl gerüstet seine beiden Kemenaten auf der Wartburg. Doch weit gefehlt! Er selbst belehrt uns eines Besseren: „Oft plagte mich der Satan durch seine Erscheinungen, ganz besonders auf jener Burg, in der ich eine Zeitlang gefangen gehalten wurde. Da nahm er die Welchnüsse aus dem Tisch und schnellte sie an die Decke die ganze Nacht über." 13/II 14

„Ich wurde in meiner Gefangenschaft hoch oben auf der Burg im Reiche der Vögel des öfteren (vom Teufel) geplagt. Ich widerstand ihm im Glauben und trat ihm mit dem Spruch entgegen: „Gott ist mein, der den Menschen schuf und alle Dinge sind (von Gott) unter seine Füße getan (Ps 8,7). Hast du darüber eine Macht, so versuche es!" Ebenda

Selbstverständlich versuchte es dieser Satansbraten erneut; nur kurze Zeit später monierte der Heimgesuchte in einem Brief an seinen Vertrauten, den Straßburger Geschichtsprofessor Nikolaus Gerbel: „Glaube mir, ich bin in dieser arbeitsarmen Einöde tausend Teufeln ausgeliefert; denn es ist viel leichter, gegen den inkarnierten [fleischgewordenen] Teufel zu kämpfen, als mit den bösen Geistern unter dem Himmel." 83/17

Ist es da ein Wunder, wenn Doktor Martinus während seiner schöpferischen Arbeit [Übersetzung des Neuen Testaments] und schriftstellerischen Tätigkeit [u. a. die Schriften „Lobpreis der Maria", „Von der Beicht ...", „Ein Urteil über die Mönchsgelübde", „Vom Missbrauch der Messe ..."], weil er dabei immer wieder vom Teufel belästigt, schließlich die Geduld verlor und im Zorn handgreiflich wurde?

Als er das Neue Testament aus dem griechischen Urtext ins Deutsche übertrug, da hat ihn wohl besonders fuchsteufelswild gemacht, dass der Satan immer wieder versuchte, ihm ins Handwerk zu pfuschen, denn: „Der Teufel achtet meinen Geist nicht so sehr als meine Sprache und Feder in der Schrift." Ebenda

Und das ist nun der Stoff, aus dem die Legenden gemacht sind! Seither erzählte man in verschiedenen Versionen die *Legende vom Wurf mit dem Tintenfass,* um den Teufel zu vertreiben. So sei „der berühmte Tintenfleck an der Wand des Studierstübchens" entstanden, der „immer wieder von reliquiensüchtigen Besuchern abgegriffen und abgekratzt, dabei ... immer wieder erneuert" worden ist. 12/342

Eine solche Legende ist zäh und langlebig wie eine Zeitungsente. Von Zeit zu Zeit neu aufpoliert, erscheint sie flugs in veränderter Fassung.

Joestel (83) teilt mit, dass diese Tintenfass-Wurf-Legende gar nicht auf der Wartburg, sondern in Luthers Wittenberger Domizil ihren Ursprung gehabt habe: „Erstmals berichtet ein Meisterlied von Hans Deisinger aus dem Jahre 1602 von dem Tintenfleck in Luthers Wittenberger Wohnung. Er sei entstanden, als der Teufel mit einem Tintenfasse nach Luther geworfen habe, nachdem er vergeblich versucht hätte, Luthers Schrift durch das Übergießen mit Tinte unleserlich zu machen." 83/19

> Und die Moral
> von dem Skandal?
> Man lasse sich – wie gerade gesehen –
> besser nicht mit (je)dem Teufel ein,
> das führt gewöhnlich nur
> zu legendären Hudelei'n! mawo

Denn, so Goethe:

> „Der Teufel ist ein Egoist
> Und tut nicht leicht um Gottes willen,
> Was einem andern nützlich ist." 53/904

WIDERSPRÜCHE

In der Zeit des Bauernkrieges sagte Martin Luther zur weltlichen Obrigkeit: „Man wird nicht, man kann nicht, man will nicht eure Tyrannei und euren Mutwillen länger leiden ..." 69/34
Außerdem: „Wenn ihr's Herren, Kaiser, Könige, Fürsten gern so habt, daß euch solche verzweifelte, verdammte Leute aufs Maul

trommeln und auf die Schnauze schlagen, so müssen wir's lassen geschehen." 40/29

Befürwortung also der Gewaltanwendung durch die Unterdrückten!

Und als die Bauern dann Ernst machten, sagte er den „räuberischen und mörderischen Rotten der Bauern", es könne nichts „... Teuflischeres geben als einen aufrührrerischen Menschen. Man muß ihn schlagen, wie man einen tollen Hund totschlagen muß ..." 46/48

Befürwortung also der Gewaltanwendung durch die Unterdrükker!

Das sind nur zwei von zahlreichen widersprüchlichen Aussagen Luthers gegenüber den Hauptakteuren im Bauernkrieg.

Diese entgegengesetzten Aussagen nennen die Philosophen logische Widersprüche; solche Widersprüche im Denken des Menschen verstoßen gegen die Gesetze der Logik. Sie treten dann auf, wenn – bezogen auf ein und dieselbe Sache – diese zugleich bejaht und verneint wird, denn nur eine von beiden kann ja richtig sein; mit anderen Worten: Von zwei entgegengesetzten Behauptungen über dieselbe Erscheinung kann immer nur eine wahr sein.

Um das festzustellen, helfen gezielte Fragen; sie sind sozusagen Antwort suchende Gedanken.

Betrachten wir einmal auf der Grundlage dieser philosophisch-theoretischen Erkenntnis die wichtigste Leistung im Leben Martin Luthers: die Geburt der Reformation und des Protestantismus, deren Geburtshelfer seine 95 Thesen gegen den Ablasshandel waren, die er am 31. Oktober 1517 veröffentlichte.

Vorgeschichte

(Wir wiederholen unsere ausführlichere Darstellung zu den historischen Hintergründen hier nicht, sondern verweisen auf die Quelle M. Wolf: „Thesen und andere Anschläge"; siehe 46/110 ff.)

Anlass für Luthers Thesen war seine Empörung über den lukrativen Handel, den vor allem der Dominikanermönch Johann Tetzel mit den Ablassbriefen trieb.

Das Prozedere war einfach: Die Sünder beichteten, und gegen Zahlung einer oftmals horrenden Summe wurden ihnen von den Ablasspredigern in einem Ablassbrief die Sündenstrafen (etwa in der Hölle für immer und ewig schmoren zu müssen) erlassen.

Martin Luther wandte sich in seinem Thesenpapier gegen solche Gott verhöhnende Praxis, gegen diesen himmelschreienden Missbrauch des Ablasses: *Gib Geld, dann musst du nicht Buße tun!*

Nachdem er seine 95 Thesen wider den Ablassmissbrauch formuliert hatte, forderte er – wie es damals akademischer Brauch war – auf ihrer Grundlage zu einem wissenschaftlich-theologischen Streitgespräch unter den Experten auf und sandte sie – dabei den üblichen Dienstweg korrekt einhaltend – mit entsprechenden Begleitschreiben am 31. Oktober 1517 an den für ihn zuständigen Bischof Hieronymus von Brandenburg sowie an den Erzbischof Albrecht von Magdeburg-Mainz mit der Bitte, das schändliche Ablasstreiben zu unterbinden.

Die Reaktion auf beide Eingaben an die „Hochwürdigsten" Bischöfe beschrieb Luther später so: „Alsbald schrieb ich zwei Briefe; den einen an den Mainzer Erzbischof Albrecht ..., den anderen an den so genannten Ordinarius loci, nämlich den Brandenburger Bischof Hieronymus mit der Bitte, das schamlose Treiben und die lästerlichen Reden der Ablassprediger zu unterbinden; aber man schenkte dem armseligen Mönch überhaupt keine Beachtung." 75/115

Luther war brüskiert. Bis dato waren aber seine Thesen lediglich auf dem Dienstweg einigen Kirchenoberen, jedoch noch nicht der breiten Öffentlichkeit zur Kenntnis gegeben worden.

Das sollte sich ändern. Im Laufe eines langen Zeitraumes trennten sich bei den Kirchenhistorikern die Auffassungen und Aussagen über die Art und Weise der Thesenveröffentlichung. Es kam zu den bis heute noch existierenden zwei gegensätzlichen Behauptungen, die sich in ihrem Wahrheitsgehalt ausschließen.

Die 1. Behauptung

Martin Luther hat seine 95 Thesen gegen den Missbrauch des Ablass-
handels noch am selben Tag, an dem er das Diskussionspapier an
seine Kirchenoberen schickte – am 31. Oktober 1517 – an die Tür der
Wittenberger Schlosskirche angeschlagen, um auch an der hiesigen
Universität zu einer wissenschaftlichen Disputation aufzurufen.

In manchen Geschichtsbüchern steht es noch etwas genauer:
Der Bibelprofessor habe sich an diesem windigen Sonnabend vor
Allerheiligen von seinem Domizil, dem *Schwarzen Kloster*, be-
dächtigen Schrittes zu dem nur 15 Minuten entfernten Gottes-
haus begeben und dann während des Mittagsgeläutes das lateinisch geschriebene Thesenplakat in angemessener Höhe an der
nördlichen Eingangstür mit einem Hammer eigenhändig sowie
gut hör- und sichtbar angeschlagen.

Doch dann tauchten *Fragen* auf, die bis heute gestellt werden:
Woher stammt diese Thesen-Tür-Behauptung?

Lässt sie sich beweisen? Oder reicht es aus, dass sie seit Jahrhunderten nun schon von Generation zu Generation, von Lexikon
zu Lexikon, von Autor zu Autor, von Schulbuch zu Schulbuch als
nicht zu bezweifelndes ehrwürdiges Wissen durch Fortschrei-
bung weitergegeben wird?

Eine Antwort wurde darauf gegeben. Es war kein Geringerer als
Luthers Kollege und reformatorischer Mitstreiter, der bedeutende
Gelehrte und Professor für griechische Sprache an der Wittenberger Universität, Philipp Melanchthon, der schon bald nach dem
Ableben seines Freundes in der Vorrede zum zweiten Band der
gesammelten Werke Martin Luthers geschrieben hatte: „Luther,
brennend vor Eifer für die rechte Frömmigkeit, gab Ablassthesen heraus ... Diese hat er öffentlich an der Kirche in der Nähe
des Wittenberger Schlosses am Vortage des Festes Allerheiligen
1517 angeschlagen." 87/81

Das war die Initialzündung für einen Informationsmotor, der
noch heute ein fragwürdiges Vehikel rund um die (Kirchen-)
Welt tuckern lässt.

„1961 jedoch [nach immerhin 444 Jahren] trat der katholische Lutherforscher Erwin Iserloh mit der sensationellen Behauptung an die Öffentlichkeit, der Thesenanschlag gehöre ins Reich der Legenden." 83/11

Die 2. Behauptung

lautet deshalb: *Martin Luther hat seine 95 Thesen gegen den Missbrauch des Ablasshandels am 31. Oktober 1517 n i c h t an die Tür der Wittenberger Schlosskirche angeschlagen, sondern sie nur als Diskussionsgrundlage an seine kirchlichen Vorgesetzen mit der Bitte geschickt, die schändliche Ablasspraxis zu unterbinden.*

Der Aussagewiderspruch in beiden Behauptungen bezieht sich also auf den Thesenanschlag an die Schlosskirche.

Daraus ergeben sich mehrere Antwort suchende *Fragen:*

• Hat Luther die Thesen tatsächlich angeschlagen?
• Gibt es Beweise für diese Behauptung oder ist das nur eine langlebige Ente?
• War es an der Wittenberger Universität überhaupt Usus und statthaft, dass ein Professor seine Disputationsthesen eigenhändig anschlug?
• Hat sich der Reformator zu Lebzeiten selbst zu seinem Thesenanschlag geäußert?
• Wer aber sonst sollte eine solche Behauptung aufgestellt haben?

Schließlich ging es hier nicht um irgendwelches Blabla, denn mit der Thesenveröffentlichung nahm die Reformation in Deutschland und weltweit ihren Anfang.

Die Antworten:

Wie bereits erwähnt, habe Professor Luther mit seinem Thesenanschlag auch „zu einer wissenschaftlichen Disputation an der Universität aufgerufen ..." 83/11 Dann aber hätte er sich nach üblichem Brauch der Wittenberger Universität an deren seinerzeit geltende Statuten halten müssen – und Doktor Martinus war da ein viel zu korrekter Hochschullehrer, um es nicht zu tun! Der

Wissenschaftsautor Gerhard Prause (87) weist auf ein schlüssiges Bedingungsgefüge hin: „Danach war es ganz unvorstellbar, daß ein Professor seine Disputationsthesen selber anschlug. Wenn er zu einer Disputation auffordern wollte, mußte er seine Disputationsthesen dem Dekan einreichen, weil dessen Genehmigung erforderlich war. Der Dekan veranlaßte dann den Anschlag der Disputationssätze, den der Pedell [Hausmeister der Universität] besorgte, und zwar dann nicht nur an der Schlosskirche, sondern an allen Kirchentüren in Wittenberg und auch in der Universität. So widersprechen auch die Universitätsstatuten der Legende von Luthers Thesenanschlag." 87/90

„Iserloh führte an, daß es von Luther selbst keinen einzigen Hinweis auf den Thesenanschlag gibt." 51/73 Es gilt als wissenschaftlich gesicherte Erkenntnis der Lutherforschung, dass der Reformator in keiner seiner fast 800 Druckschriften, in keinem seiner zahlreichen Tischgespräche, auch in „keinem seiner Briefe und auch nirgendwo in seinen autobiografischen Aufzeichnungen" (87/81) geäußert hat, seine 95 Thesen an der Schlosskirche oder im Universitätsgelände angeschlagen zu haben.

Es gibt einen subjektiven Faktor von Relevanz: Martin Luther hat sich zu den mannigfaltigsten Themen und aus den verschiedensten Anlässen – großen und kleinen, wichtigen und unwichtigen – in unterschiedlichen Formen über Gott und die Welt, Tod und Teufel geäußert, sich öffentlich gemacht, sich eingemischt. Weshalb sollte er ausgerechnet seine historische Großtat, den vermeintlichen Thesenanschlag, unkommentiert (ja sogar unerwähnt!) gelassen haben?

Auch unmittelbare Zeitzeugen ließen sich nicht finden.

Was spricht außerdem gegen die Hypothese des Thesenanschlages? Zunächst einmal die allen Menschen – also auch den Gelehrten – anhaftende Eigenschaft des Irren-Könnens, von dem Goethe meinte: „Der Irrtum ist viel leichter zu erkennen, als die Wahrheit zu finden; jener liegt auf der Oberfläche, damit lässt sich wohl fertig werden; diese ruht in der Tiefe, danach zu forschen, ist nicht jedermanns Sache." 34/49

Und Melanchthon irrte sich in genannter Vorrede gleich mehrmals. Er behauptete beispielsweise, Professor Luther habe in Wittenberg Physik (!) gelehrt, der Ablassprediger Tetzel habe Luthers Thesen den Flammen übergeben und – wie schon ausgeführt – der Reformator selbst habe die Thesen an der Kirchentür angenagelt. Solche Irrtümer werden verständlicher, wenn man bedenkt, dass Melanchthon als 20-jähriger Magister noch in Tübingen lehrte und erst 1518 – also *nach* Luthers Thesenveröffentlichung – nach Wittenberg als Professor berufen wurde. Das veranlasste die Lutherforschung schon Mitte des 19. Jahrhunderts zu der tiefgründigen Feststellung, bei Melanchthons Vorrede handle es sich um ein Manuskript, welches „keinerlei urkundlichen Wert besitzt und nur soweit Glauben verdient, als seine Angaben durch andere Zeitgenossen bestätigt werden." 87/82

Unter das Volk gelangten die Lutherthesen erst im Januar 1518, als Mitstreiter von ihm sie druckten und – auch außerhalb von Wittenberg – verbreiteten. „Daß ein Professor der Wittenberger Universität eigenhändig Flugblätter an Kirchentüren nagelt, wäre dem durchaus auf ‚law and order' [Gesetz und Ordnung] bedachten Martin niemals in den Sinn gekommen" (88/210), schreiben heutige Wahrheitsforscher.

Er selbst hat zur Verbreitung seiner Thesen bemerkt: „Dieselben liefen schier in vierzehn Tagen durch ganz Deutschland, denn alle Welt klagte über den Ablaß, sonderlich über Tetzels Artikel." 41/65 Und Superintendent Myconius ließ wissen: „In vier Wochen hatten die Thesen schier die ganze Christenheit durchlaufen, als wären die Engel selbst Bodenläufer." Ebenda

Strittig sind also die in den beiden Grundbehauptungen diametral entgegengesetzten Aussagen zum Thesenanschlag an der Wittenberger Schlosskirche.

Während die eine Seite das bejaht, wird es von der anderen verneint. Der klassische Fall eines logischen Widerspruchs.

Er ist bis heute nicht aufgelöst. Hauptgrund dafür ist, dass beide Seiten nur auf eine „ungewöhnlich dünne Quellenbasis" (51/74) zurückgreifen können. Die nach 1961 einsetzende „intensive Sachdiskussion, an der sich mehrere namhafte evangelische Kirchenhistoriker, wie Lau, Bornkamm und Aland beteiligten, gelangte ... nicht zu einem völlig eindeutigen Ergebnis. Letzte Gewissheit ist offenbar wegen fehlender Nachrichten nicht mehr zu erlangen." Ebenda

Summa summarum zeigt sich: Der Irrtum und die Wahrheit sind ein gar diabolisches Teufelspaar. Goethe meinte: „Sich von einem eigenen Irrtum loszumachen, ist schwer, oft unmöglich, bei großem Geist und großen Talenten; wer aber einen fremden Irrtum aufnimmt und halsstarrig dabei verbleibt, zeugt von gar geringem Vermögen." 34/49 f.

Schließlich meinte Doktor Martinus zur Durchsetzungskraft der Wahrheit auch in dieser eigenen Sache: „Der Wein ist stark, der König stärker, die Weiber noch stärker, die Wahrheit am allerstärksten." 89/248

Also dürfen wir weiter hoffen, und vor allem: Die Lutheraner und alle geschichtsbewussten Erdenbürger können am 31. Oktober 2017 getrost den 500. Jahrestag des Reformationsbeginns feiern, denn:

> Mögen die Gelehrten sich ruhig streiten,
> wie es mit Luthers Thesen gewesen sei
> – ob Türanschlag oder Dienstweg –
> für das große Werk der Reformation
> ist und bleibt das einerlei! mawo

9. Über Luther nachgefragt

Ein halbes Jahrtausend liegt zwischen der Lebenszeit Martin Luthers und uns Heutigen.

Für die Lebensleistung des Reformators spricht, dass der Informationsfaden zwischen ihm und uns über die Jahrhunderte hinweg nicht abgerissen ist.

Er ist uns erhalten geblieben durch Luthers eigene Ausführungen über sich selbst und in den gedruckten Gedanken von:

- Erasmus, Dürer, Melanchthon und Katharina Luther (16. Jh.);
- Leibniz und Seckendorf (17. Jh.);
- Lessing, Herder, Goethe, Hegel und J. Grimm (18. Jh.);
- Heine, Feuerbach, Nietzsche und Engels (19. Jh.);
- Mehring, Huch und Th. Mann (20. Jh.).

In fiktiven Gesprächen fragen wir nun nach bei den Mitreformatoren und Vertrauten Luthers, bei seinen Freunden und Feinden ebenso wie bei Gelehrten und Künstlern, Dichtern und Philosophen, Historikern und Politikern.

Aus den zumeist würdigenden, teilweise auch kritischen, immer jedoch authentischen Antworten entsteht so kaleidoskopartig ein Bild vom Leben und Wirken, von der Persönlichkeit und Leistung Martin Luthers, „dem wir", so Heinrich Heine, „die Rettung unserer edelsten Güter verdanken, und von dessen Wohltaten wir noch heute leben!"

Martin Luthers Vita in einem Gedicht, geht das, Herr Conrad Ferdinand Meyer, oder geht das nicht?

Es geht so:

Ein Knabe wandert über Land,
in einem schlichten Volksgewand;
Gewölke quillt am Himmel auf,
er blickt empor, er eilt den Lauf;
stracks fährt ein Blitz mit jahem Licht
und raucht an seiner Ferse dicht;
so ward getauft an jenem Tag
des Bergmanns Sohn vom Wetterschlag.

Schmal ist der Klosterzelle Raum,
drin lebt ein Jüngling dumpfen Traum;
er fleißigt sich der Möncherei,
daß er durch Werke selig sei.
Ein Vöglein blickt zu ihm ins Grab
„Luthere" singts, „wirf ab, wirf ab!
Ich flattre durch die lichte Welt,
derweil mich Gottes Gnade hält."

In Augsburg wars, daß der Legat,
ein Mönchlein auf die Stube bat.
Er war ein grundgelehrtes Haus,
doch kannt er nicht die Geister aus.
Des Mönchleins Augen brannten tief,
daß er: „Er ist der Dämon!" rief;
du bebst vor diesem scharfen Strahl?
So blickt die Wahrheit, Kardinal!"

Jetzt tritt am Wittenberger Tor
ein Mönch aus allem Volk hervor.
Die Flamme steigt auf seinen Wink,
die Bulle schmeißt hinein er flink;
wie Paulus schlenkert in den Brand,
den Wurm, der ihm den Arm umwand.
Und über Deutschland einen Schein,
wie Nordlicht wirft das Feuerlein.

In Worms sprach Martin Luther frank
zum Kaiser und zur Fürstenbank:
„Such, Menschenherz, wo du dich labst!
Das lehrt dich nicht Konzil noch Papst!
Die Quelle strömt an tiefrem Ort:
der lautre Born, das reine Wort
stillt unsrer Seelen Heilsbegier,
hier steh ich und Gott helfe mir!"

Herr Kaiser Karl, du warst zu fein,
den Luther fandest du gemein,
gemein, wie Lieb und Zorn und Pflicht,
wie unsrer Kinder Angesicht,
wie Hof und Heim, wie Salz und Brot;
er atmet tief in unsrer Brust,
und du begrubst dich in Sankt Just.

„Eine feste Burg" im Lande steht,
drin wacht der Luther früh und spät,
bis redlich er und Spruch um Spruch,
verdeutscht das liebe Bibelbuch.
„Herr Doktor, sprecht!, wo nahmt ihr her
das deutsche Wort so voll und schwer?" –
„Das schöpft ich von des Volkes Mund,
das schlürft ich aus des Herzensgrund."

Herr Luther, gut ist eure Lehr,
ein frischer Quell, ein starker Speer.
Der Glaube, der den Zweifel bricht,
der ew'gen Dinge Zuversicht,
des Heuchelwerkes Nichtigkeit,
ein blankes Schwert im offnen Streit,
ihr bleibt getreu trotz Not und Bann
und jeder Zoll ein deutscher Mann.

In Freudepulsen hüpft das Herz,
in Jubelschlägen dröhnt das Erz;
kein Tal zu fern, kein Dorf zu klein,
es fällt mit seinen Glocken ein.
„Eine feste Burg" singt jung und alt,
der Kaiser mit der Volksgewalt:
„Eine feste Burg ist unser Gott,
dran wird der Feind zu Schand und Spott!" 9/617

Herr Doktor Martin Luther, wenn Sie zurückblicken, wie würden Sie Ihr Leben in seinen wesentlichen Zügen nachzeichnen?
Daß ich Bakkalaureus und Magister [akademische Grade] wurde, dann das braune Barett [Kopfbedeckung] ablegte, andern ließ und Mönch wurde, und daß ich dennoch dem Papst in die Haare geriet und er mir wieder, daß ich eine entlaufene Nonne zum Weib nahm, wer hat das in den Sternen gelesen? Wer hätte mir das vorausgesagt? 40/6

Es muß alles in einem Dusel [wie im Rausch] geschehen. So bin ich ins Lehramt gekommen. Hätte ich aber gewußt, was ich jetzt weiß, sollten mich zehn Rosse nicht gezogen haben. Ebenda

Aber solange ich am Leben, hat mich Gott verordnet, jedermanns Diener zu sein, soviel mir möglich ist, daß ich lehren, unterrichten, warnen und vermahnen soll, was nützlich zur Seligkeit dienlich ist. 46/145

Das Leben ist für die, welche glauben und göttliche Verheißung haben, nur eine Wallfahrt, auf der sie durch die Hoffnung auf ein künftiges und besseres Leben erhalten werden. 44/12

Sterbe ich, so will ich ein Geist werden und die Bischöfe, Pfaffen und die gottlosen Mönche dergestalt plagen, daß sie mit einem gestorbenen Luther mehr zu schaffen haben sollen, als mit tausend lebendigen. 8/81

Würden sie uns einiges über Ihre alten Herrschaften verraten?
Ich bin eines Bauern Sohn. Mein Urgroßvater, Großvater und

243

Vater sein rechte Bauern gewesen; wiewohl der Vater sagte, er wolle mich zu etwas Größerem machen, ein Schultheiß [Gemeindevorsteher] und was sie mehr im Dorf haben; würde irgend ein oberster Knecht über die anderen sein. Danach ist mein Vater [von Möhra und Eisleben] gegen Mansfeld gezogen und daselbst ein Berghäuer worden. Daher bin ich. 9/7

Meine Eltern waren zuerst arme Leute. Mein Vater ist ein armer Häuer gewesen. Die Mutter hat all ihr Holz auf dem Rücken eingetragen, damit sie uns erzogen hat. Haben harte Arbeit ausgestanden, dergleichen die Welt jetzt nicht mehr ertrüge. 46/19

Übrigens bin ich geboren zu Eisleben und ebendort zu Sankt Peter getauft. Meine Eltern waren aus der Gegend von Eisenach dorthin verzogen. Dort wohnt fast meine ganze Verwandtschaft, und ich bin ihnen wohlbekannt bis auf den heutigen Tag. Zudem bin ich zu Eisenach vier Jahre zur Schule gewesen ... Meine Studienjahre habe ich in dem Erfurter Kloster verbracht, bis ich nach Wittenberg kam. In Magdeburg war ich auch ein Jahr [in der Schule], da ich vierzehn Jahre zählte. 9/7

Als ich meine erste Messe halten sollte, da schickte mein Vater zwanzig Gulden in die Küche und kam mit zwanzig Personen, die er freihielt. 13/I 13

Kann man sagen, dass Sie von Ihren Eltern in Sanftmut und Liebe erzogen wurden?
Meine Mutter stäupt' [züchtigte] mich einmal um einer einzigen Nuß willen, daß das Blut hernach floß. Und ihr ernst und gestreng Leben, das sie mit mir führten, das verursachte mich, daß ich zuletzt in ein Kloster lief; wiewohl sie es herzlich gut gemeint haben, wurde ich doch allzu erschrockenen Gemüts. Mein Vater stäupt' mich einmal so sehr, daß ich ihn floh, und daß ihm bang war, bis er mich wieder zu sich gewöhnt. 46/19

Meine Eltern haben mich in strengster Ordnung gehalten, bis zur Verschüchterung. Und durch diese harte Zucht trieben sie mich schließlich ins Kloster; obwohl sie es herzlich gut meinten, wurde ich dadurch nur verschüchtert. Sie vermochten das rechte Verhältnis zwischen natürlicher Anlage und der Bestrafung nicht einzuhalten ... 13/I 13 f.

Es ist ein übel Ding, wenn Kinder und Schüler das Vertrauen zu Eltern und Lehrern verlieren. So gab es zum Beispiel abgeschmackte Schulmeister, die durch ihr barsches Wesen viele treffliche Anlagen verdarben. 13/I 15

Es sind manche Präzeptoren [Lehrer] so grausam wie Henker. So wurde ich einmal vor Mittag fünfzehnmal geschlagen, ohne jede Schuld, denn ich sollte deklinieren und konjugieren und hatte es doch noch nicht gelernt. Ebenda

Seit Mai des Jahres 1501 studieren Sie in Erfurt an der Alma mater. Wie geht's, Herr Luther?
Es geht mir gottlob gut, nur das Studium tut mir Gewalt, zumeist das der Philosophie, das ich schon von Anfang an gar zu gern mit der Theologie vertauscht hätte; mit der Theologie meine ich, die den Kern der Nuß, das Mark des Weizens und das Mark der Knochen erforscht (die biblische nämlich). 9/9

Die Bibel war doch sicherlich von Anbeginn Ihr unverzichtbares Hauptbuch?
Mit zwanzig Jahren hatte ich noch keine Bibel gesehen. Ich meinte, es gäbe keine Evangelien [Botschaft von Jesus Christus] und Episteln [Sendschreiben] außer den sonntäglichen, alljährlich wiederkehrenden der Postillen [Predigtbüchern]. Endlich fand ich in der [Universitäts-] Bibliothek eine vollständige Bibel, und als ich ins Kloster gegangen war, begann ich die Bibel zu lesen, nochmals zu lesen und zur großen Verwunderung des Doktor Staupitz. Ebenda

Damals gefiel mir ... kein anderes Studium als das der Heiligen Schrift. Wenn ich mit erstaunlichem Überdruß Physik las, so brannte das Herz, wenn es galt, zur Bibel zurückzukehren. 13/I 36

Vom Vater waren Sie zum Studium der Juristerei bestimmt worden. Was, Herr Luther, hat Sie eigentlich veranlasst, am 17. Juli 1505 Hals über Kopf ins Kloster der Augustiner-Eremiten einzutreten?

Heute ist die [34-] jährige Zeit, da ich in das Kloster zu Erfurt gezogen ... Ich bin nämlich vierzehn Tage zuvor auf einer Wanderung bei Stotternheim, nicht weit von Erfurt, in ein Gewitter geraten und von einem nahebei einschlagenden Blitz derart erschreckt worden, daß ich in meiner Angst gerufen habe: „Hilf du, Sankt Anna, ich will ein Mönch werden!" ... Dann reute mich das Gelübde, und viele widerrieten mir's. Ich blieb aber dabei, und am Tag vor Alexii lud ich einige gute Freunde zu einem Abschiedsschmaus ein, daß sie mich in der Frühe zum Kloster geleiten sollten. Da sie mich noch immer zurückhalten wollten, sagte ich: „Heute seht ihr mich, und nimmermehr!" Da geleiteten sie mich mit Tränen. Und auch mein Vater war sehr zornig wegen des Gelübdes, aber ich blieb standhaft bei meinem Vorsatz und dachte, das Kloster nie zu verlassen. Ich war der Welt rein abgestorben ... 9/9

Prägenden Einfluss auf Ihre geistige und geistliche Entwicklung, Herr Magister Luther, hatte Ihr Ordensvorsteher und Seelsorger Johann Staupitz. Mit welchen Worten bewog er Sie, entgegen Ihrem anfänglichen Widerstand, im Jahr 1512 den theologischen Doktorgrad zu erwerben?

Staupitz, mein Prior [Vorsteher des Augustinerklosters], saß einmal nachdenklich unter dem Birnbaum [im Wittenberger Kloster], der heute noch inmitten meines Hofes steht; endlich sagte er zu mir: „Herr Magister, Ihr solltet den Doktorgrad [Dr. theol. oder D.] erwerben, so kriegt Ihr etwas zu schaffen."... Als er mich wiederum unter dem Birnbaum in derselben Sache anging, setzte ich mich zur Wehr, indem ich viele Gründe geltend machte, vor allem, daß meine Kräfte so sehr erschöpft seien, daß mir kein langes Leben mehr bevorstehe. Darauf Staupitz:

„Wisset Ihr nicht, daß unser Herrgott viel große Sachen auszurichten hat? Da bedarf er viel kluger und weiser Leute dazu, die ihm raten helfen. Wann immer Ihr dann auch sterbet, so müßt Ihr sein Ratgeber sein." 13/I 50

Ich habe meine ganze Sache von Doktor Staupitz, der hat mir dazu verholfen. 13/I 52

Wie wichtig sind Ihnen als Prediger, Reformator und Hochschullehrer die Sprachen, Professor Luther?
Ich kann weder Griechisch noch Hebräisch; ich will aber dennoch einem Hebräer und Griechen geziemend begegnen. Aber die Sprachen machen für sich selbst keinen Theologen, sondern sind nur eine Hilfe; denn, soll einer von einem Dinge reden, so muß er die Sache zuvor wissen und verstehen. Ich habe keine gewisse, sonderliche eigene Sprache im Deutschen, sondern gebrauche die gemeine deutsche Sprache, so daß mich beide, Ober- und Niederländer, verstehen mögen. Ich rede nach der sächsischen Kanzleisprache, welcher nachfolgen alle Fürsten und Könige in Deutschland; alle Reichsstädte, Fürstenhöfe schreiben nach der sächsischen und unseres Fürsten Kanzlei, darum ist's auch die gemeinste deutsche Sprache. 8/77

Wie man sagt, leisten Sie als Geistlicher, Reformator, Ratgeber, Hochschullehrer, Familienvorstand und Schriftsteller ein schier übermenschliches Maß an Arbeit. Was haben Sie alles auf Ihren Schultern zu tragen, Herr Professor Doktor Luther?
Ihr werdet es bemerkt haben, ich bin Klosterprediger und Tischprediger und auch für den Predigtdienst in der Pfarrkirche begehrt man mich täglich; außerdem bin ich noch Leiter der Studienanstalt unseres Ordens; ich bin Ordensvikar und verrichte damit die Geschäfte von elf Prioren; in Leitzkau muß ich die Fischpacht vereinnahmen und in Torgau die Sache der Herzberger Mönche vertreten; ich halte Vorlesungen über Paulus, und außerdem stopple ich mir ein Kolleg über die Psalmen zusammen.

Zu alledem kommt als zeitraubende Beschäftigung mein Brief-wechsel. Selten habe ich Zeit, die Feier der Horen [Stunden-gebete] ordentlich zu halten, und wie oft bin ich Anfechtungen [Versuchungen] der Welt und des Teufels ausgesetzt. Ihr seht, ich bin alles andere als faul! Ich muß fürchten, daß die gegen-wärtige Pest den Fortgang der Vorlesungen unterbricht. 9/12 f.

Hinzu kommt Ihre enorme Arbeit als Satzbauer, mit der Sie gleichsam zum ersten deutschen Bestsellerautor geworden sind. Allein 1519 verfassten Sie Schriften zum Ehestand, zur Aus-legung des Vaterunser, zu den Psalmen, zum Galaterbrief, zur Buße, Taufe, zum Wucher usw. Von welchen Motiven ließen Sie sich beim Schreiben leiten, Herr Doktor Luther? Was trieb Sie an?

Ich will mit meinen Büchern und Flugschriften nicht Ruhm und Ehre einheimsen. Fast jedermann verurteilt an mir meine Heftig-keit, aber ich meine wie Ihr, daß Gott vielleicht eben damit die Lügen der Menschen aufdecken will; denn was in unserer Zeit mit Ruhe behandelt wird, das sehe ich bald in Vergessenheit geraten, ohne daß jemand sein achtet ... Wer kann sagen, ob mich nicht der Geist mit seinem Ungestüm vorwärts treibt, da ich doch gewißlich nicht aus Gier nach Ehre und Gut, noch nach Beifall so handle. Ob ich Rache suche? Vielleicht! Der Herr verzeihe mir's, denn auch damit gehe ich nicht darauf aus, einen Auf-ruhr zu erregen, sondern einem allgemeinen Konzil [Versamm-lung hoher Kirchenvertreter] seine Freiheit zu erfechten. 46/29

Herr Professor Luther, Sie waren auch als Hochschullehrer ver-pflichtet, die Stundengebete durchzuführen. Wie haben Sie zeit-lich alles unter einen Hut gebracht?

Als ich Mönch war, wollte ich von den [Stunden]gebeten nichts preisgeben, als ich aber durch öffentliche Vorlesungen und Schrift-stellerei ins Gedränge kam, sammelte ich meine Stundengebete oft eine ganze Woche bis auf den Sonnabend, ja zwei oder drei

Wochen und sperrte mich drei ganze Tage ein, aß und trank nichts, bis ich ausgebetet hatte. Da ward mir der Kopf so toll davon, daß ich in fünf Nächten kein Auge zutat, krank bis auf den Tod daniederlag und wie von Sinnen kam. Als ich aber rasch wieder genesen war, ging mir alles im Kopf herum, wenn ich lesen wollte. So zog mich unser Herrgott fast mit Gewalt von jener Folter des Betens hinweg. Derart war ich gefangen. 13/I 72

Herr Doktor Luther, Sie haben in Ihrem kämpferischen Leben nicht nur ausgeteilt, sondern auch eingesteckt, nicht nur andere be- und verurteilt, sondern auch offen und ehrlich Zeugnis abgelegt über sich selbst. Würden Sie sich bitte für unsere Leser in diesem Sinne zu dem jeweiligen Stichwort äußern!

Genießen?

Ich bin reich, wenn ich auch nicht viel habe, weil ich das Meine genieße. 40/5

An Delikatessen finde ich keinen Geschmack. Ich lobe mir meine reine, gute Hausspeise. 46/136

Ich zeche auch. Es soll mir aber nicht jedermann nachtun, denn es arbeitet auch nicht jeder so hart wie ich. 40/55

Wie gut Wein und Bier hab ich daheime, dazu ein schöne Frau. Oder soll ich sagen Herren? 40/3

Ich gebe zu wissen, daß es mir hier wohl geht, ich fresse wie ein Böhme und saufe wie ein Deutscher, das sei Gott gedankt, Amen. Ebenda

Handeln?

Zu meinem Unglück trete ich jetzt an die Öffentlichkeit; ich, der ich immer glücklich in meinem Winkel gewesen bin, der ich es vorziehe, Zuschauer zu sein bei dem Spiel, das die feinsten Geister in unserem Jahrhundert üben, als daß mir zugeschaut wird – und ich ausgelacht werde ... 46/30

Soll ich alles gutmachen, was man überall böse macht? 40/3

Ich habe Christus und den Papst aufeinandergehetzt und bin so zwischen Tür und Angel gekommen. Ebenda

Ich regiere nicht gern, es liegt mir nicht. 40/4

Schreiben?

Es fließt mir alles zu, ich schreibe mehr aus dem Gedächtnis, als daß es erst langsam müßte hervorgebracht werden, und doch hab ich nicht Zeit genug. Ich möchte doch wissen, wie andere, langsamere, zurechtkommen. 35/175

Es meinen wohl etliche, das Schreibamt sei ein leichtes, geringes Amt; aber im Harnisch reiten, Hitze, Frost, Staub, Durst und anderes Ungemach leiden, das sei eine Arbeit. Ja, das ist das bekannte alte Lied, daß keiner sieht, wo dem anderen der Schuh drückt. Wahr ist's, mir wäre es schwer im Harnisch zu reiten, aber ich wollte auch gern wiederum den Reiter sehen, der mir könnte einen ganzen Tag still sitzen und ein Buch sehen. 40/43

Anfechtungen?

Wenn ich aufwache, so kommt der Teufel bald und disputiert mit mir so lang, bis ich sage: „Leck mich am Arsch". 40/4

Wenn der Teufel des Nachts an mich kommt, mich zu plagen, gebe ich ihm diese Antwort: Teufel, ich muß jetzt schlafen, denn das ist Gottes Befehl und Ordnung: des Tages arbeiten und des Nachts schlafen. 37/152

Teufel, willst du mich fressen, fang hinten an. 40/39

Ich habe oft erfahren, daß eben dann, wenn ich einsam gewesen, in große, schwere Anfechtung, Verzweiflung usw. gefallen bin. 40/41

Ich habe drei böse Hunde: Undankbarkeit, Hochmut und Neid. Wen die drei Hunde beißen, der ist sehr übel gebissen. 37/120

Die Welt hat keinen solchen Ekel an mir, wie ich an ihr. 8/76

Ich denke halt, es sei in 1 000 Jahren keiner gewesen, dem die Welt so Feind gewesen ist als mir. 40/3

Es ist mir lieber, die Welt zürne mit mir, als mit Gott. Man wird mir ja nicht mehr als das Leben nehmen können. 46/137

Charaktereigenschaften?

Ich bin frei von Geiz; vor der Lust bewahrt mich das Alter und der angegriffene Leib, ich leide nicht an Haß oder Neid gegen jedermann. Nur der Zorn ist in mir noch geblieben, der doch meistens notwendig und gerecht ist. Doch habe ich noch andere und größere Sünden. 8/76

Ich glaub einem jeden, darum kann man mich wohl bescheißen. 40/5

Ich muß Geduld haben mit dem Teufel; ich muß Geduld haben mit den Schwärmern [Fantasten]; ich muß Geduld haben mit den Scharrhansen [Geizhälsen]; ich muß Geduld haben mit der Käthe von Bora, und es ist der Geduld noch so viel, daß mein ganzes Leben nicht anderes sein will als Geduld. 8/76

In häuslichen Dingen füge ich mich Käthe; im übrigen regiert mich der heilige Geist. 40/6

Ich kann mich nicht genug wundern über ein Ei. 40/57

Ehrungen?

Zum ersten bitte ich, man wolle meines Namens geschweigen und sich nicht lutherisch, sondern Christen heißen. Was ist Luther? Ist doch die Lehre nicht meine. So bin ich auch für niemand gekreuzigt. Wie käme denn ich armer, stinkender Madensack dazu, daß man die Kinder Christi sollte mit meinem heillosen Namen nennen? Nicht also, liebe Freunde, laßt uns tilgen die parteiischen Namen und Christen heißen, des Lehre wir haben ... 52/10

Ich bin und will keines Meister sein. Ich habe mit der Gemeinde die einige, gemeine Lehre Christi, der allein unser Meister ist. 10/6

Lebensmüdigkeit?

Ja, ich bin müde, matt und kalt, ein alter unnützer Mann. Ich habe meinen Lauf vollendet: es bleibt mir noch, daß Gott mich zu meinen Vätern versammelt und der Verwesung und den

Würmern ihr Teil wird. Ich habe genug gelebt, wenn das ein Leben war. 46/166

Summa Summarum?

Vor allem bitte ich den freundlichen Leser, ich bitte ihn um unseres Herrn Jesu Christi willen, dies nicht urteilslos, ja vielmehr als Nachsicht zu lesen ... 46/138

Herr Erasmus von Rotterdam, als Humanist und theologischer Gelehrter von europäischem Rang sind Ihre Ansichten über Doktor Martinus bedenkenswert. Mit welchen Augen sehen Sie den deutschen Reformator?

Ich bin weder Luthers Ankläger noch Verteidiger noch sein Richter. Über den Geist und die Gesinnung des Mannes möchte ich nicht zu urteilen wagen, denn das ist sehr schwer; namentlich, wenn man ein verwerfendes Urteil fällen soll. Endlich glaube ich, es sei christlich, Luther in der Weise wohl zu wollen, daß, wenn er unschuldig ist, ich nicht wollte, daß er durch die Rotten der Schlechten unterdrückt würde; wenn er aber irrt, wünschte ich, daß er gebessert, nicht verderbt würde ... 39/87 f.

Ist es richtig, dass Sie gegenüber Luthers Lehre eine eher neutrale Position einnehmen?

Die Freunde Luthers suchten mich auf ihre Seite zu ziehen; die Feinde desselben bemühten sich, mich durch Schmähungen in Predigten in seine Partei hinüberzustoßen. Ich habe mich jedoch durch alle diese Parteibestrebungen nicht von meinem Standpunkte hinwegrücken lassen. 39/88

Ich will und kann keiner Partei dienen! Wenn mich irgend jemand so betrunken gesehen hat, daß ich den ganzen Luther billigte, so will ich mir's gefallen lassen, daß er mich, statt Erasmus, einen Ausreißer nennt ... 39/89 f.

Über Luther will ich weiter nichts sagen, als was sich unter den gegenwärtigen Umständen einzig ungestraft sagen lässt, nämlich, daß es mir gewaltig leid tut, daß solch ein Geist, von dem es den Anschein hatte, als sollte er ein ausgezeichnetes Werkzeug zur Verkündigung der evangelischen Wahrheit werden, durch das wütende Geschrei gewisser Leute so verbittert und verbissen gemacht worden ist. 9/55

Haben Sie ein typisches Beispiel für sein vermeintlich fehlerhaftes Handeln?
Luther hat in zwei Stücken gefehlt; nämlich, daß er dem Papste an die Krone und den Mönchen an die Bäuche gegriffen hat. 39/89

Was schätzen und was vermissen Sie an Luther besonders, Herr Doktor Erasmus?
Es scheint mir, als habe ich ziemlich alles das gelehrt, was Luther lehrt, nur nicht so heftig und mit Enthaltung gewisser Rätsel und Paradoxen [Widersprüchen in sich] ...
Christum erkenne ich an, Luther kenne ich nicht. Aufruhr und Unruhen habe ich stets verabscheut und wollte Gott, Luther und alle Deutschen hätten denselben Sinn! Niemand schadet Luther mehr, als er sich selbst durch das Herausgeben immer neuer und gehässigerer Schriften. 39/88

Rechtfertigt das aber die Verbrennung seiner Bücher?
Durch das Verbrennen seiner Bücher wird Luther vielleicht aus den Bibliotheken entfernt, ob er dadurch auch aus den Herzen der Menschen gerissen werden kann, weiß ich nicht! 39/89

Was meinen Sie mit Ihrer Behauptung, niemand schade Luther mehr als er sich selbst?
Ich vermisse an Luthers Schriften die Bescheidenheit und evangelische Sanftmut. Ich verwerfe seine Hartnäckigkeit im Behaupten und dies umso mehr, da seine Schriften von Tag zu Tag immer trotziger vorschreiten; selbst gegen die höchsten Fürsten, welche zu reizen – sie seien wie sie wollen – nicht gut ist.

Ist Luthers Lehre rein, so wird sie, wie durch Feuer geläutertes Gold, durch den Widerspruch nur heller hervorleuchten; ist sie aber falsch, so wird sie mit Recht von allen bekämpft; ist aber darin einiges Falsche mit Wahrem vermischt, so wird sie gereinigt. 52/129

Die Gegner Professor Luthers behaupten, er verbreite seine Lehre schonungs- und rücksichtslos. Was meinen Sie, Thomas Blarer, als Schüler und Wegbegleiter des Reformators, dazu?
Er berät das Christenvolk; das kann er aber nicht ohne Schärfe tun! Man muß das Leben der schlechten Menschen tadeln, besonders das der Herren; man muß das Volk zur Rückkehr zu anderen Vorbildern auffordern, zu einer anderen Lehre als der, die sie selbst verkünden. Doch daß jemand meine, Luther schreibe irrig und nachlässig, vergisst die Kenntnis dieses Mannes im Alten und Neuen Testament, vergisst die Erleuchtung des Heiligen Geistes, die er hat, vergisst Leben und Sitten dieses Mannes, vergisst die Argumente, mit denen er seine Anschauungen bekräftigt ... 39/100

Luther verachtet alles, außer Christus; außer Christus fürchtet oder erhofft er nichts und dieses dennoch so bescheiden, daß Du deutlich fühlst: hier ist kein angenommener Schein. 39/98

Heiliger Vater Leo X., mit welchen Worten verhängten Sie in Ihrer Bulle vom 3. Januar 1521 den Kirchenbann über Martin Luther?
Da nun, wie wir zu großer Betrübnis und Bestürzung unseres Herzens vernommen, Martinus als ein Mensch, der in verkehrtem Sinn dahingegeben ist, seine Irrtümer nicht in der ihm gesetzten Frist widerrufen hat, sondern als ein Fels des Ärgernisses immer noch ärger als vorhin wider uns und diesen heiligen Stuhl und den katholischen Glauben zu schreiben und zu predigen und so andere zu verleiten sich nicht entblödet hat, so ist er öffentlich zu einem Ketzer geworden und ist billigerweise als

Ketzer anzusehen, und alle Christgläubigen sollen ihn fliehen und meiden. 9/567 f.

Bezieht sich das ausschließlich auf den Gebannten Doktor Martinus?

Demgemäß ist unser Begehren, daß Martinus und alle, die ihm folgen; desgleichen die, die ihn beschirmen, hegen oder irgendwie zu unterstützen sich erkühnen und ihm Rat, Hilfe und Vorschub zu leisten kein Bedenken getragen haben oder noch tragen (und wenn sie gleich noch so hoch und ansehnlich wären), für gebannte und verfluchte Leute, die des ewigen Fluches schuldig sind, gehalten werden, daß demgemäß sie und ihre Abkömmlinge als solche anzusehen sind, die aller Ehren, Würden und Güter verlustig sind und ihrer hinfort unfähig sind, deren Vermögen verwirkt ist und die das Verbrechen der Majestätsbeleidigung und damit des Bannes und der Acht sich schuldig gemacht haben ... Ebenda

Wir befehlen auch all unsern Erzbischöfen, Bischöfen und Prälaten, daß sie sich jetzt, wie es Not tut, zur Mauer machen für das christliche Volk und nicht schweigen wie stumme Hunde, die nicht bellen können, sondern unaufhörlich schreien, die Stimme erheben und das Wort Gottes und die Wahrheit des katholischen Glaubens wider obige verdammte und ketzerische Artikel predigen und predigen lassen ... 9/568

Herr Albrecht Dürer, was vertrauten Sie im Jahre 1521 während einer Reise in die Niederlande Ihrem Tagebuch an, als sie von dem sich später nicht bewahrheitenden Gerücht hörten, der von Ihnen hoch verehrte Martin Luther sei bei dessen Rückkehr vom Wormser Reichstag ermordet worden?

Es sehe ein jeglicher, der Doktor Martin Luthers Bücher liest, wie seine Lehre so klar durchsichtig ist, so er das heilige Evangelium lehrt. Darum sind sie in großen Ehren zu halten und nicht zu verbrennen; es wäre denn, daß man seine Widersacher, die allezeit die Wahrheit anfechten, auch ins Feuer würfe mit allen ihren Opinionen [Meinungen], die da aus Menschen Götter machen wollen; aber doch so, daß man erst wieder neue lutherische Bücher gedruckt hätte.

O Gott, wer wird uns hinfort das heilige Evangelium so klar vortragen! Ach Gott, was hätte er uns noch in 10 oder 20 Jahren schreiben mögen! O, ihr alle frommen Christenmenschen, helft mir fleißig beweinen diesen gottgeistlichen Menschen! 52/129

Herr Bischof Dantiscus, was veranlasste Sie, im Jahre 1523 auf der Rückreise von Spanien in Ihre polnische Heimat den Doktor Martinus in Wittenberg zu besuchen, da Sie doch eigentlich zu seinen Gegnern gehören?

Wer in Rom den Papst und in Wittenberg den Luther nicht gesehen hat, der hat, so glaube man, überhaupt nichts gesehen; deswegen hatte ich den Wunsch, ihn zu sehen und zu sprechen ... Es hat nämlich nicht leicht jeder beliebige Besucher Zutritt zu ihm; mich nahm er jedoch ohne Schwierigkeiten an. 39/101

Welchen Eindruck machte der Reformator – auch äußerlich – auf Sie?

Ich kam mit Melanchthon zu ihm gegen Ende des Abendessens, zu dem er einige Brüder seines Ordens zugezogen hatte, die in Kutten von weißer Farbe, jedoch nach vorgeschriebenen Schnitt gekleidet und daher als Brüder kenntlich waren, in der Haartracht sich aber von den Bauern nicht unterschieden.

Luther sieht im Gesicht ebenso aus, wie er aus seinen Büchern schaut: Seine Augen sind durchdringend und beinahe unheimlich funkelnd, wie man es bisweilen bei Besessenen sieht ... Seine Redeweise ist heftig, voll von Anspielungen und Spöttereien. Er kleidet so, daß man ihn von einem Hofmanne nicht unterscheiden kann; wenn er jedoch das Haus, in dem er wohnt – es war früher das Kloster – verlässt, so trüge er, sagt man, die Kutte seines Ordens ...

Luther stand dann auf, reichte mir etwas verlegen die Hand und hieß mich niedersetzen. Wir haben uns fast vier Stunden lang bis in die Nacht hinein über die verschiedensten Dinge auf mancherlei Weise unterhalten. Ebenda

Erinnern Sie sich noch etwas genauer, wie diese Unterhaltung verlief?
Als wir nun mit ihm zusammensaßen, haben wir uns nicht bloß unterhalten, sondern auch in heiterer Laune Wein und Bier getrunken, wie es dort Sitte ist. Er scheint in jeder Hinsicht ein guter Gesell zu sein, wie man im Deutschen sagt. 39/102

Ich fand in ihm einen Mann von Verstand, Wissen und Beredsamkeit; übrigens brachte er – abgesehen von Schimpfreden, Anmaßlichkeiten und bissigen Bemerkungen gegen den Papst, den Kaiser und einige andere Fürsten – nichts von Bedeutung vor ... In der Ehrwürdigkeit seiner Lebensführung, die bei uns vielfach an ihm gerühmt wurde, unterscheidet er sich in nichts von uns anderen: Leicht erkennt man an ihm den Hochmut und die Anmaßlichkeit. In Schmähungen, Nachreden und Spöttereien scheint er ganz aufzugehen. Wie er im übrigen ist, davon geben seine Bücher ein deutliches Bild. Man sagt, er sei sehr belesen und schreibe viel. Dieser Tage übersetzt er die Bücher Mosis aus dem Hebräischen ins Lateinische, wobei er meist den Melanchthon zu Hilfe heranzieht. Dieser Jüngling gefällt mir unter allen Gelehrten Deutschlands am meisten. Mit Luther stimmt er durchaus nicht in allem überein. 39/101 f.

Heiliger Vater Hadrian VI., was werfen Sie dem Doktor Martinus eigentlich vor, da Sie doch anfänglich eine gewisse Reformbereitschaft erkennen ließen?
Sind denn nicht seine allerschalkhaftigsten Früchte offenbar? Denn dieser Kirchendieb hat nicht Scheu, wider Gott die heiligen Bildnisse, ja, auch das heilige Kreuz Christi mit seinen boshaften Händen zu zerbrechen und mit seinen befleckten Füßen

zu treten, womit dieser Frevler nicht aufhört, durch gottlosen Grimm die Laien stetig zu verhetzen, ihre Hände in der Priester Blut zu waschen, und verstört die Kirche Christi mit mörderischen Waffen. Das treibt er immerzu, daß die Menschen in ihren Sünden erwürgt werden ... 9/578

Welche Sünden beklagen Sie da in Spezifikum?
Weil er ein Apostat [Glaubensuntreuer] und Abtrünniger seiner Profeß [Mönchsgelübde] ist, damit er sehr viel ihm gleich mache, schämt er sich nicht, die Gefäße, so Gott geheiligt sind, zu verunreinen, die christgeheiligten Jungfrauen und die klösterlich Leben zu halten verheißen haben, aus ihren Klöstern zu nehmen und ziehen, und der Welt, ja dem Teufel wiedergeben, den sie einmal verschworen haben. Er gibt die Priester Christi auch den allerschnödesten Huren ... Ebenda

Und sein Verhalten gegenüber dem Pontifex maximus als Oberhaupt der katholischen Kirche?
Die heiligen Väter, deren Leben und Lehre die ganze Welt erleuchtet hat, hält er nicht allein nicht in billigen Würden und Ehren, sondern je boshaftiger er ist, je mehr er sie verachtet, verspottet, verschmähet, verspricht, verfolgt. Allen gemeinen heiligen Konzilien widerspricht er öffentlich, verspricht mit unverschämtem Mund; unterwindet sich, im Schein der Freiheit ein freches Leben, das mit keinen Gesetzen verstrickt und wahrlich wild ist, einzuführen.

Derhalben auch der Verräter und Verbrecher aller Gesetze in eine so große Unsinnigkeit des Gemüts gefallen ist, daß er sich nicht gescheut hat, die Dekrete und Gesetze der allerheiligsten Väter und die geistlichen Kanones und Recht mit einem offenen Feuer zu verbrennen, und kurzum alle christliche Wahrheit, alle Ordnung und Polizei und die allerschönste Gestalt der Kirche, so von Christo, von den Aposteln, von den apostolischen Männern und heiligsten Vätern von Anbeginn ausgesetzt sind, untersteht sich dieser allein, nach so viel hundert Jahren, zu zerreißen, zu verkehren und zu verstellen. Ebenda

Herr Superintendent Doktor Rhegius, als Augsburger Prediger lernten Sie 1503 den Reformator auf der Veste Coburg persönlich kennen. Entsprachen Ihre Vorstellungen von Doktor Martinus, die Sie beim Studium seiner Schriften gewonnen hatten, dem Original?
Zu Coburg habe ich einen ganzen Tag mit dem Manne Gottes zugebracht. Derselbe Tag ist mir in diesem Leben der fröhlichste und lustigste gewesen. So ein großer Theologus ist er, daß die Welt seinesgleichen keinen hat. Dr. Martinus ist der Größte in meinem Herzen; denn ich habe ihn nun gesehen und von ihm gehört, dass man es mit Schreiben nicht begreifen noch ausreden kann ... 39/103

Dafür halte ich's, daß niemand Dr. Martinum hassen kann, der ihn kennt. In seinen Büchern spürt man wohl seinen Geist; aber viel besser wird er erkannt, wenn man ihn selbst von göttlichen Sachen reden hört. Da wird man müssen bekennen, daß er ein viel größerer Mann ist, als man von ihm schreiben oder sagen kann. Ich habe gesehen, wie große Gnade in diesem Menschen ist. Viele von uns schreiben Bücher; was sind wir aber gegen diesen Mann? Schüler sind wir. Er ist und bleibt wohl ein Meister, das weiß ich. Ich kenne ihn nun besser als zuvor, bevor ich ihn gesehen hatte. Er ist ein sonderliches Werkzeug des Heiligen Geistes und hat einen apostolischen Geist. 39/103 f.

Welche Gaben rühmen Sie, Herr Justus Jonas, an Martin Luther, den Sie aus authentischer Nähe miterleben durften, besonders?
Doktor Martinus Luther hatte viele reiche Gaben und war ein trefflicher gewaltiger Redner, außerdem ein gewaltiger Dolmetscher der ganzen Bibel. Es haben auch die Kanzleien zum Teil von ihm gelernt recht Deutsch schreiben und reden, denn er hat

die deutsche Sprache recht hervor gebracht ... Was aber Dr. Martinus für ein beredeter Mann und hoher Schreiber gewesen sei, hat man oft in geringen Sachen erfahren. So bezeugen das zur Genüge seine Bücher und Schriften, derer sehr viele sind. Das Werk lobt den Meister! Von denselbigen natürlichen Gaben will ich nichts sagen, sondern weise alle gottfürchtigen Herzen und Christen in seine Bücher, Postillen und Kommentaren usw. Da werden sie finden, daß sie einen trefflichen Redner, Prediger und rechten Bischof an dem Mann gehabt. Wollte Gott, Deutschland hätte der Leute und Bischöfe nur sehr viel! 39/290

Welche Rolle spielte die Bibel in Luthers Leben?
Es ist auch in dem Dr. Martino Luthero eine reiche Gnade und großes Licht des heiligen Geistes und Christi, welches er nicht verringert, sondern gemehrt hat durch tägliche, fleißige Arbeit in der heiligen göttlichen Schrift, mit Studieren und Lesen derselbigen vierzig ganzer Jahre hindurch, so daß ihm die Heilige Schrift durchaus wohl bekannt war; er hat gar viel, viel Mal die Bibel ausgelesen, daß sie ihm ist geläufig gewesen. Das hat er getrieben von seinem vierundzwanzigsten Jahr an bis in sein dreiundsechzigstes Jahr, bis er gestorben, der hohe, teure Mann! 39/290 f.

Herr Superintendent Alberus, als zeitweiliger Hausgenosse lernten Sie Doktor Martinus näher kennen. Was fiel Ihnen besonders an ihm auf?
Luther war ein feiner, wohlberedter, freundlicher, holdseliger, wahrhaftiger, beherzter, züchtiger, fröhlicher Mann, dem alles wohl anstand, was er tat. Er konnte in allen Dingen Mäßigkeit halten und redete kein vergebliches Wort. Den Halsstarrigen war er schrecklich, den Blöden tröstlich. 39/103

Er hatte es in seinem klaren und tapferen Gesicht und Falkenaugen und war von Gliedmaßen eine schöne Person. Er war ein guter Musikus, hatte auch eine feine, helle und reine Stimme zum Singen und Reden. Ein großer Schreier war er nicht. Die edle Kunst und Maler und Organisten und dergleichen hatte er lieb. 39/10

Welche Charaktereigenschaften konnten Sie an dem berühmten Manne ausmachen?
Er war ein Mann ohne Falschheit; Lügnern und Zweizüngigen war er gram; Aufrichtigkeit hatte er lieb, den Geiz haßte er, der Hoffart [Überheblichkeit] war er Feind. Trunkenheit und Unzucht waren ihm unbekannt. Man spürte an ihm keinen Zorn; außer, wenn er zu Felde lag gegen die Papisten und Schwärmer; da sah man des Heiligen Geistes und nicht eines Menschen Zorn. Ebenda

Was zeichnete ihn im Gespräch mit seinen Mitmenschen aus?
Wenn er gefragt ward um die rechte Bedeutung eines Wortes oder Spruchs in der Heiligen Schrift, alsobald war er mit der Antwort fertig. Wenn er um Rat gebeten ward, gab er auf der Stelle so guten Rat, als hätte er sich eine lange Zeit darauf bedacht, und war so wohl geraten, daß man leichtlich spüren konnte, der heilige Geist wäre da Meister und Ratgeber gewesen. Er war nicht störrig, fuhr niemand mürrisch an, gab freundliche Antwort und guten Bericht, war kein Spötter, sondern hatte Mitleid mit der Einfältigen Torheit und Unversand, half gern, gab gern, lieh gern, diente jedermann gern mit Rat und Tat, Worten und Werken. Aus seinem Gespräche über Tisch lernte man so viel als aus einer Predigt ... 39/103

Und als Gottesmann?
Da war er ein Mann, der Gottes Zorn aufhalten konnte. Keiner konnte fleißiger und ernsthafter beten und Gott anrufen, keiner konnte besser trösten, keiner besser predigen. Er predigte auch nie über eine Stunde, bisweilen sogar nicht eine ganze Stunde, und wusste zur rechten Zeit aufzuhören, denn aus langen Predigten lernt man nicht viel ... 39/104

Ja, ein solcher Mann wollte unser Herrgott haben, der das römische Monstrum [Ungeheuer] angreifen und überwältigen sollte. 39/102 In Summa; da unser Herrgott den römischen Antichrist angreifen und stürzen und das klare herrliche Licht seines Evangeliums der Welt offenbaren wollte, da erwählte er sich einen Mann nach seinem Herzen, und gab ihm zu solchem großen Werk, dergleichen nach der Apostel Zeit auf Erden nie geschehen, alle diese schönen Gaben. 39/104

Kurz nach dem Ableben Martin Luthers begann 1546 der sogenannte Schmalkaldische Krieg. Wissen Sie, ob Luther diesen Religionskrieg vorausgesehen hatte?
Ja. Doktor Martinus war auch ein rechter Prophet, und seiner Weissagungen sind viele erfüllt. Ich habe viele seiner Prophezeiungen aufgeschrieben. Er wußte, daß sich kein Krieg des Evangeliums halber in deutschen Landen bis zu seinem Tode erheben würde, denn er war ein Mann Gottes, dem Gott sein Geheimnis und Willen offenbaret ... Ebenda

Was empfinden Sie, Frau Katharina Luther, nur wenige Tage nach dem Ableben Ihres Ehemannes?
Wer wollte nicht billig betrübt und bekümmert sein um einen solchen teuern Mann, als mein lieber Herr gewesen ist, der nicht allein einer Stadt oder einem einzigen Land, sondern der ganzen Welt gedienet hat. Derhalben ich wahrlich so sehr betrübt bin, daß ich mein großes Herzeleid keinem Menschen sagen kann und weiß nicht, wie mir zu Sinn und zu Mut ist. Ich kann weder essen noch trinken, auch dazu nicht schlafen. Und wenn ich hätt' ein Fürstentum und Kaisertum gehabt, sollt' mir so leid nimmer geschehen sein, so ich's verloren hätt', als nun unser lieber Herrgott mir, und nicht allein mir, sondern der ganzen Welt, diesen lieben und teuern Mann genommen hat. Wenn ich, Katharina des Herrn Doctor Martinus Luther gelassene Witfrau, daran gedenk; so kann ich vor Leid und

Weinen – das Gott wohl weiß – weder reden noch schreiben.
59/145 f.

Was bedeutet für Sie, Professor Melanchthon, Luthers Forderung gegenüber den Menschen, Gott zu geben, was Gottes, und dem Kaiser, was des Kaisers ist?
Das heißt, daß sie durch wahre Buße, durch Erkenntnis und Verbreitung der wahren Lehre, durch rechte Anrufung im Gebet und den Gehorsam eines guten Gewissens Gott ehrten, ein jeder aber in allen bürgerlichen Pflichten seiner Obrigkeit, mit Scheu und Ehrerbietung, um Gottes willen, gehorchen sollte. 9/585

Und wie stand es in dieser Hinsicht um Luther selbst?
So war auch Luther selbst: was Gottes ist, das gab er Gott, er lehrte recht, er betete recht zu Gott. Er hatte aber auch noch andere Tugenden, die notwendig sind an einem Menschen, der Gott gefallen soll. Endlich hat er in seinem äußerlichen Wandel auf das Standhafteste alle aufrührerischen Anschläge vermieden; und diese Tugenden halte ich für ein solches Kleinod, daß ein anderes, größeres in diesem Leben nicht gewünscht werden könnte.
Wiewohl nun die Tugend des Mannes selbst gar hoch zu loben ist, der von den Gaben Gottes so wohlanständig Gebrauch macht, so müssen wir dennoch vor allen Dingen Gott danken, daß er uns durch ihn das Licht des Evangeliums wiedergegeben hat; auch muß das Andenken an seine Lehre erhalten und fortgepflanzt werden. Ebenda

Welche Worte gaben Sie als enger Freund und Mitarbeiter in Ihrer Grabrede am 22. Februar 1546 dem großen Reformator mit auf die letzte Reise?
Jeder, der ihn genauer gekannt hat und oft in seiner Nähe gewesen ist, muß bezeugen, daß er ein sehr gütiger Mann war, im Verkehr mit anderen in allen Reden milde, freundlich und sanft

und gar nicht frech, stürmisch, eigensinnig oder zänkisch. Und doch lag gleichzeitig Ernst und Festigkeit in seinen Worten und Gebärden, wie es einem solchen Mann zukommt ... Daher ist es offenkundig, daß die Härte, die er gegen die Feinde der reinen Lehre anwandte, nicht auf ein zänkisches und boshaftes Gemüt zurückzuführen war, sondern auf ein großes, ernstes Streben nach Wahrheit. Das müssen wir und viele andere, die ihn gesehen und gekannt haben, von ihm als Zeugnis ablegen. 9/585

Hochverehrter Herr Leibniz, Sie sind der Welt als gelehrtes Universalgenie bekannt und treten ein gegen jegliche Häresien, also Irrlehren. Was halten Sie von dem Vorwurf, Doktor Martinus sei ein Häretiker?
Ich sehe nicht, warum Luther mit Recht ein Häretiker [ketzerischer Abweichler] genannt werden könnte; denn man könnte keine Irrlehre angeben, die er begründet oder eingeführt hätte. Er hat gegen die Mißbräuche gepredigt, was man als notwendig erkannt hat. Er hat manchmal zuviel Eifer bekundet, aber das macht keinen zum Irrlehrer. 50/83

Aber sind die Lehren des Reformators nicht der herrschenden Philosophie entgegengesetzt?
Die Reformatoren, besonders Luther, haben ... sich mitunter so ausgesprochen, als verwürfen sie die Philosophie und hielten sie für eine Feindin des Glaubens. Aber, recht besehen, versteht Luther unter Philosophie nur das, was sich mit dem gewöhnlichen Naturlauf deckt oder vielleicht das, was in den Schulen gelehrt wird, wenn er z. B. sagt, es sei in der Philosophie, nämlich in der Naturordnung, unmöglich, daß das Wort Fleisch werde, oder wenn er behauptet, das in der Naturlehre Wahre könne in der Moral falsch sein. 50/90

Herr von Seckendorf, als gelehrter Gründungskanzler der Universität Halle sind Sie in besonderer Weise mit dem Werk Doktor

Luthers verbunden. Was rühmten Sie in einer Laudatio daran besonders?

Unvergängliches Lob schuldet Deutschland Luther. Diesem [Land] hat er – selbst wenn er ihm sonst keinen andern Dienst geleistet hätte – allein mit dem Werk der Bibelübersetzung eine solche Wohltat erwiesen, daß in den zurückliegenden Zeiten, seit das Evangelium gepredigt wurde und in Zukunft nichts erwartet werden kann, was da heranreicht ... 50/114

Und außer der Bibelübersetzung?

Man gesteht Luther eine ungewöhnliche Kenntnis und Ausdrucksfähigkeit in der Muttersprache zu ... Hinten an setzte also Luther zugunsten jenes heiligen Studiums alle Literatur, Philosophie und Scholastik [engstirnige Schulweisheit], auch Grammatik und Rhetorik [Redekunst], wenn er sich auch aus all diesen [Wissenschaften] einen gehörigen Schatz an Kenntnissen angeeignet hatte, mit einem Geist, der, wie selbst seine Gegner anerkennen, nicht nur groß genug, alles zu umfassen, sondern umfassender war, als daß es durch den Reichtum der Wissenschaften hätte ausgeschöpft werden können ... Von seinen Schriften aber ... verdienen Hochschätzung und besondere Beachtung jene, in welchen er die heilige Schrift kommentiert. Und diesen Büchern haben seine Gegner, solche Schriften über ihre Anschauungen, wie sehr sie auch an eingebildeter Gelehrsamkeit strotzen mögen, nichts entgegenzusetzen, was Luther die Palme entreißen könnte ... Ebenda

Kein anderer, möchte ich meinen, hat leicht so heftig über den Sittenverfall unter der wiederaufblühenden Lehre des Evangeliums Klage geführt, wie Luther selbst, von dem man wahrhaft sagen kann, daß er die Strenge des Jeremias wieder in sein Zeitalter eingeführt hat ... Während dieser Zeit und ohne die Macht von Fürsten, hie und da allerdings wohlwollende Duldung findend, anderswo aber auch angesichts grausamster Verfolgungen, ist die Lehre dieses Mannes, die er wieder unmittelbar aus den heiligen

Schriften geschöpft hatte, gleichsam wie der Blitz in beinahe alle Regionen Europas vorgedrungen. 50/113

Als Reformationshistoriker haben Sie, Herr Professor Walch, eine „ausführliche Nachricht von D. Martino Luthero" verfasst, aus der wir Sie zu zitieren bitten. Mit welchen besonderen Gaben war Martin Luther ausgestattet?

Bei Luthero waren sie [die Naturgaben] nach keinem geringen Grad anzutreffen. Er hatte ein ungemein gutes Judicium [Rechtskenntnisse] und war vermöge derselbigen im Stand, die Beschaffenheit der Sachen und deren Verhältnis gegeneinander einzusehen, mithin richtig zu beurteilen, was wahr und falsch, und insonderheit beim Christentum, was Natur und was Gnade bei einem Menschen und dessen Handlungen sei ...

Seine Seele war ferner mit solchen Naturgaben versehen, welche in gewissen und durch menschlichen Fleiß erlangten Fertigkeiten bestanden. Unter denselbigen hatte überhaupt die Gelehrtheit ihre Stelle, die bei Luthero nicht gering war ...

Insonderheit bestand solche Gelehrtheit in einer genauen und gründlichen *Wissenschaft der göttlichen Wahrheiten,* die in der Schrift [Bibel] unserer Seligkeit wegen geoffenbahret sind. In der Schrift selbst war er mächtig. Er hatte sich eine große Erkenntnis der hebräischen und griechischen Sprache erworben und wußte die göttlichen Bücher gründlich zu erklären, wie wir davon an seiner deutschen *Bibelübersetzung* und an seinen vielen Auslegungen der heiligen Schrift unverwerfliche Zeugnisse haben ... 56/176 f.

In menschlichen Wissenschaften, besonders was die griechische und lateinische Sprache, die Altertümer, die Philosophie und dergleichen anlangt, kam Luther zwar Erasmus, Melanchthon und einigen andern nicht bei; er war aber gleichwohl darinnen nicht unerfahren ... 56/177

Ist die Annahme richtig, dass Doktor Martinus sehr redegewandt war?

In der *Beredsamkeit* hatte er es vor vielen andern weit gebracht. Er redete und schrieb deutlich, rein, nach den Umständen seiner Zeiten und Absichten und konnte, wo es die Sache mit sich brachte, mit großer Kraft und Bewegung die Herzen rühren.

Solche Beredsamkeit erstreckte sich auf die lateinische und deutsche Sprache ...

Der deutschen Sprache war er besonders mächtig und trug zu deren Verbesserung und Zierlichkeit vieles bei, vornehmlich durch die deutsche Übersetzung der Bibel ... Ebenda

Und sein Verhältnis zur Philosophie?
In der *Philosophie* war er nicht unerfahren, und ob man ihn wohl für keinen großen Philosophen halten kann, dergleichen er auch niemals werden wollte, so muß man doch so viel sagen, daß er die Weltweisheit nach derjenigen Art, wie sie zu seiner Zeit gang und gäbe gewesen, nämlich nach den Lehrsätzen des Aristoteles und der Scholastiker gelesen hat. Nach Wittenberg wurde er als Professor der Dialektik und Physik berufen und hielt daselbst philosophische Kollegien; zeigte auch nachgehends den Gebrauch der Dialektik in der Gottesgelehrtheit ...

Es ist auch wahr, daß er niemals ein sonderliches Vergnügen an der Philosophie gehabt ..., war aber kein Feind der Philosophie und stand nicht in dem Wahn, als wenn sie bei der Gottesgelehrtheit schädlich wäre, wie ihn einige dessen hatten beschuldigen wollen. Er erkannte vielmehr, daß sie eine Wissenschaft sei, die ihren Nutzen auch bei der Theologie habe, wo sie gehörigermaßen gebraucht und angewendet werde ... 56/177 f.

Welche Charaktereigenschaften zeichneten Martin Luther aus?
Da rechne ich zu den geheiligten Gaben Luthers:
1. seine Bescheidenheit, welche er sehen ließ, indem er sich geringer denn andere achtete;
2. seine Aufrichtigkeit, die er in allen seinen Handlungen gegen Freunde und Feinde erwiesen und sich in seinen Worten und

267

Werken allezeit so bezeiget, daß selbige mit seines Herzens Sinn und Meinung übereinstimmen, allermaßen er nicht auf Menschen, auf deren Gunst und Ungunst, sondern auf Gott und sein Gewissen sah ... Dazu kam:

3. seine Guttätigkeit, die er in einem hohen Grad gegen Arme und Bedürftige erwiesen, so daß er bisweilen sich und die Seinigen dabei nachgesetzt, wie unter andern Johannes Mathesius [erster Lutherbiograph] berichtet, daß ihm ein armer Mensch seine Not geklagt und da er kein Geld gehabt, sei er seiner Frau, die in Wochen gelegen, über das Patengeld gekommen und habe solches dem Armen gebracht, und wie man ihm dieses verdenken wollte, habe er gesagt, Gott sei reich und werde anders bescheren ... Diesen jetzt erzählten Tugenden ist beizufügen:

4. die ungemeine Herzhaftigkeit in allem, was er der Sache Gottes wegen übernahm und tat, da er keine Gefahr, wenn sie auch noch so groß schien, scheute, in der Not den Mut nicht sinken ließ und in seinem Gemüt ruhig blieb, welches bloß daher rührte, weil er sich auf Gott, auf seine gerechte Sache und gutes Gewissen verließ ... Mit dieser Herzhaftigkeit war

5. die Beständigkeit verknüpft, und diese Tugend offenbarte sich bei Luther sonderlich darin, daß er unverrückt bei der evangelischen Wahrheit blieb, sie allezeit bekannte, lehrte und verteidigte, sich weder durch Verheißungen, noch Bedrohungen im geringsten davon abbringen ließ ...

Nebst dem hat sich unter den geheiligten Gaben und Tugenden Luthers

6. die Arbeitsamkeit befunden ... Mit seinen äußerlichen Umständen, sie mochten beschaffen sein, wie sie wollten, war er allezeit zufrieden. Hatte er bisweilen nichts, so brachte ihn dieses nicht aus der Ruhe. Er machte sich aus dem Irdischen nichts, und ob er wohl in der Welt größeres Vermögen hätte erwerben können; so tat er doch dieses nicht und sah mehr auf die Armen, als auf sich und auf die Seinigen ... 56/178

Welche Gaben waren es vor allem, die Doktor Martinus zu seinem großen Reformationswerk befähigten?

Unter denselben waren ihrer sonderlich vier, die dazu erforderlich wurden:

1. Die gründliche Gelehrtheit und bei derselbigen vornehmlich die Einsicht in das Wort Gottes, um die päpstlichen Irrtümer zu entdecken und zu widerlegen; die Wahrheiten hingegen vorzutragen, zu beweisen und zu verteidigen.

2. Die natürliche und ungezwungene Beredsamkeit, damit er zu desto besserer Ausbreitung der evangelischen Lehre einen deutlichen und nachdrücklichen Vortrag, schriftlich und mündlich, tun konnte.

3. Die Andern lehrte er, zu beweisen und zu bestätigen, zumal da der Greuel des Papsttums nicht nur in groben Irrtümern, Unwissenheit und Blindheiten, sondern auch in einem schändlichen und ärgerlichen Leben ... bestand. Dazu kam

4. der heroische Mut und die freudige Standhaftigkeit, um die Hindernisse und Schwierigkeiten, welche ihm wegen der Reformation gemacht wurden, getrost zu überwinden, keine Gefahr zu scheuen und das angefangene Werk in einem festen Vertrauen auf Gott und dessen mächtigen Beistand unverzagt fortzusetzen ...

Nehmen wir zu den vortrefflichen Gaben Luthers zugleich dasjenige, das Gott durch ihn zum Besten der Kirche ausgerichtet, so ist er billig als ein großer Mann anzusehen, der gewissermaßen nicht leicht seines Gleichen hat. Philipp Melanchthon soll gesagt haben, Bugenhagen sei ein Grammaticus und lege sich auf die Worte des Textes; er sei ein Dialecticus und sehe drauf, wie der Text zusammenhänge und was daraus zu folgern sei; Jonas sei ein Redner, der die Worte des Textes herrlich und deutlich aussprechen könne; Luther aber sei alles in allem. 56/180

Also ein außergewöhnlicher Mensch ohne Fehl und Tadel?

Er ist ein großer Mann gewesen, dabei aber ein Mensch geblieben, der seine Schwachheiten und Fehler gehabt. Sie waren ihm wohl bekannt und gaben Gelegenheit, daß er sich mehr und mehr in der wahren Demut übte, wovon viele Zeugnisse und Exempel [Beispiele] in seinen Schriften vorhanden sind. Gott wirkte in ihm kräftig und nach einem besondern Maß ... Er war ein hoch erleuchteter Mann; gleichwohl aber hatte er keine unmittelbar göttlichen Eingebungen, und er kann deswegen nicht in eine Klasse mit den heiligen Männern Gottes, mit den Propheten, Evangelisten und Aposteln gesetzt werden ... 56/180 f.

Worin sehen Sie, Herr Professor Walch, summa summarum die wesentlichen Verdienste Martin Luthers?
Lutherus hat sich hauptsächlich um die Kirche verdient gemacht, eben damit, daß durch ihn die Verbesserung und Reinigung derselben von den päpstlichen Gräueln geschehen und die evangelische Religion nach ihrer wahren und rechten Gestalt an sich selbst; oder was zu selbiger gehöret; wieder hergestellet worden ...
Bei diesen und anderen Wahrheiten war er sonderlich um den Grund, auf welchem ihre richtige und gewisse Erkenntnis beruht, bekümmert. Er baute nichts auf menschliches Ansehen, auf Satzungen und Aussprüchen der Kirche und zeigte vielmehr, daß niemand bei selbigen seines Glaubens und seiner Seligkeit versichert sein könne. Die heilige Schrift achtete er für die einzige Richtschnur des Glaubens und des Lebens ...
Die Reformation, die *Gott* durch ihn anstellte, erstreckte sich nicht nur auf die Lehre, sondern auch auf das Leben. Er hat die wahren Grundsätze der christlichen Moral wieder hergestellt, daß man nämlich an Christus glauben, und den Glauben durch ein frommes Leben beweisen müsse, wenn man wolle gerecht und selig werden ...
Ich füge hinzu, als eine besondere Wohltat, die Gott durch Luther unserer Kirche nach dem innerlichen erwiesen, und dadurch sich dieser um selbige verdient gemacht hat, und dadurch hat unsere Kirche vor der päpstlichen einen großen Vorzug erlangt ...

270

Er hat durch seine Lehren und Exempel in seinen eignen Predigten Anlaß gegeben, daß das Predigen in der lutherischen Kirche eine ganz andere Gestalt gewonnen hat, als selbige im Papsttum vor der Reformation aussah ...

Damit gab er andern evangelischen Lehrern ein schönes Exempel zu ihrer Nachahmung und veranlaßte, daß das fleißige Predigen in die lutherische Kirche eingeführt und auf einen ganz anderen Fuß gesetzt wurde ...

Nebst dem Vortrag des göttlichen Wortes gehört zu dem Äußerlichen der Kirche die Austeilung der Sakramente, der heiligen Taufe und des Abendmahls ...

Er hat die Bibel selbst und deren allgemeinen Gebrauch wieder hergestellt. Er hat viele Auslegungen der heiligen Schrift, größere und kleinere, und zwar in solcher Anzahl verfertigt, daß sie einen großen Teil seiner Bücher ausmachen und sich fast auf die ganze Bibel erstrecken ...

Nicht weniger sind Luthers Verdienste um die polemische Gottesgelehrtheit groß. Er ließ eine ausnehmende Gründlichkeit sehen und wußte mit einem besonderen Nachdruck wider die Feinde der Wahrheit zu reden und zu schreiben. Die Gründe, deren er sich wider selbige bediente, waren bündig und hatten eine Kraft der Überzeugung bei sich, so daß er denen, welche widersprachen, das Maul stopfte, und die, so die Wahrheit zu erkennen angefangen hatten, mehr und mehr befestigte, welches auch nicht anders sein konnte. Denn er stritt mit dem Schwert des Geistes, und das Wort Gottes war die einzige Quelle, aus welcher er seine Beweistümer herleitete ...

Mit seinen Gegnern ging er redlich um, stellte ihre Meinungen aufrichtig vor, legte ihnen nichts Fälschliches bei, nahm ihre Worte in keinem unrechten Sinn, welche und andere von Gott bekommene Eigenschaften ihn in den Stand setzten, mit einem gesegneten Fortgang wider die Feinde zu streiten und einen Sieg nach dem andern über sie zu erhalten ...

Obwohl Luthers Verdienste um die Gelehrsamkeit eigentlich

und vornehmlich die theologische Wissenschaft angehen, so erstrecken sie sich doch auch auf andere Wissenschaften und zwar gewissermaßen auf die Rechtsgelehrsamkeit ...

Durch seinen Fleiß brachte er's in den schönen Wissenschaften weit. Er hatte eine Geschicklichkeit, rein, deutlich, nachdrücklich und rührend zu schreiben. Natur und Kunst kamen hier zusammen und beide hatten ihn zu einem großen Redner gemacht. Das Lob desselbigen haben ihm auch seine Feinde beilegen müssen ...

Der deutschen Sprache war er auch sehr mächtig und trug zu ihrer Verbesserung und Zierlichkeit, sonderlich durch die deutsche Übersetzung der heiligen Schrift vieles bei ...

In der Poesie [Lyrik] war er nicht ungeschickt und fand an selbiger ein großes Vergnügen. Die alten Poeten hatte er fleißig gelesen und sich selbige so bekannt gemacht, daß er aus ihnen viele Stellen in seinen Schriften anzuführen und wohl anzubringen wußte ...

Er selbst besaß eine gute Gabe, in gebundener Rede [Versform] etwas abzufassen, wie nicht nur seine Lieder; sondern auch seine noch vorhandenen lateinischen Verse ausweisen. Die Natur und Beschaffenheit der Sprachen selbst, sonderlich der lateinischen und deutschen, verstand er wohl, wußte von dem Wesen, Ursprung, Bedeutungen der Wörter zu urteilen, wovon hin und wieder in seinen Büchern Proben und Exempel vorkommen ...

Die Begierde Luthers, das wahre Christentum und das Wachstum der Wissenschaften zu befördern, trieb ihn auch an, sich um das Wohlsein der Schulen und Akademien zu kümmern. Um selbige hat er sich nicht wenig verdient gemacht ... 56/185 ff.

Herr Lessing, es gab bekanntlich schon vor Martin Luther zahlreiche Übersetzungen der Bibel, doch erst Doktor Martinus kommt das Verdienst zu, das Neue und Alte Testament aus dem griechischen bzw. hebräischen Urtext ins Deutsche übersetzt und damit die sogenannte Lutherbibel geschaffen zu haben. Wie stehen Sie zu der Tatsache, dass es auch nach Luther Theologen gab,

die die Bibel erneut zu übersetzen versuchten, wie neuerdings der Herr Pastor Goetze?

Schön, vortrefflich, ganz in Luthers Geiste ist es von diesem Lutherschen Pastor gedacht, daß er den Reichshofrat zu einem Schritte gern verhetzen möchte, der, vor zweihundertundfünfzig Jahren mit Ernst getan, uns um alle Reformation gebracht hätte! Was hatte Luther für Rechte, die nicht doch jeder Doktor der Theologie hat? Wenn es jetzt keinem Doktor der Theologie erlaubt sein soll, die Bibel auf's neue und so zu übersetzen, wie er es vor Gott und seinem Gewissen verantworten kann, so war es auch Luther nicht erlaubt. Ich setze hinzu; so war es Luther noch weniger erlaubt. Denn Luther, als er die Bibel zu übersetzen unternahm, arbeitete eigenmächtig gegen eine von der Kirche angenommene Wahrheit, nämlich gegen die, dass es besser sei, wenn die Bibel von dem gemeinen Mann in seiner Sprache nicht gelesen werde. Den Ungrund dieses von seiner Kirche für wahr angenommenen Satzes mußte er erst erweisen; er mußte die Wahrheit des Gegensatzes erst erfechten; er mußte sie als schon erfochten voraussetzen, ehe er sich an seine Übersetzung machen konnte. Das Alles braucht ein jetziger protestantischer Übersetzer nicht; die Hände sind ihm durch seine Kirche weniger gebunden, die es für einen Grundsatz annimmt, daß der gemeine Mann die Bibel in seiner Sprache lesen dürfe, lesen müsse, die nicht genug lesen könne. Er tut also etwas, was ihm niemand streitig macht, dass er es tun könne, anstatt dass Luther etwas tat, wobei es noch sehr streitig war, ob er es tun dürfe. – Das ist ja sonnenklar. – Kurz, einem jetzt Lebenden die Übersetzung verdammen, heißt der Lutherschen Übersetzung den Prozeß machen, wenn jene auch noch so sehr von dieser abgehen. Luthers Übersetzung ging von den damals angenommenen Übersetzungen auch ab; und mehr oder weniger, darauf kömmt nichts an.

Der wahre Lutheraner will nicht bei Luthers Schriften, er will bei Luthers Geiste geschützt sein; und Luthers Geist erfordert schlechterdings, daß man *keinem* Menschen in der Erkenntnis der Wahrheit nach seinem eigenen Gutdünken fortzugehen hindern muß. Aber man hindert *alle* daran, wenn man auch nur einem verbieten will, seinen Fortgang in der Erkenntnis andern mitzuteilen; denn ohne diese Mitteilung im Einzeln ist kein Fortgang im Ganzen möglich. 50/208

Herr Generalsuperintendent Herder, woher nahm Doktor Martinus das Recht, die Ketten des Papsttums zu zerbrechen?
Das Recht der Menschheit, Freiheit. Nicht weil der Fürst es wollte, reformierte Luther; oder er wäre in Sachen der Religion ein schlechter Reformator gewesen, der alte Wahrheiten und Auslegungen, über die der Fürst nichts ordnen konnte, aus Sklavengewalt aufhob. Er reformierte, weil ihn Gewissen und Überzeugung trieb; und die Fürsten ließen reformieren, weil sie auch überzeugt waren, teils weil sie's, wie es die Vorsicht ihres Amts erforderte, politisch gut fanden ... 50/232 f.

Worin sehen Sie Luthers Verdienste um die deutsche Sprache und Literatur?
In Deutschland hat Luther in diesem Gesichtspunkt unendlich Verdienst. Er ist's, der die deutsche Sprache, einen schlafenden Riesen, aufgewecket und losgebunden ... Er hat durch seine Reformation eine ganze Nation zum Denken und Gefühl erhoben ... 50/231

Das Volk bekam die Bibel, wenigstens den Katechismus in die Hände ... Jetzt las, was sonst nie gelesen hatte; es lernte lesen, was sonst nicht lesen konnte. Schulen und Akademien wurden gestiftet, deutsche geistliche Lieder gesungen und in deutscher Sprache häufiger als sonst gepredigt ... 60/211

Haben Sie, Professor Herder, aus Ihren Lutherstudien auch direkten persönlichen Nutzen gezogen?
Laßet uns seine Denkart, selbst seine deutlichen Winke, und die

von ihm eben so stark als naiv gesagten Wahrheiten für unsre Zeit nutzen und anwenden! Ich habe mir aus seinen Schriften eine ziemliche Anzahl Sprüche und Lehren angemerkt, in denen er (wie er sich selbst mehrmals nannte) sich wirklich als Ecclesiastes [Verkörperung des Neuen Testaments], als Prediger und Lehrer der deutschen Nation darstellt. 60/211 f.

Hat Martin Luther mit seiner Reformation nicht auch geistige Grundlagen für eine künftiges vereintes Europa geschaffen?
Luther war ein patriotischer großer Mann. Als Lehrer der deutschen Nation, ja als Mitreformator des ganzen jetzt aufgeklärten Europa, ist er längst anerkannt; auch Völker, die seine Religionssätze nicht annehmen, genießen seiner Reformation Früchte. Er griff den geistlichen Despotismus, der alles freie, gesunde Denken aufhebt oder untergräbt, als ein wahrer Herkules an, und gab ganzen Völkern, und zwar zuerst in den schwersten, den geistlichen Dingen, den Gebrauch der Vernunft wieder. Die Macht der Sprache und seines biederen Geistes vereinte sich mit Wissenschaften, die von und mit ihm auflebten, vergesellschaftete sich mit den Bemühungen der besten Köpfe in allen Ständen, die zum Teil sehr verschieden von ihm dachten; so bildete sich zuerst ein *populäres literarisches Publikum* in Deutschland und in den angrenzenden Ländern. 50/235 f.

Herr Doktor Goethe, wir begehen am 31. Oktober 2017 die 500. Wiederkehr des Tages, da Martin Luther seine 95 Ablass-Thesen veröffentlichte und damit die Reformation auslöste. Welche Worte fallen Ihnen als Dichter dazu ein?
Hört, ihr Herrn, und lasst euch sagen, der Geist ist nicht mehr in Fesseln geschlagen. Gedenket an Luther, den Ehrenmann, der solche Freiheit euch wiedergewann. Bewahret das Licht, bewahret das Feuer, entweihet es nicht. 9/613

Lassen Sie uns bedenken, daß wir das Reformationsfest feiern und daß wir unsern Luther nicht höher ehren können, als wenn wir dasjenige, was wir für recht, der Nation und dem Zeitalter ersprießlich halten, mit Ernst und Kraft ... 53/533

Was bedeutet Luther Ihnen ganz persönlich?

Luthers Leben und Taten, die in dem sechzehnten Jahrhundert so herrlich hervorglänzen, haben mich immer wieder zu den heiligen Schriften und zu Betrachtungen religiöser Gefühle und Meinungen hingeleitet. 53/553

Wenn wir trachten, daß Gesinnung, Gegenstand und Tat immer mehr als eins erhalten werden, so dürfen wir uns für echte Nachfolger Luthers ansehen, eines Mannes, der in diesem Sinne so Großes wirkte und auch irrend noch immer ehrwürdig bleibt. Wer an solchen Überzeugungen festhält, wird sich seines eigenen Wirkens erfreuen und auch da, wo er es gehindert fühlt, ruhigen Geistes bleiben. 9/613

Weshalb bezeichneten Sie in einem Gespräch mit Ihrem treuen Sekretär Eckermann den Martin Luther als ein Genie besonderer Art?

Was ist ein Genie anders als jene produktive Kraft, wodurch Taten entstehen, die vor Gott und der Natur sich zeigen können, und die eben deswegen Folge haben und von Dauer sind. 55/579 f.

Aber warum ein ganz besonderes Genie?

Luther war ein Genie sehr bedeutender Art; er wirkt nun schon manchen guten Tag, und die Zahl der Tage, wo er in fernen Jahrhunderten aufhören wird, produktiv zu sein, ist nicht abzusehen. 55/580

Luther arbeitete, uns von der geistlichen Knechtschaft zu befreien; möchten doch alle seine Nachfolger so viel Abscheu vor der Hierarchie behalten haben, als der große Mann empfand. Er arbeitete sich durch verjährte Vorurteile durch und schied das Göttliche vom Menschlichen, so viel ein Mensch scheiden

276

kann, und was noch mehr war, er gab dem Herzen seine Freiheit wieder und machte es der Liebe fähiger ... 53/553

**Weshalb meinen Sie, Herr Geheimrat, dass der Name Martin
Luthers für immer verbunden sein wird mit der Übersetzung
des Alten und des Neuen Testaments und damit der Herausbildung einer einheitlichen deutschen Nationalsprache?**
Luther erblickt in dem Alten und Neuen Testament das Symbol
des großen, sich immer wiederholenden Weltwesens. Dort das
Gesetz, das nach Liebe strebt, hier die Liebe, die gegen das Gesetz
zurückstrebt und es erfüllt, aber nicht aus eigener Macht und
Gewalt, sondern durch den Glauben; und zwar durch den aus-
schließlichen Glauben, an den allverkündigten und alles bewir-
kenden Messias [Jesus Christus als Erlöser]. 53/553 f.
Ich will hier an Luthers Bibelübersetzung erinnern; denn daß
dieser treffliche Mann ein in dem verschiedensten Stile verfaß-
ten Werk und dessen dichterischen, geschichtlichen, gebietenden,
lehrenden Ton uns in der Muttersprache, wie aus einem Gusse
überlieferte, hat die Religion mehr gefördert, als wenn er die
Eigentümlichkeiten des Originals [des Alten und des Neuen Testa-
ments] im Einzelnen hätte nachbilden wollen ... 50/248
Und so werden Sie erleben, daß Wert und Würde unserer
Ahnherrn rein und schön aus der eigenen Sprache hervortre-
ten; denn es ist wahr, was Gott im Koran sagt: Wir haben keinem Volk einen Propheten geschickt, als in seiner Sprache. Und
so sind denn die Deutschen erst ein Volk durch Luther geworden. 50/253

Dürfen wir Sie um ein Fazit bitten, Herr Geheimrat Goethe?
Wir wissen gar nicht, was wir Luthern und der Reformation im
allgemeinen alles zu danken haben. Wir sind frei geworden von
den Fesseln geistiger Borniertheit, wir sind infolge unserer fort-
wachsenden Kultur fähig geworden, zur Quelle zurückzukehren
und das Christentum in seiner Reinheit zu lassen. Wir haben

wieder den Mut, mit festen Füßen auf Gottes Erde zu stehen und uns in unserer gottbegabten Menschennatur zu fühlen. Mag die geistige Kultur nun immer fortschreiten, mögen die Naturwissenschaften in immer breiterer Ausdehnung und Tiefe wachsen, und der menschliche Geist sich erweitern wie er will, über die Hoheit und sittliche Kultur des Christentums, wie es in den Evangelien schimmert und leuchtet, wird er nicht hinauskommen! 50/256

Ernst Moritz Arndt, welche Gedanken haben Sie sich als Geschichtsprofessor über die Ursachen der Kirchenspaltung gemacht?

In Deutschland entzündete sich anscheinend aus einem kleinen Funken eine Flamme, welche die ganze Welt ergriff. Ein Mann mit der Bibel in der Hand und dem Vertrauen auf Gott und auf die Wahrheit tat größere Dinge, als die Kaiser und Könige mit allen ihren Kriegen und Eroberungen – er veränderte die Welt. Dieser Mann war Martin Luther, Augustinermönch und Professor der Theologie zu Wittenberg. Es war ein Mißverhältnis eingetreten zwischen der Lehre und dem Leben, zwischen der Geistlichkeit und der Weltlichkeit, das sich nicht leicht mehr beheben ließ. Wäre bei der Geistlichkeit größere Zucht, ernsteres Halten auf Sittlichkeit und Mäßigkeit, wäre bei den Oberpriestern lebendigeres Streben nach Weisheit und Frömmigkeit gewesen, dann hätte freilich eine Kirchenspaltung nicht kommen können, wie Luther sie veranlaßte; denn die Kirche wäre nichts Eisernes und Totes geworden, sondern das lebendige Leben selbst, welches dem kleinen Leben erst seine Bedeutung geben sollte ... Aber die Geistlichen taten von diesem nichts; als eine eiserne und unverrückliche Ordnung sollte die Kirche in ihrem äußeren Bau stehen bleiben, sie selbst aber wollten keine Priester mehr sein, sondern es den Kindern der Welt gleich tun, ja zuvortun. Das ertrugen die Menschen, als es zu arg war, nicht länger. Luther sprach nur ihre Gefühle aus, und weil die meisten empfanden und dachten wie er, so tat er den Willen Gottes, denn er tat den Willen des Volks. 50/375 f.

Weshalb war gerade Martin Luther prädestiniert, eine solche Mammutaufgabe wie die Reformation zu meistern?

Luther war ein Mann Gottes, ein deutscher Mann, dem Ernst vor Tand [Eitelkeit], Wahrheit vor Betrug, Gott vor dem Teufel galt. Scheu und furchtsam, nicht trauend seinen Kräften, oft zweifelnd, ob von Gott oder dem Teufel sei, was ihn treibe, betrat er die Bahn, und wie er weiter schritt, ward er immer stärker und gewaltiger; ihm wuchsen Leib und Gebärde und Herz und Mut, daß auch die ihn früher gekannt hatten erstaunten, wodurch dem demütigen Mönchlein solche Stattlichkeit und Mannhaftigkeit gekommen sei; und da er sah, wie das Volk ihm zufiel, und wie die Weisesten und Besten ihm zuriefen: „Verzage nicht", und welch ein züchtiges, kräftiges und fröhliches Leben in die Menschen fuhr, die seiner Lehre anhingen, zweifelte er nicht mehr, sondern vertraute, Gott wolle es, und er sei nur sein unwürdiges Werkzeug ... 50/380

Bedurfte es dazu auch ganz besonderer persönlicher Eigenschaften?

Nur ein so eiserner, feuriger, und unbezwinglicher Geist, wie er war; nur ein Mann, in welchem Mut, Scharfsinn, Beredsamkeit, Sprache und Wissenschaft sich vereinigten, wie in ihm, konnte ein so ungeheures Werk angreifen und durchführen. Er war heftig, gewaltig, zornig, aber er war nie falsch, arglistig, lügnerisch. Wie dieser zermalmende und zerstörende Feuergeist auch kindlich, lieblich, weich und demütig sein konnte, ja wie Kraft, Glaube und Demut der blanke Harnisch und die volle Rüstung seines Lebens war, das lernte man, wenn man seine Bücher und die Erzählungen und Beschreibungen seiner Freunde liest, mit welchen er lebte und vor welchen er nichts hehl hatte. Als Gelehrter, als Theologe, als Dichter, als Redner, als Staatsmann ein seltener Mensch, auch dann noch Herr über sich, wenn er vor Zorn zu sprudeln schien ... Er war ein Begeisterter, er glaubte Gott und seine Winke und Regungen unmittelbar in sich, er kämpfte mit dem Teufel und dem ganzen höllischen Heer als mit gegenwärtigen Streitern, und in diesem Sinn und Gefühl sah er die Gewalt und Heftigkeit, womit er durchfuhr und was ihm widerstehen wolle niederwarf, auch für eine Kraft Gottes und für sein gebührliches Recht an. Und was würde er ausgerichtet haben, wäre dieser Glaube nicht in ihm gewesen?

Es bleibt seine unsterbliche Ehre, daß er gutmütig, zutraulich, fröhlich und redlich war, wie nur die besten Deutschen gewesen sind, daß er Ehre und Treue dem deutschen Vaterlande, Gehorsam und Pflicht dem Kaiser, Haß der italienischen Arglist und der Furcht vor der französischen Trüglichkeit predigte, und wie er konnte aufrecht erhielt. Ebenda

Herr Professor Hegel, worin erkennen Sie in Luthers reformatorischem Wirken den revolutionären Kern?
Bekanntlich hat Luther bei seiner Reformation den Zweck so bestimmt, daß die Kirche zurückzuführen sei auf die erste Reinheit, auf ihre Gestalt in den ersten Jahrhunderten ... 50/338

Die Reformation hat im Anfang nur einzelne Seiten der Verderbnis der katholischen Kirche betroffen. Luther wollte in Gemeinsamkeit mit der ganzen katholischen Welt handeln und veranlagte Kirchenversammlungen ... Der Widerstreit Luthers aber, der zuerst nur beschränkte Punkte betraf, dehnte sich bald auf die Dogmen aus, betraf nicht Individuen, sondern zusammenhängende Institutionen, das Klosterleben, die weltliche Herrschaft der Bischöfe usw.; er betraf nicht bloß einzelne Aussprüche des Papstes und der Concilien, sondern die ganze Art und Weise solchen Entscheidens überhaupt, endlich die Autorität der Kirche. Luther hat diese Autorität verworfen und an ihre Stelle die Bibel und das Zeugnis des menschlichen Geistes gesetzt. Daß nun die Bibel selbst die Grundlage der christlichen Kirche geworden ist,

ist von der größten Wichtigkeit. Jeder soll sich nun selbst daraus belehren, jeder sein Gewissen daraus bestimmen können. Dies ist die ungeheure Veränderung im Prinzip: die ganze Tradition und das Gebäude der Kirche wird problematisch und das Prinzip der Autorität der Kirche umgestoßen. 50/337

Sie meinen sicherlich die Autorität der katholischen Kirche?
Die Reformation trat als Trennung von der katholischen Kirche, und Reformation innerhalb ihrer selbst ein; es ist Vorurteil, daß die Reformation nur Trennung von der katholischen Kirche sei; Luther hat die katholische Kirche ebenso sehr reformiert ... Im weltlichen Wesen ging der Verstand auf; der Mensch wurde sich seines Willens und Vollbringens bewußt, hatte Freude an der Erde, seinem Boden, an seinen Beschäftigungen, weil Recht und Verstand darin ... 50/340

Welche Bedeutung hat in diesem Zusammenhang Luthers Bibelübersetzung?
Die Übersetzung, welche Luther von der Bibel gemacht hat, ist von unschätzbarem Wert für das deutsche Volk gewesen. Dieses hat dadurch ein Volksbuch erhalten, wie keine andere Nation der katholischen Welt ein solches hat; sie haben wohl eine Unzahl von Gebetbüchlein, aber kein Grundbuch zur Belehrung des Volks ... 50/337

Den deutschen Christen das Buch ihres Glaubens in ihre Muttersprache übersetzt zu haben, ist eine der größten Revolutionen, die geschehen konnte ... Erst in der Muttersprache ausgesprochen ist etwas mein Eigentum. Luther, Melanchthon haben das Scholastische ganz verworfen und aus der Bibel, dem Glauben, dem menschlichen Gemüt entschieden ... 50/338

Herr Börne, inwiefern wurde die Reformation in Deutschland durch leere Kassen in Rom bewerkstelligt?
Es kam zur Reform Luthers. Bekanntlich wurde die religiöse

Revolution des 16. Jahrhunderts – wie auch die Französische Revolution – durch ein Finanzdefizit hervorgerufen. Papst Leo X. hatte kein Geld für die Fertigstellung des Petersdoms und die Aufwendungen für Kleidung und Schöntuereien der einen geliebten Schwester. Um seine Schatzkammer wieder zu füllen, leerte er das Fegefeuer und bevölkerte das Paradies. Das war ein sehr unschuldiger Handel, der niemandem Unrecht tat. Der Papst schickte Gesandte in alle Gegenden der Christenheit und vor allem zu den guten und leichtgläubigen Deutschen; sie boten Ablässe für die lebenden Sünder und Dankesbriefe oder Strafmilderungsschreiben für die toten und verurteilten Sünder an. Diese Vertreter waren geschickte Schwindler; sie priesen ihre Waren mit unwiderstehlicher Beredsamkeit an, und alle Geldbeutel öffneten sich. Sie zogen unermeßliche Summen aus Deutschland, vor allem aus Sachsen, der Heimat Luthers. Diese Burschen suchten häufig die Schänken auf und verspielten schon gegen ein Glas Branntwein die Seelen der Verstorbenen, die durch ihre Angehörigen zurückgefordert wurden. Sie wurden an die armen Gläubigen für ein Darlehen verkauft. Jedermann war zufrieden, aber Jupiter Luther runzelte die Stirn, die Welt erzitterte ... 50/399

Wie sehen Sie als demokratisch-polemischer Schriftsteller das Wirken Martin Luthers?

Luther war ein großer Mann, aber er war vor allem Mensch, und er teilte alle Fehler und Schwächen dieser unglücklichen Art. Als plebejischer Emporkömmling haßte und verachtete er den Stand, aus dem er hervorgegangen war, und zog es vor, Günstling der Fürsten zu sein, als der Beschützer seinesgleichen. Diese Fürsten schmeichelten ihm, weil sie ihn fürchteten. Luther war von ihrer Furcht beeindruckt und so bestürzt von ihren Schmeichelein, daß er nicht bemerkte, daß die Fürsten seine Lehre nur aus Ehrgeiz und Begierde annahmen und seinen religiösen und philosophischen Enthusiasmus verhöhnten. 50/400

A propos Philosophie. War Doktor Martinus ein Philosoph?
Luther war ein Urbild eines deutschen Philosophen, mit allen Tugenden und Schwächen seiner Nationalität. Von tiefem Geist und großer Gelehrsamkeit, geistreich, durchdringend, mit dem Blick eines Adlers für die Finsternis seiner Zeit, beharrlich, tugendhaft, unbestechlich, wußte er den Gunstbeweisen wie den Schmeichelein der Großen zu widerstehen, wagte er, als armer und unscheinbarer Mönch, die gewaltige Macht der römischen Päpste herauszufordern. Aber er war kein Mann der Politik, er hatte keine Kenntnis der wirklichen Welt: er verstand weder die Ränke, die Leiden und den Starrsinn der höheren Klassen der Gesellschaft noch den guten Sinn, die Tugenden und die Interessen der unteren Klassen. Er verachtete souverän das Volk, das sich – einsam, gut und tugendhaft – stets bemühte, seine Meinungen in Gefühle und seine Gefühle in Taten umzuwandeln. 50/401

Verehrter Herr Jacob Grimm, Sie arbeiteten gemeinsam mit ihrem Bruder Wilhelm seit 1838 an dem sechzehnbändigen Werk „Deutsches Wörterbuch". Welche konzeptionellen Überlegungen liegen dieser Wörtersammlung zugrunde?
Es kommt nun auf zweierlei an: Auf das Material und auf die Behandlung. Enthalten soll das Wörterbuch die neuhochdeutsche Sprache, von da an, wo die Mittelhochdeutsche aufhört, von Luther bis auf Goethe … Aber ich meine, alle Wörter von Schönheit und Kraft seit Luthers Zeit dürfen zur rechten Stunde wieder hervorgeholt und neu angewandt werden; das soll als Erfolg und Wirkung des Wörterbuchs bedacht werden, daß die Schriftsteller daraus den Reichtum der vollkommen anwendbaren Sprache ersehen lernen … 50/373 f.

Welchen Einfluss hatte Martin Luther mit seinem sprachschöpferischen Schaffen auf die Herausbildung der neuhochdeutschen Sprache?

Luthers Sprache muß ihrer edlen, fast wunderbaren Reinheit, auch ihres gewaltigen Einflusses halber für Kern und Grundlage der neuhochdeutschen Sprachniedersetzung gehalten werden, wovon bis auf den heutigen Tag nur sehr unbedeutend, meistens um Schaden der Kraft und des Ausdrucks, abgewichen worden ... Unsere Sprache ist, nach dem unaufhaltbaren Laufe aller Dinge, in Lautverhältnissen und Formen gesunken ..., was aber ihren Geist und Leib genährt, verjüngt, was endlich Blüten neuer Poesie getrieben hat, verdanken wir keinem mehr als Luthern. 60/258 f.

Wann kamen Sie, Heinrich Heine, quasi bei einem Ortstermin, mit Martin Luther in Berührung?
Es sind jetzt sechs Jahre, daß ich, zu Fuß das Vaterland durchwandernd, auf die Wartburg ankam und die Zelle besuchte, wo Doktor Luther gehaust. Ein braver Mann, auf den ich keinen Tadel kommen lasse; er vollbrachte ein Riesenwerk, und wir wollen ihm immer dankbar die Hände küssen für das, was er tat ... 58/IV 462

Dann kennen Sie sicherlich auch die wundersame Tintenfass-Story?
Luther glaubt nicht mehr an katholische Wunder, aber er glaubt noch an Teufelswesen. Seine Tischreden sind voller kurioser Geschichtchen von Satanskünsten, Kobolden und Hexen. Er selber in seinen Nöten glaubte manchmal mit dem leibhaftigen Gott-sei-bei-uns zu kämpfen. Auf der Wartburg, wo er das Neue Testa-ment übersetzte, ward er so sehr vom Teufel gestört, daß er ihm das Tintenfaß an den Kopf schmiß. Seitdem hat der Teufel eine große Scheu vor Tinte, aber noch weit mehr vor Druckerschwärze. 58/III 16

Erforderte Luthers Übersetzung des Neuen Testaments aus dem griechischen Urtext nicht eine neue deutsche Sprache, die ganz verschieden war von der bis dahin vorhandenen schwerfälligen sächsischen Kanzleisprache, sozusagen eine Luthersprache?

Ja. Wie aber Luther zu der Sprache gelangt ist, worin er seine Bibel übersetzte, ist mir bis auf diese Stunde unbegreiflich ...

Ich bekenne daher offenherzig: ich weiß nicht, wie die Sprache, die wir in der lutherischen Sprache finden, entstanden ist. Aber ich weiß, daß durch diese Bibel, wovon die junge Presse, die schwarze Kunst, Tausende von Exemplaren ins Volk schleuderte, die lutherische Sprache in wenigen Jahren über ganz Deutschland verbreitet und zur allgemeinen Schriftsprache erhoben wurde. Diese Schriftsprache herrscht noch immer in Deutschland und gibt diesem politisch und religiös zerstückelten Lande eine literarische Einheit. Ein solches unschätzbares Verdienst mag uns bei dieser Sprache dafür entschädigen, daß sie in ihrer heutigen Ausbildung etwas von jener Innigkeit entbehrt, welche wir bei Sprachen, die sich aus einem einzigen Dialekt gebildet, zu finden pflegen. Die Sprache in Luther's Bibel entbehrt jedoch durchaus nicht einer solchen Innigkeit, und dieses alte Buch ist eine ewige Quelle der Verjüngung für unsere Sprache. Alle Ausdrücke und Wendungen, die in der lutherischen Bibel stehn, sind deutsch, der Schriftsteller darf sie immerhin noch gebrauchen; und da dieses Buch in den Händen der ärmsten Leute ist, so bedürfen diese keiner besonderen gelehrten Anleitung, um sich literarisch aussprechen zu können ... 58/III 28 f.

Gilt das gleichermaßen auch für seine Streitschriften?
Luther's Originalschriften haben ebenfalls dazu beigetragen, die deutsche Sprache zu fixieren. Durch ihre polemische Leidenschaftlichkeit drangen sie tief in das Herz der Zeit. Ihr Ton ist nicht immer sauber; aber man macht auch keine religiöse Revolution mit Orangenblüten. Zu dem groben Klotz gehörte manchmal ein grober Keil. In der Bibel ist Luther's Sprache aus Ehrfurcht vor dem gegenwärtigen Geist Gottes immer in eine gewisse Würde gebannt. In seinen Streitschriften hingegen überläßt er sich einer plebejischen Rohheit, die oft ebenso widerwärtig wie grandios ist. Seine Ausdrücke und Bilder gleichen dann

jenen riesenhaften Steinfiguren, die wir in indischen und ägyptischen Tempelgrotten finden. 58/III 29 f.

Worin sehen Sie, Herr Doktor Heine, als berühmter Poet, die Bedeutung des lyrischen Schaffens von Martin Luther?

Merkwürdiger und bedeutender als diese prosaischen Schriften sind Luther's Gedichte, die Lieder, die in Kampf und Not aus seinem Gemüte entsprossen. Sie gleichen manchmal einer Blume, die auf einem Felsen wächst, manchmal einem Mondstrahl, der über ein bewegtes Meer hinzittert. Luther liebte die Musik, er hat sogar einen Traktat über diese Kunst geschrieben, und seine Lieder sind daher außerordentlich melodisch. Auch in dieser Hinsicht gebührt ihm der Name: Schwan von Eisleben ...

Ich habe gezeigt, wie er uns auch das Wort schuf, die Sprache, worin diese neue Literatur sich aussprechen konnte. Ich habe jetzt nur noch hinzuzufügen, daß er auch selber diese Literatur eröffnet, daß diese, und ganz eigentlich die schöne Literatur mit Luther beginnt, daß seine geistlichen Lieder sich als die ersten wichtigen Erscheinungen derselben ausweisen und schon den bestimmten Charakter derselben kund geben. Wer über die neuere deutsche Literatur reden will, muß daher mit Luther beginnen und nicht etwa mit einem Nürnberger Spießbürger namens Hans Sachs ... 58/III 30 f.

Weshalb bezeichnen Sie Luther als den deutschesten Mann unserer Geschichte?

Wie von der Reformation, so hat man auch von ihren Helden sehr falsche Begriffe in Frankreich. Die nächste Ursache dieses Nichtbegreifens liegt wohl darin, daß Luther nicht bloß der größte, sondern auch der deutscheste Mann unserer Geschichte ist; daß in seinem Charakter alle Tugenden und Fehler der Deutschen aufs Großartigste vereinigt sind, daß er auch persönlich das wunderbare Deutschland repräsentiert. Dann hatte er auch Eigenschaften, die wir selten vereinigt finden, und die wir gewöhnlich sogar als feindliche Gegensätze antreffen. Er war zugleich ein träumerischer Mystiker und ein praktischer Mann der Tat. Seine Gedanken hatten nicht bloß Flügel, sondern auch Hände; er sprach und handelte. Er war nicht bloß die Zunge, sondern auch das Schwert seiner Zeit; auch war er zugleich ein kalter scholastischer Wortklauber und ein begeisterter, gottberauschter Prophet.

Wenn er des Tags über mit seinen dogmatischen Distinktionen [Begrifflichkeiten] sich mühsam abgearbeitet, dann griff er des Abends zu seiner Flöte und betrachtete die Sterne und zerfloß in Melodie und Andacht. Derselbe Mann, der wie ein Fischweib schimpfen konnte, er konnte auch weich sein wie eine zarte Jungfrau. Er war manchmal wild wie der Sturm, der die Eiche entwurzelt, und dann war er wieder sanft wie der Zephir [milder Südwestwind], der mit Veilchen kost. Er war voll der schauerlichsten Gottesfurcht, voll Aufopferung zu Ehren des Heiligen Geistes, er konnte sich ganz versenken ins reine Geisttum; und dennoch kannte er sehr gut die Herrlichkeiten dieser Erde und wußte sie zu schätzen ... Er war ein kompletter Mensch; ich möchte sagen, ein absoluter Mensch, in welchem Geist und Materie nicht getrennt sind. Ihn einen Spiritualisten zu nennen, wäre daher ebenso irrig, als nennte man ihn einen Sensualisten. Wie soll ich sagen, er hatte etwas Ursprüngliches, Unbegreifliches, Mirakulöses [Wunderhaftes], wie wir es bei allen providentiellen [von der Vorsehung bestimmten] Männern finden, etwas Schauerlich-Naives, etwas Tölpelhaft-Kluges, etwas Erhaben-Borniertes, etwas Unbezwingbar-Dämonisches ... 60/356 f.

Was loben Sie, Herr Heine, als Meister des Wortes, an Luthers Sprache besonders?

Dieser Martin Luther gab uns nicht bloß die Freiheit der Bewegung, sondern auch das Mittel der Bewegung; dem Geist gab er nämlich einen Leib. Er gab dem Gedanken auch das Wort. Er schuf die deutsche Sprache.

Dieses geschah, indem er die Bibel übersetzte. In der Tat, der göttliche Verfasser dieses Buches scheint es ebenso gut wie wir anderen gewußt zu haben, daß es gar nicht gleichgültig ist, durch wen man übersetzt wird, und er wählte selber seinen Übersetzer und verlieh ihm die wundersame Kraft, aus einer toten Sprache, die gleichsam schon begraben war, in eine andere Sprache zu übersetzen, die noch gar nicht lebte. 60/358

Gibt es Ihrerseits kritische Anmerkungen zu Luthers Auffassungen?

Ruhm dem Luther! Ewiger Ruhm dem teuren Manne, dem wir die Rettung unserer edelsten Güter verdanken, und von dessen Wohltaten wir noch heute leben! Es ziemt uns wenig, über die Beschränktheit seiner Ansichten zu klagen. Ein Zwerg, der auf den Schultern des Riesen steht, kann freilich weiter schauen als dieser selbst, besonders wenn er eine Brille aufsetzt; aber zu der erhöhten Anschauung fehlt das hohe Gefühl, das Riesenherz, das wir uns nicht aneignen können. Es ziemt uns noch weniger, über seine Fehler ein herbes Urteil zu fällen; diese Fehler haben uns mehr genutzt als die Tugenden von tausend andern. Die Feinheit des Erasmus und die Milde des Melanchthon hätten uns nimmer so weit gebracht wie manchmal die göttliche Brutalität des Bruders Martin ... Von dem Reichstage an, wo Luther die Autorität des Papstes leugnet und öffentlich erklärt, „dass man seine Lehre durch die Aussprüche der Bibel selbst oder durch vernünftige Gründe widerlegen müsse", da beginnt ein neues Zeitalter in Deutschland. 58/III 24

Bezogen auf die deutsche Literatur oder darüber hinaus?

Indem Luther den Satz aussprach, daß man seine Lehre nur durch die Bibel selber oder durch vernünftige Gründe widerlegen müsse, war der menschlichen Vernunft das Recht eingeräumt, die Bibel zu erklären, und sie, die Vernunft, war als oberste Richterin in allen religiösen Streitfragen anerkannt.

Dadurch entstand in Deutschland die sogenannte Geistesfreiheit; oder, wie man sie ebenfalls nennt, die Denkfreiheit. Das Denken war ein Recht, und die Befugnisse der Vernunft wurden legitim. 58/III 25

Herr Schopenhauer, wie sehen Sie in Ihrer bekannt pessimistischen Betrachtungsweise das reformatorische Wirken Martin Luthers?
Luther mochte, vom praktischen Standpunkte aus, d. h. in Beziehung auf die Kirchengräuel seiner Zeit, die er abstellen wollte, ganz Recht haben; nicht aber ebenso vom theoretischen Standpunkte aus. 50/369

Wie ist das zu verstehen?
Je erhabener eine Lehre ist, desto mehr steht sie, der im Ganzen niedrig und schlecht gesinnten Menschennatur gegenüber, dem Mißbrauch offen; darum sind im Katholizismus der Mißbräuche so sehr viel mehr und größere, als im Protestantismus. So z. B. ist das Mönchstum, diese methodische und, zu gegenseitiger Ermutigung, gemeinsam betriebene Verneinung des Willens, eine Anstalt erhabener Art, die aber eben darum meistens ihrem Geiste untreu wird. Die empörenden Mißbräuche der Kirche riefen im redlichen Geiste Luthers eine hohe Indignation [Entrüstung] hervor. Aber in Folge derselben kam er dahin, vom Christentum selbst möglichst viel abdingen [ersetzen] zu wollen, zu welchem Zweck er zunächst es auf die Worte der Bibel beschränkte, dann aber auch im wohlgemeinten Eifer zu weit ging, indem er, im asketischen Prinzip, das Herz desselben angriff; denn nach dem Austreten des asketischen Prinzips trat notwendig bald das optimistische an seine Stelle. Aber Optimismus ist in den Religionen, wie in der Philosophie, ein Grundirrtum, der aller Wahrheit den Weg vertritt. Ebenda

Und was schlussfolgern Sie daraus?

Nach dem Allen scheint mir der Katholizismus ein schmählich mißbrauchtes, der Protestantismus aber ein ausgeartetes Christentum zu sein; das Christentum überhaupt also das Schicksal gehabt zu haben, dem alles Edle, Erhabene und Große anheimfällt, sobald es unter Menschen bestehen soll. Ebenda

Herr Doktor Marx, weshalb charakterisierten Sie 1844 die Reformation als frühbürgerliche Revolution?
Deutschlands revolutionäre Vergangenheit ist nämlich theoretisch, es ist die Reformation. Wie damals der Mönch, so ist es jetzt der Philosoph, in dessen Hirn die Revolution beginnt.
Luther hat allerdings die Knechtschaft aus Devotion [Unterwürfigkeit] besiegt, weil er die Knechtschaft aus Überzeugung an ihre Stelle gesetzt hat. Er hat den Glauben an die Autorität gebrochen, weil er die Autorität des Glaubens restauriert hat. Er hat die Pfaffen in Laien verwandelt, weil er die Laien in Pfaffen verwandelt hat. Er hat den Menschen von der äußeren Religiosität befreit, weil er die Religiosität zum inneren Menschen gemacht hat. Er hat den Leib von der Kette emanzipiert [befreit], weil er das Herz in Ketten gelegt.
Aber, wenn der Protestantismus nicht die wahre Lösung, so war er die wahre Stellung der Aufgabe ... 62/18

Weshalb scheiterte nach Ihrer Ansicht 1525 der Bauernkrieg?
Damals scheiterte der Bauernkrieg, die radikalste Tatsache der deutschen Geschichte, an der Theologie. Heute, wo die Theologie selbst gescheitert ist, wird die unfreieste Tatsache der deutschen Geschichte, unser status quo, an der Philosophie zerschellen. Den Tag vor der Reformation war das offizielle Deutschland der unbedingteste Knecht von Rom. Den Tag vor seiner Revolution ist es der unbedingte Knecht von weniger als Rom, von Preußen und Österreich, den Krautjunkern und Philistern [kleinbürgerlichen Spießbürgern]. 62/19

Friedrich Engels, Sie charakterisierten in Ihrem Werk „Dialektik der Natur" jene Zeit, in der Martin Luther lebte und wirkte – die Renaissance – als die größte progressive Umwälzung, die die Menschheit bis dahin erlebt hatte, eine Zeit, die Riesen brauchte und Riesen gezeugt habe, Riesen an Denkkraft, Leidenschaft und Charakter, an Vielseitigkeit und Gelehrsamkeit ... Weshalb nannten Sie unter solchen großen Köpfen wie Galilei, da Vinci, Kepler, Bruno auch den Reformator Luther?

Luther fegte nicht nur den Augiasstall der Kirche, sondern auch den der deutschen Sprache aus, schuf die moderne deutsche Prosa und dichtete Text und Melodie jenes siegesgewissen Chorals, der die Marseillaise des 16. Jahrhunderts wurde. 61/312

Wie sehen Sie Luthers Auftreten in der Zeit zwischen 1517, als er seine Thesen veröffentlichte, und 1525, dem Jahr des Bauernkriegs?

Als Luther 1517 zuerst gegen die Dogmen und die Verfassung der katholischen Kirche auftrat, hatte seine Opposition durchaus noch keinen bestimmten Charakter. Ohne über die Forderungen der früheren bürgerlichen Ketzerei hinauszugehen, schloß sie keine einzige weitergehende Richtung aus, und konnte es nicht. Im ersten Moment mußten alle oppositionellen Elemente vereinigt, mußte die Gesamtmasse der bisherigen Ketzerei gegenüber der katholischen Rechtgläubigkeit vertreten werden ... Die kräftige Bauernnatur Luthers machte sich in dieser ersten Periode seines Auftretens in der ungestümsten Weise Luft. „Wenn ihr (römischen Pfaffen) rasend Wüten einen Fortgang haben sollte, so dünkt mich, es wäre schier kein besserer Rat und Arznei, ihm zu steuern, denn das Könige und Fürsten mit Gewalt dazutäten, sich rüsteten und diese schädlichen Leute, so alle Welt vergiften, angriffen und einmal des Spiels ein Ende machten, mit Waffen, nicht mit Worten. So wir Diebe mit Strang, Mörder mit Schwert, Ketzer mit Feuer strafen, warum greifen wir nicht vielmehr an diese schädlichen Lehrer des Verderbens, als Päpste, Kardinäle,

Bischöfe und das Geschwärm der römischen Sodoma mit allerlei Waffen und waschen unsere Hände in ihrem Blut?" 60/361 f.

War das nicht durchaus ein revolutionärer Zug des Reformators?
Aber dieser erste revolutionäre Feuereifer dauerte nicht lange.
Der Blitz schlug ein, den Luther geschleudert hatte. Das ganze
deutsche Volk geriet in Bewegung. Auf der einen Seite sahen
Bauern und Plebejer in seinen Aufrufen wider die Pfaffen, in
seiner Predigt von der christlichen Freiheit das Signal zur Er-
hebung; auf der andern schlossen sich die gemäßigteren Bürger
und ein großer Teil des niederen Adels ihm an, wurden selbst
Fürsten vom Strom mit fortgerissen. Die einen glaubten den
Tag gekommen, wo sie mit allen ihren Unterdrückern Abrech-
nung halten könnten, die andern wollten nur die Macht der
Pfaffen, die Abhängigkeit von Rom, die katholische Hierarchie
brechen und sich aus der Konfiskation [entschädigungslosen
Enteignung] des Kirchengutes bereichern. Die Parteien sonderten
sich und fanden ihre Repräsentanten. Luther musste zwischen
ihnen wählen. 60/362

Und wie entschied er sich?
Er, der Schützling des Kurfürsten von Sachsen, der angesehene
Professor von Wittenberg, der über Nacht mächtig und berühmt
gewordene, mit einem Zirkel von abhängigen Kreaturen und
Schmeichlern umgebene große Mann zauderte keinen Augen-
blick. Er ließ die populären Elemente der Bewegung fallen und
schloß sich der bürgerlichen, adligen und fürstlichen Seite an.
Die Aufrufe zum Vertilgungskampfe gegen Rom verstummten;
Luther predigte jetzt die friedliche Entwicklung und den passi-
ven Widerstand ... Ebenda

Wie setzte sich diese Wandlung des Reformators fort?
Als der Bauernkrieg losbrach, und zwar in Gegenden, wo Fürsten
und Adel größtenteils katholisch waren, suchte Luther eine ver-

mittelnde Stellung einzunehmen. Er griff die Regierungen entschieden an; sie seien schuld am Aufstand durch ihre Bedrückungen; nicht die Bauern setzten sich wider sie, sondern Gott selbst. Der Aufstand sei freilich auch ungöttlich und wider das Evangelium, hieß es auf der andern Seite. Schließlich riet er beiden Parteien nachzugeben und sich gütlich zu vertragen. Aber der Aufstand, trotz dieser wohlmeinenden Vermittlungsvorschläge, dehnte sich rasch aus, ergriff sogar protestantische, von lutherischen Fürsten, Herren und Städten beherrschte Gegenden und wuchs der bürgerlichen, „besonnenen" Reform rasch über den Kopf ... Da galt kein Besinnen mehr. Gegenüber der Revolution wurden alle alten Feindschaften vergessen; im Vergleich mit den Rotten der Bauern waren die Diener der römischen Sodoma unschuldige Lämmer, sanftmütige Kinder Gottes; und Bürger und Fürsten, Adel und Pfaffen, Luther und Papst verbanden sich „wider die mörderischen und räuberischen Rotten der Bauern". „Man soll sie zerschmeißen, würgen und stechen, heimlich und öffentlich, wer da kann, wie man einen tollen Hund totschlagen muß", schrie Luther. 60/364

Worin sehen Sie, Ludwig Feuerbach, als materialistischer Philosoph, die Widersprüche im Denken des Christen Martin Luther? Keine Religionslehre widerspricht, und zwar mit Wissen und Willen, mehr dem menschlichen Verstand, Sinne und Gefühl, als die lutherische. Keine scheint daher mehr als sie den Grundgedanken vom „Wesen des Christentums" zu widerlegen, keine mehr als sie einen außer- und übermenschlichen Ursprung ihres Inhalts zu beweisen; denn wie konnte der Mensch von selbst auf eine Lehre kommen, welche den Menschen aufs tiefste entwürdigt und erniedrigt, welche ihm, wenigstens vor Gott, d. h. in der höchsten, aber eben deswegen allen entscheidenden Instanz, alle Ehre, alles Verdienst, alle Tugend, alle Willenskraft, alle Gültigkeit und Glaubwürdigkeit, alle Vernunft und Einsicht unbedingt abspricht? So scheint es, aber der Schein ist noch nicht das Wesen. 50/452

**In Ihrem Beitrag „Das Wesen des Glaubens im Sinne Luthers"
behaupten Sie: „Gott und Mensch sind Gegensätze". Was bedeutet das konkret?**

Luther schreibt: „Wenn wir Menschen uns recht abmalen, wie wir
sein für und gegen Gott, so werden wir befinden, daß zwischen
Gott und uns Menschen ein großer Unterschied ist und größer
denn zwischen Himmel und Erden; ja, es kann keine Vergleichung
gegeben werden. – Gott ist ewig, gerecht, heilig, wahrhaftig, und,
in summa, Gott ist alles Gutes. Dagegen aber der Mensch ist
sterblich, ungerecht, lügenhaftig, voll Untugend, Sünde und Laster.
Bei Gott ist alles Guts, bei den Menschen ist Tod, Teufel und höl-
lisch Feuer. Gott ist von Ewigkeit und bleibt in Ewigkeit. Der Mensch
steckt in Sünden und lebt mitten im Tode aller Augenblicke. Gott
ist voll Gnade, der Mensch ist voll Ungnade und unter Gottes
Zorn. Das ist der Mensch, gegen Gott zu rechnen. 57/XV/536

Jedem Mangel im Menschen steht eine Vollkommenheit in
Gott gegenüber; Gott ist und hat gerade das, was der Mensch
nicht ist und hat. Was man Gott beilegt, wird dem Menschen
abgesprochen, und umgekehrt: was man dem Menschen gibt,
entzieht man Gott.

Willst du daher Gott haben, so gib den Menschen auf; willst du
den Menschen haben, so verzichte auf Gott – oder du hast keinen
von beiden. Die Nichtigkeit des Menschen ist die Voraussetzung
der Wesenhaftigkeit Gottes: Gott bejahen heißt, den Menschen
verneinen; Gott verehren, den Menschen verachten; Gott loben,
den Menschen schmähen. Die Herrlichkeit Gottes gründet sich
nur auf die Erbärmlichkeit des Menschen, die göttliche Seligkeit
nur auf das menschliche Elend, die göttliche Weisheit nur auf
die menschliche Torheit, die göttliche Macht nur auf die menschliche Schwachheit. 50/452

Luther lehrt außerdem: „Die Schrift preiset allein Gottes Gnade, darum ist der freie Wille nichts". 57/XIX 28

Was aber vom freien Willen oder der Gnade Gottes – denn die
Gnade ist nichts andres als der göttliche Wille – gilt, dasselbe

gilt von allen andern Eigenschaften Gottes, gilt von Gott selbst. Die Göttlichkeit, die Preis- und Anbetungswürdigkeit Gottes beruht eben nur darauf, daß er das hat, was wir nicht haben; denn was man selbst hat, schätzt und preiset man nicht. Wenn der Mensch selig wäre – selig in dem überschwänglichen Sinne, als es der Christ verlangt – wie käme er dazu, ein anderes Wesen außer sich als ein seliges Wesen sich vorzustellen und ob dieser Eigenschaft zum Gegenstand seiner Verehrung und Anbetung zu machen? Selig preist nur der Gefangene den Freien, der Kranke den Gesunden. Habe ich aber, was Gott hat, so fehlt nichts, wenn Gott fehlt. Aber nur wenn mir etwas fehlt, wenn Gott fehlt, ist mir Gott ein Bedürfnis. Auf die Freiheit Gottes reimt sich nur die Knechtschaft des Menschen; bin ich dagegen frei, nun, so bin ich vor allen Dingen auch frei von Gott. 50/454

Und wie stellt sich hier der Bezug zu Luthers Glaubenslehre her?
Was also Gott ist, das kann unmöglich der Mensch sein, wenn nicht Gott ein bloßer Luxusartikel sein soll. Diese Unmöglichkeit, diese Notwendigkeit, daß jede Bejahung in Gott eine Verneinung im Menschen voraussetzt, ist die Grundlage, worauf Luther sein Gebäude aufgeführt und die römisch-katholische Kirche zertrümmert hat. Ist Gott gut, so ist der Mensch böse, so ist es folglich Gotteslästerung, Gottesverleugnung, wenn der Mensch sich gute Handlungen, gute Werke zuschreibt ...
Gnade oder Verdienst; Gnade hebt Verdienst, Verdienst Gnade auf. Aber die Gnade gehört dem Glauben an, das Verdienst dem Werk, und der Glaube gehört Gott an, das Werk dem Menschen; denn im Glauben bestätige ich Gott, im Werke mich, den wirkenden Menschen. Also mußt du es entweder mit Gott oder mit dem Menschen halten, entweder an Gott glauben, und am Menschen verzweifeln oder an den Menschen glauben und an Gott verzweifeln. Zugleich kannst du nicht an Gott glauben und an Gott verzweifeln, zugleich nicht um gnädige Unterstützung betteln und eignes Vermögen besitzen, zugleich nicht Knecht und Herr,

zugleich nicht Lutheraner und Papist sein. Ganz für Gott und wider den Menschen oder ganz für den Menschen und wider Gott. Ebenda

Wie entscheidet sich Luther in dieser Widerspruchskonstellation?
Luther entscheidet sich ganz, unbedingt – Luther ist ein ganzer Mann – für Gott wider den Menschen. Gott ist ihm, wie wir gesehen, alles, der Mensch nichts. Gott die Tugend, die Schönheit, die Anmut, die Kraft, die Gesundheit, die Liebenswürdigkeit; der Mensch das Laster, die Widerlichkeit, die Häßlichkeit, die Nichtswürdigkeit und die Nichtsnutzigkeit in Person. Luthers Lehre ist göttlich, aber unmenschlich, ja, barbarisch, eine Hymne auf Gott, aber ein Pasquill [Schmähung] auf den Menschen. 50/454 f.

Spricht nicht das gesamte reformatorische Werk Martin Luthers gegen diese Ihre These, Herr Feuerbach?
Luthers Lehre ist nur unmenschlich im Eingang, nicht im Fortgang; in der Voraussetzung, nicht in der Folge; im Mittel, nicht im Zweck. Die lutherische Lehre versetzt dich in den Zustand des Hungers, wo dem Menschen alle seine Kräfte versagen, sein Mut sinkt, sein Selbstgefühl schwindet, wo er verzweiflungsvoll ausruft: Ach, wie so gar nichts ist doch der Mensch ohne Speise; aber sie versetzt dich nur in diesen unmenschlichen Zustand, um dir durch den Hunger den Genuß der Speise zu würzen! ... Luther ist nur inhuman gegen den Menschen, weil er einen humanen Gott hat und weil die Humanität Gottes den Menschen der eignen Humanität überlebt. Hat der Mensch, was Gott hat, so ist Gott überflüssig, der Mensch ersetzt die Stelle Gottes; aber ebenso umgekehrt: Hat Gott, was an sich der Mensch hat, so ersetzt Gott die Stelle des Menschen; so ist es nicht notwendig, daß der Mensch ist ... 50/455
Gott und Mensch sind gegeneinander wie Mann und Weib, ein von Luther und überhaupt den Christen häufig gebrauchtes

Gleichnis. Wenn das Weib für mich kocht, wäscht, spinnt, so brauche ich nicht selbst zu kochen, zu spinnen, zu waschen: wo das Weib tätig ist, bin ich untätig, wo es etwas ist, da bin ich nichts. Was ich überhaupt an dem Weibe habe, das brauche ich nicht an mir selbst zu haben; denn was des Weibes ist, ist doch des Mannes, wenngleich das Weib ein anderes Wesen, ein Wesen außer dem Manne ist. Will daher der Mann selber sein und tun, was ihm das Weib ist und tut, will er selbst das Weib sich ersetzen, so vergeht er sich schmählich. Wenn ich nun aber dem Manne die Selbstbefriedigung verwehre, bin ich deswegen ein unmenschlicher Barbar gegen ihn? Durchaus nicht; denn ich verbiete ihm nicht die Befriedigung; ich verbiete ihm nur, daß er selbst sich befriedige, daß er in sich selbst suche, was er nur außer sich suchen soll und nur außer sich naturgemäß finden kann.

Gerade so ist es nun mit Gott. Was du in Gott hast, das hast du allerdings nicht in und an dir selbst, aber gleichwohl hast du es; es ist dein, zwar nicht so, wie dein Arm, dein Bein dein ist, aber so, wie dein Weib dein ist. Es ist dein nicht als Eigenschaft in dir, sondern als Gegenstand, aber als ein Gegenstand, der nicht zufällig, sondern wesentlich ein Gegenstand für dich ist, denn er hat, was dir fehlt, gehört also zu dir selbst. Gott ist, was du nicht bist; aber gerade deswegen ist er dir ebenso unentbehrlich als die Speise dem Hunger, der Trank dem Durste, das Weib dem Manne. Und er ist, was du nicht bist, eben deswegen, weil du es nicht bist. Gott ist wahrhaftig, weil wir Lügner, gut, weil wir böse, human, menschlich, weil wir wilde Bestien sind. In Gott ergänzt, befriedigt sich der Mensch; in Gott ist des Menschen mangelhaftes Wesen vollkommenes Wesen. Suchet, so werdet ihr finden. Was ihr bei Luther im Menschen vermißt, das findet ihr in Gott. 50/455 f.

Worin sehen Sie, Herr Professor Nietzsche, das Wichtigste im Schaffen Martin Luthers?

Das Bedeutendste, was Luther gewirkt hat, liegt in dem Mißtrauen, welches er gegen die Heiligen und die ganze christliche

vita contemplativa [betrachtendes, beschauliches Leben] ge-
weckt hat; seitdem erst ist der Weg zu einer unchristlichen vita
contemplativa in Europa wieder zugänglich geworden und der
Verachtung der weltlichen Tätigkeit und der Laien ein Ziel gesetzt. Luther, der ein wackerer Bergmannssohn blieb, als man
ihn ins Kloster gesperrt hatte, und hier, in Ermangelung anderer Tiefen und „Teufen", in sich einstieg und schreckliche
dunkle Gänge bohrte; er merkte endlich, daß ein beschauliches
heiliges Leben ihm unmöglich sei und daß seine angeborene
„Aktivität" in Seele und Leib ihn zu Grunde richten werde. All-
zulange versuchte er mit Kasteiungen den Weg zum Heiligen
zu finden; endlich faßte er seinen Entschluß und sagte bei sich:
„Es gibt gar keine wirkliche vita contemplativa! Wir haben uns
betrügen lassen! Die Heiligen sind nicht mehr wert als wir alle!"
Das war freilich eine bäuerische Art, Recht zu behalten; aber für
Deutsche jener Zeit die rechte und die einzige: wie erbaute es
sie, nun in ihrem lutherischen Katechismus zu lesen: „Außer
den zehn Geboten gibt es kein Werk, das Gott gefallen könnte;
die gerühmten geistlichen Werke der Heiligen sind selbster-
dachte." 60/307 f.

Und Luthers bedeutendste Tugend?
Sich unterwerfen, folgen, öffentlich oder in der Verborgenheit –
das ist deutsche Tugend. Lange vor Kant und seinem katego-
rischen Imperativ hatte Luther aus derselben Empfindung gesagt: es müsse ein Wesen geben, dem der Mensch unbedingt
vertrauen könne – es war sein Gottesbeweis ... 60/308

**Weshalb bezweifeln Sie, Franz Mehring, dass Martin Luther ein
großer Mann gewesen sei?**
Wie alle sogenannten großen Männer war Luther nicht der
Schöpfer, sondern das Geschöpf seiner Zeit; das deutsche Mittelalter hatte nur in kirchlichen Formen zu denken gelernt, und
nur ein Geistlicher konnte der neuen Zeit die Zunge lösen. Aber

wenn dies eine Notwendigkeit war, so war es deshalb nicht weniger ein Unglück. Luthers mönchische Beschränktheit und pfäffische Unduldsamkeit, seine Fürstendienerei und Knechtseligkeit, der schmähliche Verrat dieses Bauernsohnes an den Bauern haben in erster Reihe dieses dreihundertjährige Wandern durch die Wüste verschuldet ... 63/V b 247

Gehen Sie den Reformator nicht zu hart an, wenn Sie ihn als „Fürstenknecht" beschimpfen?

Die kirchliche Reformation erwies sich etwa 1521 auf dem Reichstage zu Worms als sichergestellt. Damit war die weltgeschichtliche Rolle Luthers ausgespielt, aber seine Aufgabe als „großer Mann" begann erst recht. Das ganze Volk hing an seinen Lippen, als nunmehr die nationale und soziale Reform zur Lösung heranreiften. In ersterer Beziehung versagte sich Luther den Plänen der Hutten und Sickingen ...

Die Welt sei nun einmal Gottes Feind, darum müssen auch ihre Fürsten tun, was recht sei, damit sie nicht um ihre Ehre kommen und rechte Fürsten bleiben; für gute Fürsten sei die Welt zu böse und ihrer nicht wert; Frösche müssen Störche haben. Kurzum: Luther wurde der erfolgreichste Vorkämpfer sowohl des Absolutismus wie des Partikularismus [der Kleinstaaterei].

Lehrreicher noch ist es zu sehen, wie unendlich klein Luther als „großer Mann" sich gegenüber der größten Frage der Zeit erwies. Als die soziale Frage des 16. Jahrhunderts sich erhob, als die Bauern ihre „zwölf Artikel" aufstellten; ein, wie heute gar niemand mehr bestreitet, denkbar billiges und gemäßigtes Sozialprogramm, legten sie dieselben dem Reformator vor, und was hatte dieser Bauernsohn in einer Frage zu sagen, von deren Entscheidung auf Jahrhunderte hinaus die Entwicklung der deutschen Zukunft abhing? Nichts als leere Redensarten ...

Die Abschaffung der Leibeigenschaft verwarf Luther, weil „Abraham auch Knechte hatte"; der alttestamentliche Ursprung der Zehnten imponierte ihm so, daß er die in dieser Frage besonders

billigen Forderungen der Bauern als „eitel Raub- und Strauch-
dieberei" verwarf ... 63/V a 250 f.

**Herr Mehring, weshalb behaupten Sie als SPD-Politiker, das so
genannte Luthertum habe die Entwicklung des Kapitalismus
gehemmt?**
Das Luthertum war die Religion der ökonomisch zurückgeblie-
benen Länder, die am stärksten von Rom ausgebeutet worden
waren, aber am wenigsten daran denken konnten, Rom zu be-
herrschen oder Rom zu vernichten, die also vollständig mit Rom
brechen mußten, jedoch in die großen Wettkämpfe um sein
Erbe nicht entscheidend eingreifen konnten. Das Luthertum
herrschte im nördlichen und östlichen Deutschland, in Dänemark,
in Schweden. Es waren Länder mit verhältnismäßig geringer
Entwicklung der Städte und starkem Übergewicht des Adels; im
westlichen Deutschland, wo die Städte stärker und zahlreicher
waren, wog der Calvinismus vor. Wo das Luthertum herrschte,
arbeitete sich die kapitalistische Entwicklung erst langsam aus
dem feudalen Chaos heraus. Sie schuf noch kein revolutionäres
Bürgertum, dagegen machte sie aus dem Grundherrn einen
Gutsherrn, aus dem Ritter einen Warenproduzenten. Dies geschah namentlich in den ackerbaubetreibenden Landstrichen
östlich der Elbe; die Kirche bezahlte hier mit ihren Gütern und
die Bauern mit immer wachsender Ausbeutung die Zeche der
„reinen Gotteslehre". 63/V c 66 f.

**Verehrte Frau Ricarda Huch, es drängt sich die Frage geradezu
auf, ob auch Sie, als anerkannt bedeutende Dichterin, dem Martin
Luther das Prädikat eines Dichters erteilen würden?**
Was Luther vom Dichter unterscheidet, ist nur das, daß er niemals absichtlich gestaltet hat, es kam ihm nur auf Wahrheit, nie
auf Schönheit an. Zwar sind seine Werke überreich an Schönheit, aber nur an zufälliger; er schüttet Edelsteine, Gold und
Perlen aus unerschöpflichem Füllhorn, aber ein Geschmeide

macht er nicht daraus. Luther war ganz und gar christlich insofern, als er Dichter, nicht Künstler, daß er Genie war ... 60/418 f.

Martin Luther hat sich wiederholt zur Liebe geäußert und einmal gesagt, Liebe allein sei eine Tugend und schaffe alle anderen Tugenden. Er begriff also offenbar die Liebe gar nicht so engherzig, sondern – wie Jesus auch – als Triade von Gottesliebe, Nächstenliebe und Selbstliebe. Wie sehen Sie das, Frau Huch?
Luthers Leben war ein fortwährendes Ausüben der Liebe, ein beständiges Sichopfern für die Menschen. Er wandte sich nicht mit vornehmer Verachtung von der Welt ab, sondern warf sich mitten in sie hinein, so daß er kaum noch, wie man sinnvoll sagt, zu sich selbst kam. Das ist es eben, was den Christen macht: Der sinnliche Mensch bejaht die Welt und genießt sie, der Buddhist oder Mystiker verneint sie und entsagt ihr, der Christ bejaht und verneint sie zugleich; das heißt, er überwindet sie ... Er war der Beschützer aller Schwachen und Unterdrückten ohne eine Spur von Menschenfurcht. Was menschliche Größe ist, kann man aus Luthers Briefen an die Fürsten, mit denen er zu tun hatte, ersehen, vor allem an seine kursächsischen Oberherren. Es ist, als höre man Gott selbst sprechen: gütig, langmütig, wahr, die Herzen kennend und führend, zuweilen streng und blitzend, immer weit, himmelweit überlegen. Die gegnerischen Fürsten donnert er zusammen, daß man meint, es bleibe kein Stück von ihnen übrig; aber bei alledem ist es Donner, der aus einem Himmel unerschöpflicher Liebe kommt ... 60/419

Nun hat Martin Luther, weiß Gott, eine ganze Heerschar erbitterter Feinde gehabt, die ihn keinesfalls liebten, vielmehr mit Hass überzogen. Wie verhielt er sich ihnen gegenüber?
Das größte ist, mit seiner Person für sein Wort eintreten; das ist, es mit seiner Person wie mit einem Schilde decken ... Die meisten Kämpfer unterscheiden sich von Luther dadurch, daß sie nicht aus Liebe Gottes und Haß des Teufels, sondern aus Eitelkeit,

Neid und persönlichem Haß kämpfen; Luther hatte nur wenig redliche Gegner und keinen von göttlicher Liebe in den Kampf getriebenen. Viele unter seinen Feinden waren Neider und Nebenbuhler, denen seine Größe keine Ruhe ließ; nachdem er das Tor der Erkenntnis aufgebrochen hatte, drängten sie ihm nach und wollten die Vordersten sein. Anderen war es um ihre weltlichen Vorteile zu tun. Andere wollten nur Aufsehen erregen. Luther durchschaute seine Gegner, und es war nicht anders möglich, als daß sie ihm widerwärtig waren, denen es immer in erster Linie um sich selbst, nicht um die Wahrheit zu tun war ... 60/419 f.

Herr Nobelpreisträger Thomas Mann, Ihnen wird gelegentlich angekreidet, Sie hätten mit Ihrer partiellen Lutherkritik ein Zerrbild des Reformators geliefert. Was sagen Sie dazu?
Nichts gegen die Größe Martin Luthers! Er hat nicht nur durch seine gewaltige Bibelübersetzung die deutsche Sprache erst recht geschaffen, die Goethe und Nietzsche dann zur Vollendung führten, er hat auch durch die Sprengung der scholastischen Fesseln und die Erneuerung des Gewissens der Freiheit der Forschung, der Kritik, der philosophischen Spekulation gewaltigen Vorschub geleistet. Indem er die Unmittelbarkeit des Verhältnisses des Menschen zu seinem Gott herstellte, hat er die europäische Demokratie befördert, denn „Jedermann sein eigener Priester", das ist Demokratie. Die deutsche idealistische Philosophie, die Verfeinerung der Psychologie durch die pietistische Gewissensprüfung [tätige Nächstenliebe], endlich die Selbstüberwindung der christlichen Moral aus Moral, aus äußerster Wahrheitsstrenge ..., dies kommt von Luther. 73/II 303

Das Werk „Von der Freiheit eines Christenmenschen" gehört zu Luthers Hauptschriften. War der Reformator ein Freiheitskämpfer?
Er war ein Freiheitsheld, aber in deutschem Stil, denn er verstand nichts von Freiheit. Ich meine jetzt nicht die Freiheit des Christen-

menschen, sondern die politische Freiheit, die Freiheit des Staatsbürgers; die ließ ihn nicht nur kalt, sondern ihre Regungen und Ansprüche waren ihm in tiefster Seele zuwider. Vierhundert Jahre nach ihm sprach der erste Präsident der Deutschen Republik [Friedrich Ebert], ein Sozialdemokrat, das Wort: „Ich hasse die Revolution wie die Sünde". Das war echt lutherisch, echt deutsch. Ebenda

Wie deuten Sie in diesem Zusammenhang sein Verhältnis zum deutschen Bauernkrieg?

Luther haßte den Bauernaufstand, der, evangelisch inspiriert, wie er war, wenn er gesiegt hätte, der ganzen deutschen Geschichte eine glücklichere Wendung, die Wendung zur Freiheit hätte geben können, in dem aber Luther nichts als eine wüste Kompromittierung seines Werkes, der geistlichen Befreiung sah und den er darum bespie und verfluchte, wie nur er es konnte. Wie tolle Hunde hieß er die Bauern totschlagen und rief den Fürsten zu, jetzt könne man mit Schlachten und Würgen von Bauernvieh sich das Himmelreich erwerben. Für den traurigen Ausgang dieses ersten Versuchs einer deutschen Revolution, den Sieg der Fürsten nebst allen Konsequenzen, trägt Luther, der deutsche Volksmann, ein gut Teil Verantwortung. Ebenda

War der große Reformator am Ende ein politischer Versöhnler, gar ein Opportunist?

Luther, der musikalische Theologe, brachte es im Politischen nicht weiter, als daß er beiden Parteien, den Fürsten und den Bauern, unrecht gab, was nicht verfehlen konnte, ihn bald dahin zu führen, dass er nur noch und bis zur berserkerhaften Wut den Bauern unrecht gab. Seine Innerlichkeit hielt es ganz und gar mit dem Paulinischen „Sei untertan der Obrigkeit, die Gewalt über dich hat". Aber das hatte sich ja auf die Autorität des römischen Weltreiches bezogen, das die Voraussetzung und der politische Raum war für die christliche Weltreligion, während es sich im Falle Luthers um die reaktionäre Winkelautorität der deutschen Fürsten handelte. Seine antipolitische Devotheit [Unterwürfigkeit], dies Produkt musikalisch-deutscher Innerlichkeit und Unweltlichkeit, hat nicht nur für die Jahrhunderte die unterwürfige Haltung der Deutschen vor den Fürsten und aller staatlichen Obrigkeit geprägt; sie hat ... den deutschen Dualismus [Gegensätzlichkeit] von kühnster Spekulation und politischer Unmündigkeit teils begünstigt und teils geschaffen. 73/II 304 f.

Ihre Meinung summa summarum, Herr Mann?
Luther war ein ungeheuer großer Mann, groß im deutschesten Stil, groß und deutsch auch in seiner Doppeldeutigkeit als befreiende und zugleich rückschlägige Kraft, ein konservativer Revolutionär. Er stellte ja nicht nur die Kirche wieder her; er rettete das Christentum. 73/II 302

Herr Schorlemmer, von Ihnen als politischem Geistlichen und geistreichem Politiker wüssten wir gern: Was hat den Doktor Martinus über die Jahrhunderte hinweg so interessant und anziehend gemacht?
Er war ein frommer Christ, ein typischer Deutscher, ein liebenswerter Freund, Ehemann und Vater, ein begnadeter Prediger, ein geschliffener Polemiker, ein mit Ängsten Geschlagener und von Fröhlichkeit Überschäumender, ein klarsichtiger Kopf, ein in Vorurteilen Befangener, ein redseliger Tischgeselle, ein musischer Geist, ein nimmermüder Fürsprecher für alle, die es schwerer haben, ein von vielen Krankheiten lebenslang Geplagter. Er argumentiert feinsinnig, selbstironisch, subtil, und er haut grobschlächtig drein. Er kann es nicht mit ansehen, wie andere Hunger leiden oder ihnen Unrecht geschieht. Immer hat er sich eingemischt, sich selber nie schonend und stets uneigennützig. 46/6

War so – mehr oder weniger – manch anderer große Geist nicht auch? Was also macht Luther so einmalig?

Dieser Mann stellt sich gegen eine ganze Welt. Seiner Sache gewiss sein, nie etwas gegen das eigene Gewissen tun! Als Befreiter (Eleutherios = Luther) hat er sich verstanden, der anderen zur Freiheit verhelfen wollte.

Luther ist widerständig, widerspenstig, unerbittlich stur, versessen, obrigkeitsgehorsam. Das macht ihn legendär, das macht ihn kompatibel mit den Bedürfnissen nachfolgender Generationen. Ebenda

Weshalb machte ihn das zugleich so widersprüchlich?

Die einen sehen in ihm den Vorläufer der Aufklärung, die anderen den Verursacher des Dreißigjährigen Krieges – diesen deutschen Nationalheros, diesen Bauernaufrührer und Bauernschlächter, diesen Nationalökonomen und Schöpfer der deutschen Sprache, diesen Liebling der Herrschaften, die andere gern zu Untertanen machen, diesen Freund aller, die in ihrem Beruf ihre jeweilige Berufung, in jedem Stand ihren Wert und ihre Würde erfahren und entdecken.

Die einen reduzieren ihn zu einem Talkmaster aufgrund seiner kurzweiligen Tischreden, die anderen auf seine sinnprall-derben Sprüche, die dritten auf den geistigen Leichnam der Orthodoxie [Rechtgläubigkeit], die vierten auf seinen sozialrevolutionären oder seinen sozialkonservativen Zug. Oder sie suchen gar nur alle Spuren seines verfluchten Antijudaismus, samt seiner anderen irrationalen Feindphobien. 46/6 f.

Sie bezeichneten Doktor Luther als einen Kirchen-, Sprach- und Gesellschaftsreformer, also als einen multiplen Reformator. Weshalb ist er ein Kirchenreformer?

Er hat an die Mündigkeit und Urteilsfähigkeit anderer geglaubt und ein funktionierendes Gemeinwesen sowie eine funktionierende Kirchengemeinde der tätigen Mitverantwortung konzipiert, wiewohl er die ordnende Funktion der Obrigkeit nirgendwann in Zweifel stellte. 46/9

Warum ein Sprachreformer?

Martin Luther ist zum Sprachschöpfer geworden; vor allem seine Bibelübersetzung (1522 und 1534) ist eine geglückte Symbiose von Volkssprache und Kunstsprache. Ebenda

Wieso ein Gesellschaftsreformer?

1522 ist in seiner Stadt die erste reformatorische Sozialkasse eingeführt und die Fürsorge jedes Einzelnen und des Gemeinwesens für die Armen, Kranken und Schwachen als allgemeine Christenpflicht herausgestellt worden. 46/8 f.

Er wird zu Recht gefeiert als Befreier des Individuums aus den knechtenden Dogmen und umschlingenden Institutionen. 46/9

Weisheit

4, 2, 1, 3
„Wer den Schaden hat,
braucht für den Spott nicht zu sorgen"

Lebensrätsel

1.   E I S L E **B** E N
2.   M A R T **I** N U S
3. K I R C H E N **B** A N N
4.   K A T **E** C H I S M U S
5.   T E T Z E **L**
6.   J **U** R A
7.   B U G **E** N H A G E N
8.   W A R T **B** U R G
9.   R O **E** R E R
10.   B O **R** A
11. B I B E L A U **S** L E G U N G
12.   W I T T **E** N B E R G
13. R E F O R M A **T** I O N
14.   **Z** W I N G L I
15.   E R F **U** R T
16.   M E D I Z I **N** E R
17.   M A **G** D E B U R G

Ereignisorte

Bedeutende Orte in Luthers Leben waren:
Augsburg, Coburg, Eisenach, Eisleben, Erfurt, Leipzig, Magdeburg, Mansfeld, Rom, Speyer, Stotternheim, Wartburg, Wittenberg, Worms

S	O	R	E	N	E	B	E	L	S	I	E
M	T	C	M	A	H	R	S	O	B	I	O
R	G	O	T	R	C	T	A	N	Z	G	E
O	R	B	T	W	A	R	T	B	U	R	G
W	E	U	F	T	N	A	R	G	T	U	R
A	B	R	A	M	E	O	T	W	R	B	U
S	N	G	S	L	S	R	H	A	U	S	B
L	E	I	P	Z	I	G	N	A	F	G	E
E	T	N	E	R	E	R	O	H	R	U	D
G	T	A	Y	L	G	T	M	R	E	A	G
L	I	R	E	R	N	I	B	E	F	I	A
H	W	A	R	D	L	E	F	S	N	A	M

Mobilität

b) Denn der Vorläufer des Fahrrades, die Draisine, wurde erst 1877 von dem deutschen Erfinder Carl Freiherr von Drais als zweirädriges Laufrad konstruiert.

Speiseplan

d) Nein, weil die Kartoffel erst 1588 aus dem südamerikanischen Andengebiet durch spanische Seefahrer nach Europa gelangte und später, Mitte des 18. Jh., durch Friedrich den Großen in Preußen eingeführt wurde.

Mancherlei

a) Lutherus
b) Wittenberg
c) Erfurt
d) Eheberater
e) Bibel
f) Blitzeinschlag
g) Tischreden
h) Satan
i) Prediger
k) Eisleben

Wegbegleiter

Luthers Wegbegleiter waren:

1. Johannes AURIFABER
2. Matthäus AUROGALLUS
3. Martin BUCER
4. Hans von BERLEPSCH
5. Katharina von BORA
6. Johannes BUGENHAGEN
7. Lukas CRANACH
8. Johannes ECK
9. Justus JONAS
10. Andreas KARLSTADT
11. Paul Luther
12. Johannes MATHESIUS
13. Philipp MELANCHTHON
14. Georg ROERER
15. Georg SPALATIN
16. Johann TETZEL

K	A	R	L	S	T	A	D	T	B	A
N	I	T	A	L	A	P	S	U	E	R
B	O	R	A	M	N	E	G	R	R	T
U	G	H	E	A	R	E	A	P	L	H
C	A	U	T	T	N	L	U	T	E	C
E	L	U	T	H	E	R	R	E	P	A
R	A	U	A	E	C	K	I	T	S	N
J	S	G	W	S	O	N	F	Z	C	A
O	E	R	Z	I	E	N	A	E	H	R
N	I	M	S	U	A	C	B	L	H	C
A	S	E	N	S	R	O	E	R	E	R
S	U	L	L	A	G	O	R	U	A	M

Lebenserfahrung

3, 2, 4, 1
„Kleine Kinder kleine Sorgen,
große Kinder große Sorgen."

Fragwürdiges

d) Denn der Bohnenkaffee wurde erst seit dem 17. Jahrhundert
   in Europa getrunken, und erst 225 Jahre nach Luthers Geburt
   erfand der deutsche Alchimist Johann Friedrich Böttger (1632–
   1719) in Meißen das erste europäische Porzellan.

Schreibhilfe

b) Denn die erste Schreibmaschine (aus Holz) baute Mittendor-
fer erst 1864.

Postverkehr

c) Denn der organisierte, regelmäßige, flächendeckende Postverkehr für jedermann, die sog. Thurn- und Taxis-Post, wurde in
Deutschland erst im 18. Jh., und der Briefkasten noch später,
nämlich 1824 eingeführt. Martin Luther war zur Beförderung
seiner Post auf (zumeist berittene) Boten, Reisende und fah-
rende Kaufleute angewiesen. Ganz sicher hätte er sehr gern
einen der gegenwärtig rund 800 Briefdienstleister auf dem
deutschen Postmarkt in Anspruch genommen!

Familieneinkommen

1 f, 2 e, 3 k, 4 g, 5 h, 6 c
„Der Mann soll erwerben, das Weib soll ersparen.
Darum kann das Weib den Mann wohl reich machen
und nicht der Mann das Weib;
denn der ersparte Pfennig ist besser als der erworbene.
So ist sparsam sein das beste Einkommen." 31/289

Ungleiches

Diese Lösung übermittelt uns der Reformator:
Gold (Golt) – Gott (Got) 28/59

Zeiträtsel

M = 1000
D = 500
V = 5
V = 5
V = 5
I = 1
I = 1

1517, also jenes Jahr, in dem Dr. Luther am 31. Oktober seine 95 Ablass-Thesen veröffentlichte und schon bald darauf die weltverändernden Ereignisse der Reformation in Deutschland auslöste.

Workaholic

b) Luther antwortete Melanchthon im vollständigen Text:
„Man kann Gott nicht allein mit Arbeit, sondern auch mit Feiern und Ruhen dienen, denn darum hat er den Sabbath [Ruhetag] gegeben." 41/204

Quellenverzeichnis

1 Gesamtedition der Werke Martin Luthers; Weimar 1883 ff. (Band/Kapitel, Seite)
2 Wermes, Hans u. a.: Geschichte. Lehrbuch für Klasse 6; Berlin 1978
3 Köthe, Karl: Martin Luther und die Lutherstätten in und um Eisenach; Leipzig 1994
4 Hug, Wolfgang u. a.: Geschichtliche Weltkunde, Klasse 7; Frankfurt a. M. 1991
5 Kühnlenz, Fritz: Eisenacher Porträts; Rudolstadt 1967
6 Beutel, Albrecht: Martin Luther; München 1991
7 Krumholz, Eckart (Hg.): Euch stoßen, daß es krachen soll; Berlin 1983
8 Maess, Thomas (Hg.): Dem Luther aufs Maul geschaut; Leipzig 1982
9 Bernhard, Marianne (Hg.): Martin Luther. Hausbuch; Bindlach 1996
10 Ehmke, Holger/Juling, Peter (Red.): Martin Luther heute. Bundeszentrale für Politische Bildung; Bonn 1983
11 Ignasiak, Detlef (Hg.): Martin Luther. Etliche Fabeln; Jena 1992
12 Herrmann, Horst: Martin Luther; Berlin 2003
13 Fausel, Heinrich: D. Martin Luther; Stuttgart 1996, Bd. I und II
14 Henkys, Jürgen (Hg.): Martin Luther. Tischreden; Berlin 1983
15 Landgraf, Wolfgang: Martin Luther. Reformator und Rebell; Berlin 1981
16 Diwald, Hellmut: Luther; Bergisch Gladbach 1996
17 Uhsadel, Walter: Kleines Begriffslexikon biblisch-theologischer Grundbegriffe; 7. Aufl.; Neukirchen-Vluyn 1995
18 Kleinschmidt, Karl: Martin Luther; Berlin 1953
19 Luther, Martin: Der große Katechismus; Gütersloh 1995
20 Friedenthal, Richard: Luther. Sein Leben und seine Zeit; München 1967
21 Maurer, Ernstpeter: Luther; Freiburg i. Br. 1999
22 Fait, Joachim (Red.): Martin Luther. Stätten seines Lebens und Wirkens; Berlin 1983
23 Piltz, Georg: Daher bin ich. Ein Gang durch Lutherstätten; Leipzig 1983
24 Prause, Gerhard: Genies in der Schule; Düsseldorf 1996
25 Ders.: Genies ganz privat; München 1998
26 Friedrich, Ina/Schank, Stefan (Red.): Anekdoten; Geneva 1997
27 Aland, Kurt (Hg.): Die Werke Martin Luthers; Göttingen 1959 ff. (Band/Kapitel, Seite)
28 Clemen, Otto (Auswahl): Luther im Kreise der Seinen; Frankfurt a. M. 1983
29 Joestel, Volkmar: Legenden um Luther; Berlin 1992
30 Neumann, Hans-Joachim: Luthers Leiden. Die Krankheitsgeschichte des Reformators; Berlin 1995

31 Aland, Kurt (Hg.): Martin Luther. Tischreden; Stuttgart 1960

32 Loozmann, Richard: Dichtergarten der Weltpoesie; Berlin o. J.

33 Grunow, Alfred (Hg.): Weisheiten der Welt. Deutsche Dichter und Denker; Augsburg 1994

34 Wolf, Manfred: Leser fragen – Goethe antwortet ...; Frankfurt a. M. 1999

35 Ahrens, Donald: Die Wittenbergisch Nachtigall; Bergisch Gladbach 1982

36 Wolf, Manfred: Eine Frage noch, Herr Luther ...; Leipzig 2004

37 Brüllmann, Richard: Lexikon der treffenden Martin-Luther-Zitate; Thun 1983

38 Süßenguth, Mario (Hg.): Aus einem traurigen Arsch fährt nie ein fröhlicher Furz; Berlin 2007

39 Hürlimann, Martin (Hg.): Martin Luther, dargstellt von seinen Freunden und Zeitgenossen; Berlin 1933

40 Zitelmann, Arnulf: Ich, Martin Luther; Frankfurt a. M. o. J.

41 Saager, Adolf (Hg.): Luther – Anekdoten; Stuttgart 1917

42 Warsitzka, Wilfried: Thüringens berühmte Männer; Taucha 2002

43 Große, Rudolf (Hg.): Martin Luthers Sprichwortsammlung; Leipzig 1983

44 Luther, Martin: Lebensworte; ausgew. von Hanselmann, Johannes/Helbrich, Peter; Stuttgart 1995

45 Obermann, Heiko: Luther – Mensch zwischen Gott und Teufel; Berlin 1982

46 Schorlemmer, Friedrich: Hier stehe ich. Martin Luther; Berlin o. J.

47 Buchwald, Reinhard (Hg.): Luther im Gespräch; Frankfurt a. M. 1983

48 Fitzer, Gottfried: Was Luther wirklich sagte; Wien 1968

49 Wartenberg, Günther (Hg.): Martin Luther. Briefe; Leipzig 1983

50 Schuffenhauer, Werner/Steiner, Klaus (Hg.): Martin Luther in der deutschen bürgerlichen Philosophie 1517–1845; Berlin 1983

51 Wendelborn, Gert: Martin Luther – Leben und reformatorisches Werk; Berlin 1983

52 Lilje, Hanns: Martin Luther; Reinbek 1995

53 Dobel, Richard (Hg.): Lexikon der Goethe-Zitate; München 1995

54 Badstübner-Gröger, Sibylle/Findeisen, Peter: Martin Luther. Städte – Stätten – Stationen; Leipzig 1983

55 Eckermann, Johann Peter: Gespräche mit Goethe ...; Berlin/Weimar 1984

56 Walch, Johann Georg: Über Luther und die Reformation; Halle 1750; zitiert in: Quelle 50

57 Luthers Schriften und Werke (Teil XVI); Leipzig 1729

58 Heine, Heinrich: Sämtliche Werke. Neue Ausgabe in IV Bänden; Augsburg 1998

59 Winter, Ingelore M.: Katharina von Bora; Düsseldorf 1990

60 Bornkamm, Heinrich: Luther im Spiegel der deutschen Geistesge-
schichte; Göttingen 1970

61 Engels, Friedrich: Dialektik der Natur. In: Marx/Engels Werke, Bd. 20;
Berlin 1976

62 Marx, Karl: Zur Kritik der Hegelschen Rechtsphilosophie. Einleitung.
In: Marx/Engels Ausgewählte Werke, Bd. I; Berlin 1972

63 Mehring, Franz: Gesammelte Schriften, Bd. V
   a) Etwas über große Männer (1887)
   b) Die deutsche Reformation ...(1888)
   c) Deutsche Geschichte vom Ausgange des Mittelalters (1910/11)

64 Jens, Walter (Hg.): Kindlers neues Literaturlexikon (Studienausgabe);
München 1996

65 Ficker, Johannes: Luther als Professor; Halle/S. 1928

66 Lähteenmäki, Oliva: Sex und Ehe bei Luther; Turku 1955

67 Jauernig, Reinhold (Bearbeiter): Luther in Thüringen; Berlin 1952

68 Gronau, Dietrich: Martin Luther. Revolutionär des Glaubens; München
1996

69 Luther, Johannes: Legenden um Luther; Berlin/Leipzig 1933

70 Skupy, Hans-Horst: Das große Handbuch der Zitate; Gütersloh 1993

71 Marx, Karl: Das Kapital. Erster Band; Berlin 1974

72 Böttcher, Kurt u. a.: Geflügelte Worte; Leipzig 1981

73 Renner, Günther (Hg.): Klassiker deutschen Denkens; Bd. I und II;
Freiburg/Basel/Wien

74 Wendorf, Hermann: Martin Luther. Aufbau seiner Persönlichkeit; Leipzig 1930

75 Wolf, Manfred: Thesen und andere Anschläge; Leipzig 2005

76 Reiter, Paul J.: Martin Luthers Umwelt, Charakter und Psychose, Bd. II:
Luthers Persönlichkeit, Seelenleben und Krankheiten; Kopenhagen 1941

77 Masson, René (Hg.): Anekdoten um berühmte Menschen; Klagenfurt
2003

78 Brecht, Martin: Martin Luther. Ordnung und Abgrenzung der Reformation 1521–1531; Stuttgart 1982

79 Sagan, Carl: Unser Kosmos; Augsburg 1996

80 Pleticha, Heinrich (Hg.): Deutsche Geschichte – Reformation und Gegen-
reformation; Gütersloh 1983

81 Wolf, Manfred: Schiller einmal anders; Mühlacker 2005

82 Peltzer, Karl: Das treffende Zitat. Gedankengut aus drei Jahrhunderten
und fünf Kontinenten; Thun 1974

83 Joestel, Volkmar: Thesentür und Tintenfass. Legenden um Martin Luther;
Berlin 2007

84 Martin Luther. Stätten seines Lebens und Wirkens; hrsg. v. Institut für
Denkmalpflege der DDR, Berlin 1983

85 Schubart, Christof: Die Berichte über Luthers Tod und Begräbnis. Texte und Untersuchung; in: 1/I

86 Kunschmann, Doris (Hg.): Das große Anekdotenlexikon; Niedernhausen/Ts. 1996

87 Prause, Gerhard: Niemand hat Kolumbus ausgelacht. Fälschungen und Legenden der Geschichte richtiggestellt; Düsseldorf 1995

88 Krämer, Walther/Trenkler, Götz: Lexikon der populären Irrtümer; Frankfurt a. M. 1996

89 Wolf, Manfred: Thüringer Porträts von Abbe bis Zeiss; Gehren 1999

90 Adam, Michael (Hg.): Das große Falken-Buch der modernen Zitate; Niedernhausen/Ts. 1994

91 Autorenkollektiv: Lexikon 2000; Köln 1990

92 Brecht, Martin: Martin Luther. Die Erhaltung der Kirche: 1532–1546; Stuttgart 1994

93 Kuczynski, Jürgen: Geschichte des Alltags des deutschen Volkes, Bd. I; Berlin 1982

94 Schmidt, Erich: Deutsche Volkskunde; Berlin 1904

95 Heyne, Moritz: Das deutsche Nahrungswesen; Leipzig 1901

96 Störig, Hans Joachim: Weltgeschichte der Wissenschaft, Bd. I und II; Augsburg 1992

97 Dieck, Alfred: Mitteilungen der Luthergesellschaft 27 (1956)

98 Reiners, Ludwig: Stilkunst. Ein Lehrbuch deutscher Prosa; München 1991

99 Tange, Ernst Günter: Zitatenschatz für Bücherfreunde; Frankfurt a. M. 1999

Worterklärungen
(überwiegend in der Luther-Zeit gebräuchliche Wörter)

Anna	Schutzheilige aller Berg- und Kaufleute, Mütter und Armen
Anfechtung	Versuchung, Verführung
Apologie	Rechtfertigung
Apostat	Glaubensuntreuer
Bakkalaureus	(unterster) akademischer Titel, z. B. Bakk. theol.
Barrett	flache, randlose, kappenartige Kopfbedeckung
Borg	Kredit
Bulle	päpstlicher Erlass
D	Doktor der evangelischen Theologie
Devotion	Unterwürfigkeit
Disputation	wissenschaftliches Streitgespräch
Distinktionen	begriffliche Unterscheidungen
dräuen	drohen
entraten	entbehren
Epsitel	Sendschreiben, Brief
Evangelium	Botschaft von Jesus Christus, „Gute Nachricht"
Grittenfrauen	Dirnen, Huren
Horen	Stundengebete
hoffärtig	überheblich
Indignation	Entrüstung
Ketzer, Häretiker	von der offiziellen Kirchenlehre Abweichender, Abtrünniger
Konvent	Versammlung der stimmberechtigten Mitglieder eines Klosters
Konzil	Versammlung hoher Kirchenvertreter
Legat	päpstlicher Gesandter
Magister	lat. „Meister", vergleichbar mit einem Diplom, z. B. Mag. phil.
Metze	Dirne, Hure
Mystik	Hang zum Geheimnisvollen; urspr. religiös-politische Geheimlehre mit kulturellem Ritual
mirakulös	wunderhaft, wundertätig

Monstrum	Ungeheuer
Notdurft	Lebensnotwendiges
Novize	Mönch während der Probezeit
Obrigkeit	Staatsmacht, Regierung
Opinionen	Meinungen
Papsttum	Oberhaupt der kath. Kirche mit all seinen (bischöflichen) Institutionen/Gliederungen
Papisten	bedingungslose Anhänger des päpstlichen Katholizismus
Paradoxon	Widerspruch in sich
Partikularismus	Kleinstaaterei
Pasquill	Schmähung
Pöbel, Haufe	gemeines Volk, Volksmasse
Postille	Predigtbuch
Präzeptor	Lehrer, Erzieher
Prior	Vorsteher eines Klosters
Profess	Mönchsgelübde
Prophet	Weissager, Mahner, Seher
Psalter	Psalmenbuch religiöser Lieder im Alten Testament
Regiment	Regierung
Rhetorik	Redekunst
Sabbat	im Alten Testament als Ruhetag verordneter Wochentag (= Samstag)
schaben	betrügen
Scharrhans	Geizhals
Schemen	Spiegelbild
Schindanger	Platz für das Abhäuten von Tieren
Scholastik	mittelalterliche Philosophie, engstirnige Schulweisheit
Schulmeister	Lehrer
Schultheiß	Gemeindevorsteher
Schwärmer	Phantast
Sodom und Gomorra	biblische Städte im Zustand der Lasterhaftigkeit und Verworfenheit (nach 1. Mose 18–19)
Stäupen	Prügelstrafe mit Stock, Rute oder Peitsche
Tyrann	Gewaltherrscher
verballhornen	einen Wortlaut zum Zwecke der Kritik entstellend verändern
Visitation	Besuch, Beaufsichtigung, Überprüfung

Personenregister

Agricola, Georg (1494–1555), Humanist, Arzt, Begründer der Mineralogie

Alberus, Erasmus (1500–1553), Lutheraner, zeitweise Luthers Hausgenosse, Superintendent

Aleander, Hieronimus (1480–1542), päpstlicher Gesandter

Amsdorf, Nicolaus (1483–1565), Freund Luthers und reformatorischer Mitstreiter, Magister an der Universität Wittenberg, später Superintendent in Magdeburg und Bischof in Naumburg

Aristophanes (um 445–385 v. Chr.), griech. Komödiendichter

Aristoteles (384–322 v. Chr.), griech. Denker und Begründer (s)einer Philosophenschule

Arndt, Ernst Moritz (1769–1860), Historiker, Politiker, Wissenschaftler, Dichter, Publizist

Äsop griech.: Aisopos, lat.: Aesopos (6. Jh. v. Chr.), dichtete als griechischer Sklave Tier- und Pflanzenfabeln, die als *Äsopische Fabelsammlung* auch im Mittelalter als literarische Vorlage dienten.

Baumgärtner, Hieronymus (1498–1565), Nürnberger Patrizier, Unterstützer der Reformation

Berlepsch, Hans von (?–1535), Schlosshauptmann der Wartburg (1517–1525), Luthers Betreuer während dessen Exil auf der Wartburg vom 4. Mai 1521 bis zum 1. März 1522

Blarer, Thomas (erste Hälfte des 16. Jh.s), Student in Wittenberg, Begleiter Luthers nach Worms

Bora, Katharina von (1499–1552), deutsche Nonne von 1509–1523, seit 1525 Ehefrau Martin Luthers

Börne, Ludwig eigtl. Löb Baruch (1786–1837), Schriftsteller, Journalist, Theaterkritiker

Brisger, Eberhard bis 1525 Prior des Wittenberger Augustinerklosters, ab 1525 in Altenburg

Bucer, Martin (1491–1551), Theologe, bedeutendster deutscher Reformator neben Luther und Melanchthon

Cajetan, Thomas eigtl. Jacobus de Vio (1479–1534), ital. Kardinal, päpstlicher Legat in Deutschland

Cato eigtl. Marcus Porcius C. Censorius (234–149 v. Chr.), röm. Staatsmann und Schriftsteller

Cicero Marcus Tullius (106–43 v. Chr.), röm. Politiker, Staatsmann, Redner, Philosoph und Schriftsteller

Claudius, Matthias (1740–1815), dt. Dichter und Journalist

Dadrian VI. eigtl. Adrian Floriszoon (1459–1523), Papst 1522–23

Dantiscus, Johannes (1485–1548), Bischof von Ermland, Dichter, polnischer Staatsmann

Dürer, Albrecht (1471–1528), Maler, Grafiker, Kunsttheoretiker, begeisterter Lutheraner in Nürnberg

Eck, Johannes eigtl. Johann Maier (1485–1543), Theologe und Luthergegner

Engels, Friedrich (1820–1895), marxistischer dt. Philosoph, Historiker, Politiker, Schriftsteller

Erasmus, Desiderius genannt: E. von Rotterdam (1469–1536), niederländischer Theologe, insbesondere Bibelwissenschaftler und bedeutendster europäischer Humanist

Erhard, Ludwig (1897–1977), Wirtschaftswissenschaftler, Bundeskanzler (1963–66), Initiator der sozialen Marktwirtschaft

Feuerbach, Ludwig Andreas (1804–1872), materialistischer Philosoph, Repräsentant der klassischen deutschen Philosophie

Franz von Assisi (auch: Hl. Franziskus), eigtl. Giovanni Bernardone (1181 oder 1182–1226), ital. Wanderprediger, Armenpfleger und Ordenstifter, auch Lyriker

Friedrich III., der Weise (1463–1525), Kurfürst (seit 1486) von Sachsen

Galilei, Galileo (1564–1642), italienischer Mathematiker, Physiker und Philosoph

Gerbel, Nikolaus (um 1485–1560), Jurist, Prof. für Geschichte in Straßburg, Lutheranhänger

Goethe, Johann Wolfgang v. (1749–1832), Dichter, Naturforscher, Staatsminister in Weimar

Grimm, Jacob (1785–1863), Sprach- und Literaturwissenschaftler, Jurist, Schriftsteller

Gutenberg, Johannes (um 1397–1468), deutscher Erfinder des Buchdrucks mit beweglichen Metalllettern

Hegel, Georg Wilhelm Friedrich (1770–1831), idealistischer Philosoph, Repräsentant der klassischen deutschen Philosophie

Heine, Heinrich (1797–1856), Dichter, Publizist, lebte seit 1831 als Korrespondent in Paris

Helt, Georg (um 1485–1545), Bediensteter des anhaltinischen Fürstenhauses

Herder, Johann Gottfried v. (1744–1803), Dichter, Theologe, Philosoph, Übersetzer in Weimar

Hesiod (700 Jh. v. Chr.), griech. und erster historisch belegter europäischer Dichter

Hieronymus, Sophronius Eusebius (um 347–420), lat. Kirchenvater, Gelehrter, Neuübersetzer (Revision) des lat. Bibeltextes (zur Vulgata)

Homer (8. Jh. v. Chr.), griech. Dichter der Epen „Ilias" und „Odyssee"

Huch, Ricarda (1864–1947), Dichterin, Kulturhistorikerin

Johann Friedrich, der Großmütige (1503–1554), Kurfürst von Sachsen (1532–1547)

Jonas, Justus (1493–1555), Theologe, Jurist, Mitreformator und Reisebegleiter Luthers

Karl V. (1500–1558), römischer Kaiser (1530–1556)

Kepler, Johannes (1571–1630), deutscher Astronom und Mathematiker

Kopernikus, Nikolaus (1473–1543), polnischer Astronom und Mathematiker, Begründer des heliozentrischen Weltsystems

Koppe, Leonhard (?–552), vermögender Kaufmann und Ratsherr in Torgau

Lang, Johannes (1487–1548), Theologe, Luthers Wittenberger Freund, Reformator und Professor in Erfurt

Leibniz, Gottfried Wilhelm von (1646–1716), Philosoph, Mathematiker Historiker, Diplomat, bedeutendster Universalgelehrter der dt. Frühaufklärung

Leo X. eigtl. Giovanni dè Medici (1774–1521), Papst (1513–21), missbrauchte den Ablasshandel, seit 1517 direkter Gegner Luthers, verhängte 1521 gegen ihn den Kirchenbann

Lessing, Gotthold Ephraim (1729–1781), dt. Dichter, Literaturtheoretiker, Kritiker

Linck, Wenzeslaus (1483–1547), luther. Theologe, Dekan der theol. Fakultät der Uni. Wittenberg, Prediger in Nürnberg und Altenburg

Luther, Johannes (1526–1575), ältester Sohn des Reformators, Jurist

Mann, Thomas (1875–1955), dt. Schriftsteller

Marx, Karl Heinrich (1818–1883), dt. Ökonom, Philosoph und Politiker, Begründer der nach ihm benannten Lehre

Mehring, Franz (1846–1919), dt. Historiker, (SPD-)Politiker, Publizist

Melanchthon, Philipp (1497–1560), deutscher Humanist,
„Philippus" Publizist und Professor für Griechisch an der Universität Wittenberg, Freund Luthers und neben ihm bedeutendster Reformator

Meyer, Conrad Ferdinand (1825–1898), schweizer. Lyriker

Montesquieu, Charles de Secondat (1689–1755), frz. Philosoph und Schriftsteller

Müller-Harnack, Alfred (1901–1978), Wirtschaftspolitiker, prägte Begriff und Wesen der sozialen Marktwirtschaft

Müntefering, Franz (*1940), Politiker, Bundesminister, SPD-Vorsitzender

Myconius, Friedrich eigtl. Friedrich Mecum (1490–1546), Franziskanermönch, Prediger, seit 1529 Superintendent in Gotha

Newton, Isaac (1643–1727), engl. Physiker, Mathematiker und Astronom; entdeckte u. a. das Gravitationsgesetz

Nietzsche, Friedrich Wilhelm (1844–1900), dt. Philosoph und Dichter

Pilatus, Pontius (?–37 n. Chr.), röm. Statthalter von Judäa (26–36 n. Chr.), beteiligt an der Hinrichtung Jesu

Plutarch (um 46–120 n. Chr.), griech. Philosoph und Historiker

Probst, Jacob (um 1495–1526), Student der lutherischen Theologie in Wittenberg, Mitstreiter für die Reformation

Reiners, Ludwig (1896–1957), dt. Schriftsteller, Jurist und Staatswissenschaftler

Rhegius, Urbanus (1489–1541), Lutheraner, Prediger in Augsburg, Superintendent in Lüneburg

Rischmann, Johann (?–1572), treuer Diener Luthers

Rühel, Johann (?–?), kursächsischer Rat

Sagan, Carl Edward (1934–1996), US-amerik. Astrophysiker, Astronom und Raumfahrtwissenschaftler

Salomo (965–926 v. Chr.), König von Israel und Juda

Scheurl, Christoph (1481–1542), Jurist, Dekan, später Rektor der Wittenberger Universität

Schiller, Friedrich v. (1759–1805), Dichter, Historiker, seit 1789 Professor in Jena, seit 1794 Freundschaftsbund mit Goethe

Schopenhauer, Arthur (1788–1860), dt. idealistischer Philosoph

Schorlemmer, Friedrich (*1944), ev. Theologe, 1978-92 Dozent am Ev. Predigerseminar zu Wittenberg, Prediger an der Schlosskirche, Aktivist der Bürgerrechtsbewegung in der DDR; seit 1990 SPD-Politiker, seit 1992 Mitarbeiter der Ev. Akademie in der Lutherstadt Wittenberg

Schröder, Gerhard (*1944), Jurist, Politiker, SPD-Vorsitzender, Bundeskanzler (1998–2005)

Schurff, Hieronimus (1481–1554), Wittenberger Jurist, Anhänger, Berater und Freund Luthers

Seckendorf, Veit Ludwig v. (1626–1692), Gelehrter, Staatsmann

Sickingen, Reichsritter Franz v. (1481–1523), Feldhauptmann, Anhänger der Reformation

Sokrates (um 470–399 v. Chr.), griech. Philosoph

Sophokles (496–406 v. Chr.), griech. Tragödiendichter

Spalatin, Georg (1484–1545), Humanist, lutherischer Theologe, Hofkaplan Friedrichs des Weisen, Luthers Befürworter am kursächsischen Hof

Staupitz, Johann v. (1469–1524), kath. Theologe, seit 1503 Aufbau der Univ. Wittenberg, erster Dekan der theologischen Fakultät; Förderer Luthers, später Ablehnung der Reformation

Stiefel, Michael (um 1486–1567), luth. Prediger, Mathematiker

Sturm, Kaspar (um 1475–1548), Reichsherold (Bote) von Kaiser Karl V., begleitete Luther nach Worms

Terenz eigtl. Publius Terentius Afer (um 195–159 v. Chr.), altröm. Komödiendichter und Schriftsteller

Tetzel, Johann (1465–1519), deutscher Dominikanermönch, seit 1504 Ablassprediger in Sachsen, Schlesien, Franken und der Schweiz; ab 1517 General-Subkommissar für Ablasspredigt in der Kirchenprovinz Magdeburg und damit direkt mit Luther konfrontiert

Vergil eigtl. Publius Vergilius Maro (70–19 v. Chr.), röm. Dichter

Vinci, Leonardo da (1452–1519), italienisches Universalgenie, Maler, Zeichner, Bildhauer

Vogelweide, Walther v. der Baumeister, Naturforscher, Erfinder (um 1170–1230), mittelhochdeutscher Liederdichter

Voltaire eigtl. Francois-Marie Arouet (1694–1778), frz. Philosoph und Schriftsteller

Voragine, Jacobus de (um 1228–1298), ital. Dominikanermönch, Erzbischof von Genua, Verfasser der berühmten Legendensammlung „Legenda aurea"

Walch, Johann Georg (1693–1775), (Reformations-)Historiker, Professor der Philosophie (seit 1718) und der Theologie (seit 1724) an der Alma mater Jenensis

Weller, Hieronymus (1499–1572), Luthers Hausfreund, Theologieprofessor in Freiberg

Zuckmayer, Carl (1896–1977), dt. Schriftsteller und Drehbuchautor, u. a.: „Schinderhannes", „Der Hauptmann von Köpenick", „Der blaue Engel"